JN434878

# 국민, 미, 전체주의

— 일제말의 한국시 —

박수연
충남대학교 국어교육과 교수
문학평론가
저서 『문학들』, 『말할 수 없는 것과 말해야만 하는 것』

초판 발행 | 2012년 2월 28일
지은이 | 박수연
펴낸이 | 홍덕률
펴낸곳 | 열린길
경북 경산시 진량읍 대구대로 201
전화 053) 850-5661~3 | 팩스 053) 850-5669
http://press.daegu.ac.kr/
등록 | 2007년 4월 19일 제2007-3호
찍은곳 | 대호문화사
ISBN 978-89-964981-1-04300
정가 | 10,000원

# 국민, 미, 전체주의

## — 일제말의 한국시 —

박수연 저

# • 서 문

일제말기의 시인들에 대해 그동안 논의해 왔던 글들을 한데 묶는다. 근 10년 전부터 써왔던 것들이다. 글을 쓰면서 갖게 되었던 착잡한 마음은 지금도 여전하다. 근대문학 연구자로서, 그 연구에 새로운 계기를 제공할 새 자료를 발견하는 일은 누구에게나 기쁜 일이지만, 일제말기의 친일시를 연구하는 경우에는 그와는 대비되는 감정이 대두되기도 한다. 새 자료를 발견하는 일은 한국 근대문학의 식민주의적 흔적에 대한 사례를 축적하는 것이기도 하기 때문이다. 식민주의 체제로서의 자본주의 세계체제 속에서 모든 문학적 유통의 표면을 규정하는 국민국가론이라는 일반적 관점은 이 경우에는 그다지 유용한 것이 되지 못한다. 이는 포스트 식민주의론이, A. 딜릭의 지적처럼, 서구 외부에 대한 인식의 틀을 갖지 못한 포스트 구조주의 지식인들의 자기위안적 면죄부이기도 하거니와, 포스트 구조조위 자체가 한 지역에 적용된 이론을 다른 지역에서 보편화하는 일에 반대하고 있기 때문이다. 너무나 당연한 일이지만, 인도와 미국에서 구성된 식민주의 이론이 한국에 동일하게 적용될 수는 없다. 그것은 다만 참고될 수 있을 뿐이다.

그렇다고 이 연구가 민족주의적 관점의 연장선상에 놓여 있는 것은 아니다. 오히려 이 연구는 민족주의적 이념들의 규정성으로부터 벗어나야 한다는 점을 강조한다. 과거 피식민지였던 나라에서 활성화된 민족주의는 충분히 의미가 있는 것이었지만, 그것이 배외주의적 국민국가론와 근사치의 관계를 형성한다고 여겨지는 상황에서는 극복되어야 할 대상이기 때문이다. 이 연구가 논의해보려 하는 것은 그 배외주의적 내면의 현상형태가 어떤 문학적 표현으로 나타났는가 하는 점이다. 파시즘과 전체주의의 내면은 어떤 근거를 갖고 어떤 과정을 거쳐서 언어화되었는가를 따져보려는 것이 이 연구의 전체적인 목표였다고 할 수 있다. 따라서, 중요한 것은 일제말기 작품들의 실상을 보고 그것에 의미를 부여하는 일일 것이다. 시간이 지나고 보니 애초에 계획했던 목표에 턱없이 부족하다는 사실을 실감하게 된다. 지금은 다만 차후의 과제로 넘길 수 있을 뿐이다.

많은 분들의 도움이 없었다면, 이 연구와 책은 세상의 빛을 보지 못했을 것이다. 맨 처음, 친일문학 연구를 제안했던 김재용 선생님, 논의의 맥락을 묵묵히 지켜봐주었던 민족문학연구소 연구원들, 출판을 배려해 준 양진오 선생님의 고마움을 잊을 수 없다. 모든 고마움은 빚으로 남는다. 백배 정진하는 수밖에 없을 것이다.

2012. 정월　　저자 씀

## • 차　례

# Ⅰ. 일제말이라는 시간에 접근하는 시각

1. 포스트식민주의를 넘어
2. 일제말의 국민, 미, 전체주의

1

# 포스트식민주의를 넘어

## 1. 주체의 저항인가 포스트식민적 이화인가

포스트식민주의론이 인문사회과학계의 주요 화두로 떠오른 데에는 그것이 가지고 있는 무시 못할 매력이 작용하는 듯하다. 매력이 지속되는 것은 잡힐 듯 잡히지 않는 어떤 이면이 그 대상 속에 있기 때문이다. 표면을 얘기하는 순간 이면이 움직이고 있으며 단절을 얘기하는 순간 반복이 등장한다. 저항은 협력과 함께 이루어진다는 사실도 있다. 이를테면, 포스트식민주의론 혹은 포스트식민주의론이 대상으로 하고 있는 식민주의적 언술 체계는 단일한 의식 지평으로는 포착할 수 없는 잉여의 그늘에 의존하는 바가 크다. 이 그늘을 이야기하는 것은 언표화된 것들의 그늘 아래 억압되어 있던 것을 발화할 수 있다는 해방감을 불러 올 것이다. 그런데, 억압되어 있는 것을 끄집어낼 수 있는 존재는 대부분 그 시대의 지식인들이어서, 아리프 딜릭이 포스트식민주의가 시작된 시기를 제3세계 지식인이 1세계 학계에 첫발을 내디딘 때로 농담삼아 말하는 것[1]도 이와 관련된 것이다. 물론 유럽중심주의의 세계체제를 비판하고 그 탈중심성이 한 사회의 내부로 되돌려지는 일이 엘리트와 대중 내지 지배계급과 피지배계급 사이의 간극을 메우고 경계를 넘는 일 자체에 기여하게 되는 상황을 반대할 사람은 없을 것이다. 단일한 중심을 해체하고 권력의 일방성을 민주적인 방식의 상호성으로 전환시키자는 논의는 언제 어디서나 강조되어 마땅하다.

요컨대, 제국주의의 식민지 지배를 지배-피지배의 이분법적 도식으로부터 벗어나서 고찰할 수 있도록 한 것이야말로 포스트식민주의 이론의 가장 큰 성과임이 분명하다. 그 이분법이 서구적 근대의 자기동일성의 논리에 근거한다는 사실을 거의 모든 포스트담론과 함께 포스트식민주의 이론은 지적했다. 또한 제국주의로부터의 해방과 함께 국민국가 건설을 시도하면서 신식민지 파시즘의 파행으로 치달았던 나라들은 이른바 단절/반복의 훌륭한 예를 보여주었음이 틀림없다. 구제국주의로부터의 형식적 독립은 이루었지만, 그 독립의 지렛대 역할을 한 내셔널리즘이 결국 제국주의의 자기 동일성의 논리를 재생산하는 것에 지나지 않는다는 주장은 신흥독립국들이 보여준 독재의 역학에 대한 의미있는 지적이라고 할 만하다. 신흥독립국들의 내셔널리즘은 제국주의에 저항했던 과거의

1 Arif Dirlik, "The Postcolonial Aura: Third World Criticism in the Age of Global Captalism", *The Postcolonial Aura*, Westview Press, 1997, p.52.

영광을 현재적 지배체제의 교두보로 활용하면서 국내의 저항을 효과적으로 억압했다. 신생국들의 억압과 독재가 제국주의적 민족 형이상학의 영향 때문이며 제국주의 담론에 대한 모방과 긍정 때문이라고 설명되는, 그 국민국가의 구도는 실제 역사적 전개과정에서 수많은 모순과 부정성을 야기했다.[2] 국민국가의 근대적 지형학이 탈근대성의 탈중심화론에 의해 비판 받는 데에는 필연적인 이유가 있었던 셈이다.

이런 과정 속에서 포스트식민주의 이론이 광범위한 호응을 얻게 되는 데에는 정신분석 담론의 영향이 결정적이라고 여겨진다. 1960년대 이후 맑스주의에 대한 유력한 대안으로 등장한 프랑스의 포스트구조주의론에 연동되어 90년대 초반부터 한국 인문사회학계를 주도해 온 여타의 이론들은 공통적으로 무의식의 담론 체계를 활용한다. 그 핵심에서 대두되는 것이 근대적 인식 체계에서 배제되고 소외되어온 '타자'라는 문제설정이다. 무의식은 자기정체성의 외부에 있는 '타자'이며, 근대적 자기동일성의 사유는 '주-객 대립'에 기초하여 그 타자를 억압하는 표상 중심적 지향성을 갖는다는 것이 그 문제설정의 요체일 것이다.

동일성의 논리에 대한 대안으로서, 투명한 자기동일적 의식의 외부에 있는 존재를 대비시키는 일을 '차이에 기초한 사유'라고 지칭하는 것은 이제 일반적인 동의를 얻고 있는 듯하다. 물론 '차이의 윤리학'을 강조하는 모든 담론 체계가 단일한 목소리를 내는 것은 아니다. 가령, 레비나스,

---

2 알렝 핑켈크로트, 주태환역, 『사유의 패배』, 동문선, 1999 참조.

사르트르, 라캉 등의 타자론은 각각 '절대적 외부' '자유' '무의식'을 표상하는 이론이다. 포스트구조주의의 집요한 비판 대상인 헤겔에게서도 타자라는 문제설정을 찾아보는 것은 어려운 일이 아니다. 더구나 '타자'는 존재론적으로는 '외부'의 타자이지만 본질론적으로는 '자기 자신의 타자'이다.[3] 이때, "운동은 더 이상 타자로 이행하지 않는다." 따라서 '차이의 윤리학'을 그것 자체로서 중요한 것이라고 할 수는 없다. 오히려 '차이의 윤리학'은 그 차이로서 운동을 가능하게 하는 자기 규정성으로서의 '부정성'을 밑바탕 삼아서 참된 내재성의 자기 존재로 돌아가는 것이라고 할 수 있다.

요컨대 '타자'와 '차이'는 부정적 자기규정의 문제이며 주체가 존재하는 방식에 대한 분석적 논의이기도 하다. 포스트식민주의론을 근본적으로 되돌아보아야 하는 이유가 여기에 있다. 단절과 반복이라는 화두 속에서 본다면, 포스트식민주의론 속에서 주체는 자기 외부의 힘에 의한 피규정적 상태로서만 존재한다. 식민주의로부터 벗어나려는 노력이 그 식민주의의 귀환을 동반한다는 사실을 강조하는 것은 피식민지인들의 의식이 이미 큰타자로서의 식민주의의 담론체계에 길들여져 있다는 사실을 주장하는 것과 같다. 물론 일종의 담론적 효과로서 그런 사실이 아예 없다고 말할 수는 없다. 일제말의 '친일문학'은 식민주의 이데올로기가 피식민지인들을 주체로 호명하는 사실에 대한 적절한

---

3 강순전, 「포스트구조주의의 헤겔 변증법 비판에 대한 응답」, 『포스트구조주의의 헤겔 비판과 반비판』, 이학사, 2006, 74면 참조.

실례가 될 것이다. 그러나, 앞에서 말했듯이, 주체를 규정하는 타자의 능력에 대한 강조는 그 반대 경우로서 주체로 돌아가는 타자의 부정성의 운동을 고려해야만 한다. 이것은 결국 내적이고 필연적인 자기 의식으로서의 주체가 전제된다는 말과 같다. 피식민지인들이 식민주의의 지배로부터 벗어나려 할 때, 그들의 의식적 행위가 무엇보다도 먼저, 그리고 항상 최종적으로 고려되어야 하는 것은 그 때문이다.

포스트식민주의 이론이 정신분석 담론에서의 무의식의 규정성을 타자에 대한 이론으로만 편향적으로 원용하는 한 이러한 필요성은 상당히 무시될 수밖에 없다. 분석가(analyst)로서의 포스트식민주의 이론가가 분석자(analysand)로서의 피식민주의자에 대해 이야기하면서 언제나 무의식적 층위를 논의의 최종심급으로 상정하는 일이 그것이다. 저항의 이면에 협력이 있고 협력의 이면에 저항이 있다는 포스트식민주의적 결론이 이때 등장한다.[4] 이런 관점이 가능한 것은 분석가가 분석자의 내면에 숨겨진 상처의 죄의식을 활용하기 때문이다. 이를테면, 무의식적 타자가 주체에게 트라우마와도 규정력을 발휘한 결과가 그것이라고 할 수 있다. 트라우마가 지워질 수 없는 원초적 경험으로 존재하듯이, 타자는 그 타자를 향해 투사되는 주체에게 되비쳐지고, 따라서 타자는

---

4 김윤식의 '최재서론'은 그것의 직접적 표현이며, 그가 『문학동네』 2006년 여름호에 발표한 김사량론 「베이징, 1938년 5월에서 1945년 5월까지-김사량의 「향수」와 「노마만리」」는 그것의 세련된 표현이라고 할 만하다. 후자의 글에서 그는 김사량의 탈출 행위가 「향수」의 일본 특무 오장렬이 보여주는 행위와 동연적인 심리의 결과라고 주장한다. 이것은 저항의 이면에 있는 협력과 협력의 이면에 있는 저항을 말하는 것과 같은데, 김사량의 탈출에 대해서 김윤식과 대비되는 관점의 글로는 김재용, 「일제말 김사량 문학의 저항과 양극성」, 『실천문학』, 2006 가을을 참조할 수 있다.

지울 수 없는 상처와 같이 주체를 규정하게 된다. 피식민지인들의 삶을 식민주의 담론의 모방으로 해석하는 것은 바로 이런 역규정의 편향성만을 일방적으로 인정하는 것과 같다. 왜냐하면, 저항 속에 협력이 있고 협력 속에 저항이 있다는 사실을 인정하기 위해서는 한 주체의 내부에 있는 무의식적 타자를 전제하는 일이 논리적으로 선행되어야 하기 때문이다. 이에 따르면 무의식적 타자는 주체 구성의 변증법에서 우선권을 확보한 권력자이다. 이렇기 때문에, 식민담론의 결과인 피식민지인들은 자신도 모르는 사이에 저질러진 역사의 불행과 역시 영문도 모른 채 입게 된 상처에 묶인 채 무의식적 죄의식에 붙들려 있을 수밖에 없다. 해결되어야 할 역사적 과제는 주체의 무의식적 운명과 함께 해결되지 않은 채 살아남는다. 피식민지인은 해방 이후에도 식민권력의 수혜자로 살아남아 있다는 고해가 계속 반복되어야 하는 것도 그 때문이다. 그 죄의식으로부터 벗어나려는 행동은, 역사를 진공으로 만드는 것과 같기 때문에, 불가능한 시도에 지나지 않는다. 그는 영원히 역사의 원죄에 묶여 있어야 한다.

이런 정황이라면, 정신분석 담론이 분석자의 고백적 자기 진술을 통해 자신의 근거를 부여받듯이, 그 죄의식과 죄의식을 형성한 과정이 식민지 지배를 가능케 한 근원적 원인인 것으로 자리바꿈 되는 역설도 성립할 수 있을 것이다. 그렇지만 이것은 기원의 순환이다. 하나의 기원을 없애면서 다른 기원이 나타나는 셈이다. 그러나, 역시 정신분석의 논리로 말하자면, 기원은 부재하는 기원이며 주체가 결여된 장소이다.[5]

이 부재하는 기원 때문에 경험하는 주체의 고통이 수반하는 효과는 무엇일까. 포스트식민주의 이론이 제국주의의 자기 합리화이며 그를 위해 선택적 담론으로 구성된 것일 가능성이 여기에 있다. 포스트식민주의론의 실재론이 문제되어야 할 곳도 이곳이다. 실재를 경험될 수 없는 것이며 도달할 수 없는 것이라고 규정하는 것은 충분히 가능한 일이지만, 그 가능성이 역사적 진공을 초래할 가능성이어서는 곤란하다. 그 가능성은 정세 속에서 의미화되는 주체의 무한한 운동성으로 이어지는 가능성이어야 한다. 결국 문제되는 것은 제국주의적 식민 담론으로서의 타자가 아니라 타자와 관계 맺고 호출되면서 경험적 현실을 살아가는 주체의 자기 정립인 것이다. 주체의 내재성이라고 다시 정리될 수 있는 이것을 현실 역사의 행정으로 돌려보는 일은 제국주의와 식민지의 현실적 관계를 살펴보는 일과 통한다.

## 2. 민족 형이상학과 민중적 자기 해방

위와 같은 포스트식민주의론의 유행과 함께, 제국주의의 식민지 지배

---

5 다음과 같은 프로이트의 진술을 참고할 수 있다. "우리에게 어린 시적의 기억이라는 것이 정말로 존재하는가도 의문시될 수 있다. 어쩌면 우리에게는 어린 시절과 관련된 기억밖에 없을지도 모른다. 어린 시절의 기억들은 우리의 먼 옛날을 있는 그대로 보여주는 것이 아니라 나중에 기억을 떠올린 시기에 나타난 형태로 과거를 보여준다. 기억을 떠올리는 시기에 나타나는 기억은 사람들이 말하는 것처럼 그저 생각나는 것이 아니라 그 시점에 만들어진 것이다. 그리고 역사적 정확성과는 관계없는 많은 동기들이 어떤 기억이 선택되었냐는 측면뿐 아니라, 기억을 구성하는 내용에도 참여한다." 필 멀런, 김숙진 역, 『프로이트와 거짓 기억 증후군』, 이제이북스, 2004, 75면에서 재인용.

가 단순한 지배-피지배의 이분법적 도식으로 환원될 수 없다는 사실이 자명해진 듯하다. 주지하다시피 지배-피지배의 이분법은 서구적 근대의 형이상학적 진리표로부터 근거를 부여받고 그 진리표에 대한 제3세계적 저항의 이론에 의해 역설적으로 보충된 바 있다. 제국주의로부터의 해방이 국민국가 건설의 과제로 이어지고 그것이 신식민지 파시즘의 파행으로 치달았던 나라들에게서 그 예를 보는 일은 충분히 실감되는 바 있다. 신생 독립국들의 역사적 경험은 제국주의적 민족담론이 그 나라들에 이식시킨 기원적 민족 형이상학의 영향과 무관하지 않은 것으로 해석되었고 또한편으로 그것은 피식민지인들의 제국주의 담론에 대한 모방과 긍정때문이라고도 이해되었다. 이를테면 정복과 해방의 사회구성체가 단절과 반복이라는 담론에 지펴 근대적 민족주의의 쌍생아라고 비판되는 시대를 우리는 살고 있다. 더구나 그 비판의 대상이 일상적 파시즘론을 정당화하는 기제로 작동하면서 지배체제에 저항하는 다양한 집단적 실천은 참된 자유의 실질적 실현을 방해하는 국가주의와 가족유사성의 관계에 있는 것으로 규정되었다. 실로, 지배와 피지배 내지 지배와 저항의 상호 의존에 대한 최근의 분석적 진술들은 장기간의 피식민지 경험과 파시즘적 권력의 미청산이라는 역사적 질곡에 둘려 있는 한국의 현실에서 미묘한 호응을 불러오게 되었다. 이 논리 속에서 보면 우리는 모두 자기 반성과 부정의 시간을 거쳐야 한다.

사태를 뒤집어 볼 필요가 있겠다. 이른바 세계사적 근대의 다차원적 계기와 국면을 치밀하게 논증하는 차원을 넘어서서 진행되는 포스트식민주의 이론의 논리적 공교함은 역으로 실제 역사적 구성물들의 재배치에서 심각하다 싶을 정도의 단순화로 빠져드는 감이 없지 않다. 일상적 파시즘론이 제기하는 우리 삶의 형이상학적 폭력성은 충분히 긍정될 수 있는 일일 것이다. 그것은 현실에 대한 자기 성찰적 실감을 가져오는 소중한 계기임에 틀림없다. 그러나 여기에 묘한 차원의 단순 환원론이 있는 것이다. 수많은 식민지 지배와 그에 따른 저항의 논리를 제국주의적 민족담론에 호출된 주체들의 폭력적이고 자기 동일적인 민족 담론 내지는 근대적 형이상학의 파시즘으로 분류하는 일이 그것인데, 이러한 환원론이 또다른 형태의 이분법적 단순론으로 빠질 위험은 얼마든지 있다고 여겨진다. 민족 담론 형성의 외적 계기와 내적 근원을 섬세하게 준별하는 일 없이 국가주의와 등치시키고 국가주의의 파시즘적 폭력성을 환기시킨 후 이를 통해 민족 담론을 역사적 악으로 규정하는 저간의 이론적 정세 속에서는 포스트식민주의 이론의 논리적 공교함이 증발되어 버린 채 선악의 이분법적 구도만 남게 되는 것이다.

이와 관련하여 호미 바바의 사이드 비판이 사이드를 이분법적 오리엔탈리스트로 규정하는 데 초점이 맞추어져 있다[6]는 점을 주목할 필요가 있다. 바바에 의하면 사이드는 '잠재적 오리엔탈리즘(서구적 지배의 무의식적 확신)'과 '외현적 오리엔탈리즘(동양에 관한 지식)'의 양극성만을 강조하는 사람이다. 그 두 가지 오리엔탈리즘의 '상호 연결/분리'라

6 H. 바바, 『문화의 위치』, 나병철 역, 소명출판, 2002, 154~6면.

는 통시적 과정 속에서 서구적 오리엔탈리즘이 항상적 불안정성을 겪는다는 사실에 대해 사이드는 결코 침해될 수 없는 권력 안(서구)과 밖(동양)의 대립 위치를 '의도적으로' 부각시키면서 봉합해버린다는 것이다. 그에 따르면 사이드는 "처음에 그런 두 가지 담론적 상황 간에 대립을 설정하고, 마지막에는 그 둘을 정치적-이데올로기적 '의도'를 통해 통합되는 조화된 재현의 체계로 상호 연결되도록 한다."[7] 이것이 사실이라면 서구의 오리엔탈리즘은 내적으로 균열을 겪는 일 없이 영속될 수밖에 없을 것이다. 그 통합된 재현 체계는 타자에 의해 모순에 처하거나 균열되지 않는 체계이기 때문이다. 그러나 사이드는 바바가 (의도적으로?) 무시하고 있는 주장을 병행시킨다. "거의 역설적이게도, 19세기를 통하여 동양과 서양의 거리는 계속 축소되었"[8]고 그로써 "고전적인 동양의 연구에 기반을 둔 잠재적인 오리엔탈리즘의 교의와 여행자, 순례자, 정치가 등에 의해 나타난 오늘의 명백한(외현적;인용자) 동양의 묘사 사이에는 긴장관계가 높아졌다"[9]고 사이드는 말한다. 요컨대 오리엔탈리즘을 형성한 지식은 "해체되고 해방되어 새로운 형태를 취하게 되었다"[10]는 것이다. 이것이 잠재적 오리엔탈리즘의 영역에서 나타난 사태라면, 종래의 오리엔탈리즘이 수동적 여성상으로 유비한 바의 외현적 오리엔탈리즘을 전복시키기 위한 노력이 우리 시대의 역사적 과제이자 가능성이라

---

7 H. 바바, 위의 책, 155면.

8 E. W. 사이드, 『오리엔탈리즘』, 박홍규 역, 교보문고, 2000, 391면.

9 E. W. 사이드, 같은 곳.

10 E. W. 사이드, 같은 책, 496면.

고 사이드는 강조한다. 그 과제와 관련하여 그가 제시하는 질문, 즉 "문화적, 종교적, 인종적 차이는 사회-경제적 또는 정치-역사적 범주보다도 중요한 것이라고 말할 수 있을까"[11]라는 질문이 주목되어야 할 터인데, 따라서 필요한 것은 주어진 역사적 조건 속에서 민족 담론이 구성되고 전개되며 효과를 발휘하는 과정에 대한 복합적 분석이라고 하겠다. 민족 담론에 대한 환원적 단순화를 위해 의도적으로 무시된 요인들의 복권이 시급한 셈이다.

바바는 오리엔탈리즘의 두 가지 영역이 실은 그 담론의 타자성과 양가성을 독창적으로 고려하도록 한다고 말한다.[12] 식민지 지배에서의 식민 주체의 양가적 구성이라는 문제 설정은 지배와 피지배라는 이분법적 도식으로 환원되지 않는 민족 문제의 복수성을 역설적으로 환기한다는 점에서 충분히 긍정되어야 할 것이다. 그런데 제국주의 민족 담론에 의해 호출된 주체의 문제는 좀더 복잡한 논의를 필요로 하는 듯싶다. 라자뤼스는 이에 대해 피식민지인들의 내적 분할을 제기하고 있다. 포스트식민주의 이론에서 이야기하는 피식민인은 진정한 피식민인이 아니라 식민 담론에 의해 호명된 대리인(agent)이라는 것이다. 결국 식민 담론이 구성하는 것은 식민화된 엘리트주의에 지나지 않는데,[13] 이렇다는 것은 식민 주체가 봉합될 수 없는 분열의 삶을 살아간다는

---

11 E. W. 사이드, 같은 책, 565면.

12 H. 바바, 위의 책, 155면.

13 N. 라자뤼스, 「초국가주의와 소위 민족국가의 사멸」, 김보민 역, http://www.colonialismstudy.com.

말과 같다. 호명된다는 것은 언어화된다는 것이다. 그러나 모든 것이 언어화되지 않고 실재의 차원으로 남아 주체를 지속적으로 괴롭히는 영역이 있는 것이다. 이 실재의 운동 때문에 실상 주체는 끝없이 자신의 정합성으로 돌아갈 수밖에 없다. 요컨대 식민 담론에 의해 호출되는 주체라 해도 그 주체가 언제나 식민지인으로 존재하는 것은 아니라고 해야 한다.

우리는 이 논의를 스피노자를 영유하는 라깡의 현실 이해의 차원으로 전환할 수 있다. 라깡에게 주체란 단순한 정신분석학적 주체가 아니라 철학적 법적 언어적 주체이다. 인간의 인격은 그의 고유한 환경에 의해 구성되는 총체성에 병행되는 것이다. 같은 의미에서 스피노자는 "관념의 질서와 결합은 사물의 질서의 결합과 동일하다"[14]고 쓴다. 그런데 스피노자의 일원론적 세계관은 사고와 연장이 하나의 실체로 귀속된다는 사실을 밝혀 놓으므로써 주체의 문제를 타자들과 관계 맺으면서도 주체 자체의 문제로 이해해야 하는 길을 열어 놓았다. 스피노자에게 내부와 외부의 양태들은 하나의 실체에서 이루어지는 변용들이다. 모든 차이는 하나의 실체가 다양하게 뻗어내는 속성에 지나지 않기 때문이다. 스피노자를 영유한 라깡에게 인격은 실체의 속성에 해당하는데, 그는 이렇게 말한다. "이제 주체라는 개념에 대해 이야기해보도록 하자. 그것을 끌어들일 때 우리는 자기 자신을 끌어들인다. 당신에게 말하고 있는

14 B. 스피노자, 『윤리학』, 서광사, 1990, 73면.

사람은 다른 사람에게 말하고 있다는 듯이 말하는 사람이다—그는 잘못된 언어를 사용하고 있다. 자기 자신이 문제인 것이다. 이처럼 프로이트는 시작에서부터 그 자신을 분석하듯이 신경증을 분석해야만 진전이 있다는 사실을 알고 있었다."[15] 결국 문제되는 것은 제국주의적 식민 담론으로서의 타자가 아니라 타자와 관계 맺고 호출되면서 경험적 현실을 살아가는 주체의 자기 정립인 것이다. 주체의 내재성이라고 다시 정리될 수 있는 이것을 현실 역사의 행정으로 돌려보는 일은 제국주의와 식민지의 현실적 관계를 살펴보는 일과 통한다.

이것을 친일문학에 대한 논의로 전환시킬 경우, 특히 글쓰기의 주체가 문제가 되기 때문에 더욱 논점이 예각화된다. 왜냐하면 글쓰기의 주체란 '소유의 변증법'(상징계)에서 '존재의 변증법'(상상계)으로 돌아가려는 주체이기 때문이다. 이때 주체는 '아버지'라는 큰타자를 벗어나서 자신의 말로 세계와 만나려는 내재적 주체이다. 이런 관점에서 친일문학을 이야기한다는 것은 무엇을 의미하는 것일까? 저항과 협력으로 이중 구조화된 주체라는 문제 설정의 탈식민주의적 관점 속에서 보면 친일문학은 식민담론에 포획된 주체들에게는 불가피한 선택임이 분명하다. 그들은 식민구조의 아들들이기 때문이다. 그러나 그 주체가 실은 항상 타자에게 구속된 채 고정되어 있기만 하는 존재가 아니라는 사실이 고려될 필요가 있는 것이다. 파농이나 라자뤼스가 피식민지 주체의

15 J. Lacan, *Seminar* Ⅰ, Norton, 1988, p.2. 오질비는 이 문제를 "주체는 결국 사회적 요구들(타자들:인용자)의 체계 대신 자신의 고유한 체계를 대체물로 갖는"다고 정리한다. B. 오질비, 『라깡, 주체개념의 형성』, 김석 역, 동문선, 2002, 75면.

내적 분할(부르주아적 민족주의/민중적 민족주의)을 제기하고 민중적 민족주의의 저항적 잠재력으로부터 탈자본주의의 가능성을 보는 것은 바로 그 주체의 내재성으로 제국주의적 질서를 돌파할 가능성을 타진하는 것이라고 할 수 있을 것이다.

최근의 이론적 경향이 보여주는 주요 논점 가운데 하나가 민족주의 비판이고 이것은 포스트식민주의 이론의 문제제기가 가지고 있는 강한 유인력에서 비롯된다고 여겨진다. 민족의 혈통과 전통을 강조하는 원초적 민족 담론이 실제로는 가능하지 않은 이념적(이것은 관념적이라는 의미와 통할 것이다) 구성물에 지나지 않는다는 비판이 화려한 분석적 수사와 함께 제기되고 있는 것이다. 이 비판이 민족 형이상학의 폭력성에 대한 지적으로 의미화되는 것은 그 자체로는 충분히 긍정되어야 할 것이다. 실제로 민족주의에 의해 악의적으로 억압되었던 것이 있다면 그것은 언제 어디서나 복권되어야 할 것임에 틀림없다. 그러나 원형적 민족주의를 비판하는 담론에 가장 결여되어 있는 것이 있으니, 그것은 민족의 구성과 발견의 경험을 서구와는 다른 방식으로 수행한 제3세계 민중들의 자기 해방의 계기가 무시된다는 점이다. 이것은 포스트식민주의 이론에서 왜 피식민지인의 일부는 저항으로 나아가고 또다른 일부는 협력으로 나아가는지에 대한 분석이 부족하다는 사실과 통하는데, 이는 정신분석학의 타자론에 지나치게 의존하면서 제국주의적 타자에 의해 구성된 피식민지인이라는 관점만이 부각되기 때문일 것이다. 이와 관련하여 윤대석은 김사량 문학의 포스트식민주의적 내용이 그의 현실적 실천을 끌어내고 있다는 주장을 하고 있어서 주목된다. 그는 「풀 속 깊이」를 분석한 후 "작가 김사량은 이처럼 식민지인의 양가성을 극대화 시켜서 그 속에서 멀어지는 동화와 이화의 틈을 확대시켜 나갔다. 이러한 틈에 대한 인식이 작가 김사량으로 하여금 연안으로 탈출하여 항일의용군에 가담하게 만든 원동력이었다고 해도 과언이 아니다"[16]라고 말한다. 김사량의 탈출이 피식민인의 양가성에서 비롯된 것이라면 그 양가성 중에서 김사량으로 하여금 탈출의 길로 나아가도록 한 저항적 요인만이 그의 심리에 부각된 이유는 무엇이었을까?

식민담론에 의해 구성된 주체로서의 피식민지인은 권력의 대립관계를 알 수 없다. 대립을 알기 위해서는 권력의 외부에 있어야 하지만 푸코를 전유하는 바바의 경우 권력의 외부에 있는 존재는 없기 때문이다. 그러므로 윤대석은 위와 같은 주장은 다음과 같은 두 가지 말을 덧붙여 놓는 것과 같다. 하나는 김사량이 식민 담론의 외부 다시 말해 권력의 외부에 있었다는(포스트식민주의 이론에서는 실제로는 불가능한 상태를 지시하는) 말을 하는 것이며(이것은 실제로는 포스트식민주의적 실천의 가능성을 부정하는 것이다), 다른 하나는 김사량의 탈출을 계기화하는 것이 무엇인지를 다시 찾아내야 한다는 말을 하는 것이다. 전자의 경우는 김사량이 식민 담론의 주체로 호명되지 않는 또다른 요인에 의해 더 많이 규정되고 있었다는 사실을 뜻하는데 그것을 우리는 '민족'이라고

16 윤대석, 「국민문학의 양가성」, 『트랜스토리아』2호, 박종철 출판사, 2003 상반기, 176면.

부를 수 있을 것이다. 후자의 경우는 그 민족의 어떤 요인이 우선적으로 효과를 발휘하고 있었는가를 밝혀내는 일을 요구하는 것이다. 그리고 그것을 밝혀내는 일은 제국주의에 의한 식민지 수탈의 과정을 밝혀내는 일과 통할 것이다.

당연히 스피박이 말하는 단절과 반복의 가능성 자체가 무시될 수는 없을 것이다. 그러나 반복에도 단순 반복이 있고 변형된 반복이 있다. 이때 단순 반복의 삶을 살아가는 존재는 라자뤼스가 말하듯이 식민 담론에 의해 호명된 대리인이다. 그러나 주체가 그로써만 구성되는 것은 아니다. 실로 포스트식민주의 이론의 중요한 측면은 주체의 그 분열된 양상을 환기한다는 것이다. 양가성과 혼종성 개념이 이와 관련될 터인데, 그러나 주체의 그 분열된 차원이 언제나 현실화되는 것은 아니다. 오히려 우리가 주목해야 하는 것은 그 분열된 주체의 잠재성이 어떤 경로를 통해 어떤 모습으로 현동화(actualization)되는가 하는 것이다. 민족담론을 동원하여 민족을 강조하는 일이 국가주의의 반복이라고 비판하는 것은 그 민족 담론이 식민 담론의 반복이되 차이나는 반복이라는 사실을 애써 눈감으려 하는 것이라는 혐의가 짙다. 그렇다면 국민국가의 경계를 지우면서 제국에 대해 강조하는 것과 일본의 제국이론은 어떤 관계를 맺는가에 대한 논의가 뒤따라야 할 것이다.

마찬가지로, 친일문학을 논점화하는 것은 강상희가 말하듯이[17] 식민

---

17 강상희, 「친일문학의 인식 구조」, 한국근대문학회, 『한국근대문학연구』7호, 태학사, 2003.

담론에 호출된 주체의 자기동일성을 급진적으로 반복하는 일과는 거리가 멀다. 강상희의 비판은 제국주의의 규정력만이 일방적으로 강조된 채 식민 담론을 반복하는 주체를 지적하는 것인데, 이는 주체를 단순한 타자 복제로 이해했을 때에만 가능한 논리이다. 여기에는 민족주의를 단순 악으로 환원한 채 모든 잠재적인 것(the virtual)을 모든 현실적인 것(the real)으로 바꿔놓는 논리적 비약이 있다. 이것은 모든 민족주의를 국가주의와 등치시켜서 단순 악으로 환원하는 최근의 이론적 정세를 추수하는데서 나온 결과일 것이다. 그러나 주체는 타자성으로 단순 환원될 수 있는 주체가 아니다. 이런 의미에서, 친일문학을 이야기하는 것은 포스트식민주의 이론에 의해 탈영토화된 민족주의를 다시 주체의 내재성으로 재영토화하는 일과 통한다. 친일문학을 다시 이야기하는 것은 바로 그 재영토화의 과정에서 내재적 주체성으로 살지 못했던 존재들의 문제를 살펴봄으로써 강상희가 우려하는 바의 역설적 한계를 피해가기 위한 것이다.

### 3. 주체의 해체를 넘어 주체의 구성으로

해체적 언술체계에 주목하는 포스트식민주의적 연구가 현실적 지형 속에서 움직이는 권력의 지배력을 언급하는 데에는 일정한 한계가 따를 수밖에 없다. 해체적 언술이란 다분히 무의식의 약호체계일 뿐이다. 정신분석의 논리를 따른다면 그것은 언제나 무의식적 큰타자의 규정을 받을 수밖에 없다. 이때 저항은 언어놀이의 차원으로 전환된다. 이 놀이가 의식적인 차원에서 저항으로 전환되기 위해 필요한 것은 그러므로 그 타자의 규정을 벗어나기 위한 비약의 모험일 것이다. 역사적 현실의 문제가 좀더 총체적인 의식의 차원으로 전환되어야 할 필요성이 여기에서 제기된다. 기표들의 환유적 연쇄라는 무의식으로 현실이 환원되고, 그것이 타자론이라는 문제설정 속에서만 머무는 한 식민지인들이 무의식적 큰타자로서의 제국주의의 그물망을 벗어날 길은 없기 때문이다. 또한 저항 속에 협력이 있고 협력 속에 저항 있다는 관점에서 보면 친일문학은 식민담론에 포획된 주체들에게는 피해갈 수 없는 불가피한 문학적 경로임이 분명하다. 이때 모든 문학은 식민의 문학이 될 것이며 모든 식민 문학은 반식민의 문학이 될 것이다. 그것들은 타자에 의해 규정되는 식민구조의 결과들이기 때문이다.

그러나 주체구성의 변증법이라는 차원에서 좀더 근본적으로 문제를 살펴볼 필요가 있다. 상징계의 주체는 '소유의 변증법' 시기를 거치면서 타자의 언어를 사용하고, 상상계의 주체는 '존재의 변증법' 시기 속에서 스스로의 언어로 타자와 관계 맺기 때문이다. 상상계의 주체는 자신의 원초적 고향으로 귀환하려는 주체이다. 큰타자를 넘어서서 자신의 말로 세계와 만나려는 내재적 주체가 그것이다. 따라서 그 주체가 실은, 특히 역사적이든 개인적이든 현재적 삶의 차원을 고려한다면, 항상 타자에게 구속된 채 고정되어 있기만 한 존재가 아니라는 사실이 고려될 필요가 있는 것이다. 파농이나 라자뤼스가 피식민지 주체의 내적 분할을 제기하고 민중적 민족주의의 저항적 잠재력으로부터 부르주아적 민족주의를 넘어설 뿐만 아니라 탈자본주의의 가능성을 보는 것은 바로 그 주체 자체의 내재성으로 제국주의적 질서를 돌파할 가능성을 타진하는 것이라고 할 수 있다. 근대적 주체와 국가라는 경계선을 넘는 제국의 지형도 속에서조차 저항적 민족주의에 대해 사유해야 한다고 진술하는 네그리와 하트의 고민도 여기에 있을 것이다.

포스트식민주의론과 관련하여 주체라는 문제설정이 다시 이루어져야 하는 것은 이 때문이다. 이때, 주체의 행위가 어떤 층위에서 표현되느냐 하는 문제가 고찰되어야 한다. 주체를 구성하는 실제적(actual) 역량 이외에도 현실(reality)의 잠재적 영역에 대한 논의가 진행된 것은 포스트식민주의론과 관련해서도 시사해주는 바가 많다. 이를테면, 식민주의의 역사와 함께 '실재'의 지평을 논의할 때 근본적인 차원에서 지난 시간을 돌아보게 만들고 그에 따라 연구자들로 하여금 보지 못한 채 억압되어 있던 사항들을 되짚어볼 수 있도록 한 것은 가장 긍정적인 예에 해당할 것이다. 실제로 현실이 언제나 감각 가능한 것들로만 이루어지지는 않는다. '실재'에 대한 논의는 실로 학문적 연구의 많은 착점을 제공해주고 있음에 틀림없다. 그러나 그 착점이 실제적 현실과 너무 거리를 둔 나머지 그 현실의 역사적 지평을 상실하는 상태에 도달한 것은 아닌지를 다시 물어보아야 하는 것도 바로 이 지점이다. 구체적인 것이 이념적인 것이라는 오래된 명제를 다시 꺼내보아야 하는 것도 이 때문이다.

포스트식민주의론과 실재의 지평을 거론하는 일은 따라서 그 지평의 실제적 효과가 과연 현재적 구체성을 확보하고 있는가 하는 질문으로 연결될 수밖에 없다. 포스트식민주의론이 구체적 역사의 행정과 관련하여 지나친 원리주의적 독재에 빠진 것은 아닌지 물어보아야 하는 것도 마찬가지이다. 지금까지 포스트식민주의론이 각이한 식민주의의 경험에 대해 얼마나 그 개별적 차이를 고려해왔는가에 대한 답변은 부정적이라고 여겨진다. 앞에서 '역사의 진공'을 언급했던 것은 그 때문이다. 많은 포스트 담론이 차이의 반복을 주장하지만, 실제로 드러난 적용의 사례들은 원론의 적용에만 집중하는 경우가 대부분이었다. 케에르케고르가 이미 화두로 삼고 들뢰즈와 데리다에게서 재생되는 이 '차이의 반복'은 식민주의의 '단절과 반복'이라는 논의 속에서 중요한 기능을 담당한다. 그런데 이 반복과는 다른 '되풀이'를 키에르케고르는 이미 '상기'라는 말로 규정하고 있다. 상기는 다만 과거로의 회귀일 뿐이라고 그는 주장한다. 이것은 차이나는 반복의 미래적 운동이라기보다는 가능하지 않은 과거의 재구성에 몰두하는 일이다. 최근 한국의 포스트식민주의론은 그 이론의 원론에 대한 '상기'에만 매달리고 있는 것은 아닌가를 짚어보아야 할 때이다. 그래서, 필요하다면, 한국문학의 구체에는 극단적인 경우 반복이 없이 '차이만'이 존재한다고 말해야 할지도 모를 일이다. 그렇지 않으면 한국문학에 대한 포스트식민주의론의 주장은 모든 역사를 진공으로 만드는 일에 지나지 않을 것이다.

## 2

# 일제말의 국민, 미, 전체주의

### 1. 사실 수리와 협력

중일전쟁(1937년 7월)의 발발 이후 조선의 문단은 강력한 전시동원체제에 의해 유인되었다. 미나미(南次郎) 총독은 부임(1936년 8월) 후 한층 교묘해진 식민지 정책을 실시하였는데, 그 하나는 불령선인(不逞鮮人)을 발본색원하여 일제에 대한 저항을 근절시키려는 것이었고 다른 하나는 내선일체를 표방하면서 동화정책을 실시하여 조선민족을 순응적으로 개조하려는 것이었다. 이 시기에 일어난 중일전쟁은 그 정책을 뒷받침으로 삼고 조선을 병참기지로 활용하면서 전개되었다. 조선과 만주를 배후기지로 활용한 중일전쟁의 초기 전황은 일본에 유리하게 전개되었지만, 일본이 동북아의 패자로 자리잡을 정도로 중국이 몰락한 것은 아니었다. 중국은 국공합작을 선언했고 중국민중들은 광범위한 저항을 전개 했다. 이 정황이야말로 만주국의 이시하라 간지(石原莞爾)가 대중국 회유책으로서 동아연맹론을 주장하도록 한 요인이었다. 이런 사정은 그러나 1938년 10월의 무한 삼진 함락을 거치면서, 특히 조선 문인들에게, 큰 변화를 가져왔다. 중일 전쟁 발발 후 내심 일본의 패배를 기대했던 문인들은 일본의 승리를 사실로서 인정해야 했다. 그것을 표현한 대표적인 글은 백철의 「시대적 우연의 수리-사실에 대한 정신의 태도」[18]이다. 봉건주의에 대한 근대주의의 승리로 중일전쟁을 파악해야 한다는 백철의 주장은 1938년 10월을 경유하던 당시 조선 문인들의 일반적인 생각이었다. 대동민우회라는 전향자 단체가 있기는 했어도 당시까지의 친일이 일제의 강요에 의해 이루어진 것이었다면, 이때부터 문인들은 자발적으로 친일의 길에 나서기 시작했다. 미나미 총독에 의해 주장된 내선일체론, 일본 『만엽집』을 기원으로 하는 서정성, 서구적 근대에 대비되는 동아시아론이 조선 문인들의 내재적 논리로 작동하기 시작한 것도 이 무렵부터이다. 이 결과, 1939년 4월 '황군위문작가단'이 구성되고 그 활동의 일환으로 김동환 · 박영희 · 임학수가 북지전선의 일본군 위문을 다녀왔으며, 같은 해 10월에는 조선문인협회가 결성되어 국민문학 건설과 내선일체의 구현을 기본 지침으로 해서 황민화운동 및 전시 동원체제에 복무하였다.

이런 경과를 갖는 친일문학은 그러나 "친일"이라는 언어 하나로

18 『조선일보』, 1938. 12. 5.

단일하게 묶여 분류될 수 있는 것이 아니다. 문인들이 친일의 길로 나선 것은 1937년의 중일전쟁, 1940년의 신체제, 1941년 말의 대동아전쟁이라는 일제말의 세 가지 소시기에 연동된다. 1937년부터 1942년까지의 5년동안에 이루어진 친일로의 전향은 그 짧은 기간 만큼이나 급박한 정세적 변동에 의해 집중적으로 이루어진다. 그런데도 문인들이 각각 친일의 명분을 달리 갖고 있었다는 점이야말로 주목을 요하는 부분이다. 크게 보아서 내선일체론, 대동아공영론, 전쟁찬양론으로 분류되는 친일문학의 논리는 모든 문인들에게 공통적으로 나타나는데, 그럼에도 불구하고 친일로 전향한 시기가 다른 것은 그 전향의 계기가 다르다는 사실을 의미한다. 이점이 분명히 전제되어야 하는데, 문인들의 이 차이점이야말로 친일의 논리가 각각의 문인들에에게 내재적인 것이었음을 알게 해주는 요인이기 때문이다. 내선일체론, 대동아공영론, 전쟁찬양론은 물론 서로 교직되는 관계인데, 이 관계들의 실현 속에서도 친일의 개시와 강조점은 문인들에 따라 차별성이 있다.

내선일체론은 주로 국민주의자들에 의해 친일의 논리로 강조된 요인이다. 1920년대의 국민문학파에 뿌리를 두고 상실된 국민국가를 일본과의 통합을 통해 민족 자치의 형식으로 해결하려 했던 국민주의자들은 그것의 근거를 내선일체에서 찾았다. 친일의 가장 앞선 논리가 바로 이것이라는 점에서, 그리고 이 유형에 속하는 문인들 대부분이 한국 근대문학의 선구자들이라는 점에서 근대적 국민주의자들의 친일은 왜곡된 근대지향성의 한 파행을 보여준다.

서정적 시정신을 강조하는 문인들에게는 어떠한 사상이나 관념도 문학을 위해서는 고려의 대상이 될 수 없는 것이었다. 이렇다는 것은 미를 위해서라면 저항인가 순응 · 협력인가 하는 문제는 부차적인 것으로 처리되었다는 사실을 뜻한다. 시의 경우, 국민주의자들이나 프로문학 진영의 문인들에 비해 이들이 현저한 미적 성취를 보여주는 이유가 여기에 있다. 시는 그 사상 내용의 갈래를 떠나서 언어적인 완성도를 보여야 한다는 김종한의 주장[19]이 이와 관련된다. 이들에 이르러 일제말의 친일 협력시는 이념 이전의 미적 언어로 읽힐 수 있는 근거를 마련한다.

프로문인 중 전향파에 속하는 시인들은 동아연맹론이나 동아협동체론에 연동되면서 전체주의적 세계상의 정립을 강조했다. 동아연맹론은 민족적 자율성을 보장하면서 국가 연합을 모색하는 전체주의 이론이다. 당시의 역사적 정세 속에서 전체주의는 근대 자본주의 체제를 극복하고 세계사적 신질서를 구성할 수 있다고 믿어진 정치체제였다. 프로문학 진영의 지식인들에게 전체주의가 긍정된 것은 개인주의적이고 자유주의적인 서구적 근대를 극복하는 역사적 대안으로서의 동양주의가 내재화되었기 때문이었다. 이 동양주의란 황도정신에 입각한 동아신질서론을 뜻한다. 여기에는 천황을 기점으로 하는 팔굉일우의 이념이 작동하고 있었지만, 친일문인들에게 이 사실은 전체주의라는 시대적 맥락 속에서 외면되었다. 그 이유는, 일본 국가 체제 특유의 신민의 논리[20]가 니시다

19 김종한, 「시문학의 정도-참된 '시단의 신세대'에게」, 『문장』, 1939. 10. 199쪽.

20 천황의 통치 대상으로서의 신하의 측면과 근대적 주체로서의 시민의 측면이 이종결합된 것으로서의 '신민'에 대해서는 윤건차, 하종문·이애숙 역, 『일본 그 국가·민족·국민』, 일월서각, 1997 참조.

기타로(西田幾多郞)가 정리하는 것과 같은 바의 '화엄적 일즉다(一卽多)'의 논리와 결합된 채 움직이고 있었기 때문이다.

대략 위와 같은 세 갈래로 분류되는 일제말 친일 협력시를 미적 이념에 따라 명명해본다면, 첫째 '국민문학파와 국민주의', 둘째 '순수서정파와 언어미학주의', 셋째 '프로문학파와 전체주의'라고 할 수 있다. 이 글에서 살펴볼 대표적인 문인들로는 첫째의 경우에는 이광수, 주요한, 김동환, 김억이, 둘째의 경우에는 서정주, 김종한이, 셋째의 경우에는 김용제가 해당된다. 이들 각 진영이 친일문학을 개시하는 시점과 이념에서 차별성을 보여주는 이유는 이들의 문학이 단순히 '친일문학'이라는 이름으로 동일하게 묶일 수 있는 것이 아니라는 점에 있다. 이들 각각은 자신들의 문학 이념을 시대적 정세 속에서 실현해간 것이라고 할 수 있다. 이들의 각각의 이념을 구체적으로 살펴보기로 하자.

## 2. 국민, 미학, 전체의 이념

### 1) 시국과 미적 표현의 갈래

김동환은 「전쟁과 애국시인-조국과 조선시인의 관련(1)~(4)」(『매일신보』, 1941, 11, 21~24)에서 조선 시가의 과제를 다음과 같은 말로 설명한다.

우리도 혹은 그 양 건설적이고 명랑하기만 한 시가를 써서 좋흘 날이 올 것이다. 그것이 正常狀態인줄로 안다. 그러나 지금은 전시요 또한 시가상에 있어 새로히 내지인의 사상감정을 본바더 느끼며 지내려하는 국민적 자각의 첫 계제에 바로 들어선 터이다.

爲先 그 고백으로 그 선언으로 또 일체의 과거를 청산하는 뜻으로 또 우리는 누구나 일본제국에 대한 충성이 이러타하는 맹서의 뜻으로 「戰爭詩歌」와 「兩民族相和」의 노래를 한끗 만히 부르자 함이다. 이것이 初入의 길이요 정통의 길인줄 믿는다. 그러고 난 뒤 내일날 전쟁이 끝난 뒤 우리는 얼마든지 '詩美의 世界'에 정상적으로 드러갈 수 있을 줄 안다.[21]

이를테면, 시는 1941년 말의 시기에 조선이라는 공간에서는 미적 성취를 유예시켜도 괜찮은 것이 된다. 그 이유는 시국이 전시 상황이라는 점, 내선일체의 자각이 급선무라는 점에 있다. 시를 희생해서라도 시국적 주제에 호응해야 한다는 것이 이 주장의 요점이다. 이 진술은 그런데 당시 대정익찬회가 주최한 '익찬시가의 밤'에서 낭송된 일본 시가에 대한 감상과 함께 맥락화되어야 한다. 같은 글에서 김동환은 예의 '익찬시가의 밤'에서 낭송된 일본시가 고향 정회의 감정이나 본능적 욕망을 노래한다는 사실을 지적한다. 이런 시가가 전시에 열린 익찬의 밤에 선택된다는 사실은 의외의 현상이기는 하되 일본의 자각된 국민의식 속에서는 문제될 것이 없다고 김동환은 말한다. 그렇지만, 조선인들에게

---

21 인용은 시집 『해당화』, 대동아사, 1942, 432~3쪽.

그런 시는 불필요한 복고적 정서를 야기함으로써 "신국민시단건설"의 과제로부터 시인들을 멀어지게 할 것이라고 그는 덧붙인다. 따라서 조선에서는 전쟁시와 제국에 대한 충성의 시를 강조해야 한다는 것이다. 이런 구분을 가능케 하는 근거는 요컨대 자각된 일본국민의식의 소지 여부이다. 이때 일본국민의식이란 대동아공영의 첩로에서 길잡이를 하게 될 역사의식일 뿐만아니라 일즉다(一卽多)라는 천황중심적 사상의 실제적 표현이기도 했다.

김동환은 한국근대문학의 1세대로서 근대 국민주의자의 역할을 담당했으며, 이광수, 주요한과 함께 『삼인시가집』(삼천리사, 1929)을 발행하면서 이른바 국민문학파와 관계 맺고, 출판자본가로서 『삼천리』를 운영하다가 종국에는 친일의 길로 나아갔다. 그와 마찬가지로 한국근대문학의 길을 개척하고 민요나 시조 같은 전통적 시가 형태를 발굴 보급하는데 힘썼으며 일제 말기에 친일의 길로 나섰던 시인으로는 주요한과 김억이 있다. 이들은 조선적 근대문학을 내재적으로 형성하기 이전에 일본 근대문학의 충격을 흡수한 존재들이다. 이렇다는 것은 이들에게 문학의 존재방식에 있어서의 문학 외적 요인을 중시하도록 하는 경향을 형성시켰다고 여겨진다.

이에 비해 1930년대의 신세대 문인들에게는 새로운 문학적 세대로써의 감각이 중요했다. 그것이란, 선배세대와는 다른 문학감각으로서 시국적인 것과 미학적인 것을 나누어 보는 감각이었다. 김종한은 "언어 자체의 미"22를 무엇보다도 강조했다. 「나의 작시 설계도」에서 이미 표현되고 있는 이 미학주의적 논지야 말로 그의 선배세대와 가장 차이나는 부분이다.

동일한 시기를 살아간 시인들 중 전향파도 한 흐름을 형성한다. 김용제로 대표될 전향시인들이 그들이다. 김용제는 중일전쟁이 일본의 승리로 방향을 잡는 경과 속에서 친일시를 쓰기 시작했다. 더구나 1938년 11월에는 프랑스의 인민전선이 무너지고 사회주의의 종주국 소련에 대한 기대가 한풀 꺾인 시국을 전향문인들은 경험하고 있었다. 이때 전향파 문인들은 어떤 생각을 할 수 있었을까?

> 오늘날에는 모든 부분에서 국가적인 통제가 행해지고 있다. 우리는 그 '통제'라는 관념의 진의를 해명한 다음 '문화 통제'라는 말을 고찰해보지 않으면 안 된다. 나의 생각으로는 '통제'는 기본적으로 '강제'는 아니며, 그것은 일종의 새로운 국가 이념의 구성이며 조직이라고 믿고 있는데, 그것이 없는 한 참된 의미의 '통제'는 이루어지지 않는다고 생각한다.
>
> 모든 '통제' 정신은 보다 나은 '창조'를 향한 전제이다. 그것은 정치적인 요구와 주관적인 자발성이 완전히 통일되는 국가적인 높은 정신을 의미하는 것이며, 그렇게 되지 않으면 안 된다. 그것은 하나의 강력한 행위의 세계이고, 또는 이상과 희망의 길이지만 그래서 고난의 길이기도 하다는 것을 나는 알고 있다.[23]

---

22 김종한, 「시문학의 정도-참된 '시단의 신세대'에게」, 『문장』, 1939. 10, 199쪽.

23 金龍濟, 「朝鮮文化運動の當面任務-その理論·構成·實踐に關する覺書」, 『東洋之光』, 1939. 6, 78쪽)

요컨대 새 시대의 문화원리는 국가주의적 통제를 지렛대 삼아서 창조를 지향하는 것이다. 이 창조가 반서구 일본중심의 아시아주의에서 대동아공영론으로 나아가는 과정에 속한다는 사실과 함께 김용제의 협력론이 국가적 전체주의를 옹호하는 탈자본주의론으로 상상된다는 점도 주목해야 한다. 이것은 사회주의자들의 전향과 친일을 살펴보는 데 있어서 중요한 비중을 두고 다루어져야 할 부분이다. 이를테면 계획화된 조직적 사회구조를 건설함에 있어서 문화 영역에 대한 통제는 필수불가결한 것이며 이를 '강제'와 같은 것으로 오해해서는 안된다는 논리는 그 사회에 속한 인민들의 자발적 동의로 포장된 채로 '하나가 전체이며 전체가 하나라'는 당대 특유의 사고와 결정적으로 연결된다. 이를 위해 문학적 행위가 적절한 통제 아래 이루어져야 한다는 말은 위의 김종한의 생각과 분명하게 대비되는 부분이다. 김종한에게 국민문학이란 '정지용의 예'도 포함할 수 있는 것이었다. "그러나 나는 정지용씨가 만일에 끗끗내 전쟁시를 쓰지 안코 말앗대도 그를 국민적인 시인의 한 사람으로 대우하기에 주저하지 안흘 것이다"[24]라는 진술은 김용제가 국가적 통제에 대한 문화의 자발적 수용으로써 창조의 길에 나설 수 있다고 주장하는 것과 크게 대비되는 것이다.

일제말 전시기에 펼쳐진 협력문학에 있어서 이상의 세 가지 관점이 비록 대동아공영권의 건설이라는 유사한 이데올로기에 동일하게 기여했

24 김종한, 「조선시단의 진로-특히 국민시와 관련하야」, 『매일신보』 1942. 11. 13.

다고 해도 그 이데올로기를 내재화하는 계기와 과정에 따라 분석적으로 나누어서 살펴볼 필요성은 그래서 제기된다. 이 관점들의 차이는 문학적 차이이기도 하고 그 문학을 형성시킨 요인들의 차이이기도 하다. 이 차이를 가시화하는 것은 이들이 속한 문학 유파나 이들이 문학의 본질에 대해 보여준 사유를 고찰하면서 가능할 텐데, 이를 통해 식민주의 이데올로기가 관철되는 다양한 방식을 살펴볼 수도 있을 것이다.

### 2) 협력의 세 가지 갈래

일제말 전시기의 협력문학에 있어서 시 영역의 분화를 위에서 살펴본 것처럼 나누어본다면 대략 세 가지 정도로 구분된다. 다시 한 번 진술해보면, 첫째, '국민문학파와 국민주의', 둘째, '순수서정파와 언어미학주의', 셋째, '프로문학파와 전체주의'가 그것이다. 첫째의 경우에는 이광수, 주요한, 김동환, 김억이, 둘째의 경우에는 서정주, 김종한이, 셋째의 경우에는 김용제가 해당된다고 할 수 있다. 이들이 친일시를 창작하게 되는 정황적 계기도 동시에 고려되어야 한다. 그것은 첫째, 1937년 중일전쟁이 개시되고 1938년 일본의 승리로 전황이 전개되면서 역사적 패배주의와 함께 친일문학이 전개되는 경우, 둘째, 남경의 왕정위 정부가 1940년 3월에 들어서고 6월에 파리가 함락되면서 주장된 신체제론과 함께 친일문학이 전개되는 경우, 셋째, 1941년 12월8일의 진주만 공격과 함께 개시된 태평양 전쟁 초기에 일본의 승리를 경험하고 근대초극론을 수용하면서 친일문학이 전개되는 경우이다.

위의 시인들이 언제부터 친일시를 쓰기 시작했는가 하는 점에 대해서는 우선 그들이 작품을 발표했던 시기를 고려하면서 판단할 수밖에 없다. 국민문학파에 속한 시인들은 거의 모두 첫 번째 시기에 친일작품을 발표한다. 백철의 「시대적 우연의 수리-사실에 대한 정신의 태도」(『조선일보』, 1938. 12. 2~7)에 전형적으로 드러나 있는 역사적 패배주의는 그러나 반봉건주의로서의 근대주의라는 외피를 쓰고 있었다. 요컨대 근대 국민국가 형성의 첩로를 이들은 친일에서 찾은 경우였다.

순수 서정파에 속하는 김종한과 서정주는 각각 다른 시기에 친일작품을 쓰기 시작했다. 김종한은 1940년 11월 「살구꽃처럼」(『문장』)을 발표했고, 서정주는 1942년 7월에 「시의 이야기-주로 국민시가에 대하여」(『매일신보』)를 발표했다. 시기만으로 본다면, 김종한은 위의 둘째 시기에 친일의 계기를 맞았고 서정주는 셋째 시기에 계기를 맞았다고 해야 한다. 그러나 사정은 그렇게 단순하지 않다. 우선, 시기적 차이가 있음에도 불구하고 이 둘의 친일시가는 형식상으로는 언어 미학에 충실하고 이념상으로는 전통 양식을 강조한다. 다음, 위의 역사적 계기 중에서 둘째 시기를 규정해주는 신체제론과 파리 함락은 셋째 시기로 확장되면서 연동된다. 차이가 있다면, 동아 신질서를 표방하고 신체제론에 영향을 주었던 코노에 내각이 토조 히데키의 군부 내각으로 바뀌면서 태평양 전쟁이 발발되었다는 점이다. 동아신질서론이 동아협동체론이나 동아연맹론과 연결되면서 도의적 동양을 강조하고 신체제론이 서구적 질서를 극복한 동양적 질서를 강조한다는 점을 염두에 둔다면, 실질적으로

이 시기에 문학인들의 관심을 끌었던 동양론 내지 황국론은 두 시기에 걸쳐 상통하는 것이라고 할 수 있다. 김종한과 서정주는 바로 동양적 전통을 강조하는 곳에서 연결된다.

프로문학파에 속하는 김용제는 첫 작품을 1939년 1월에 썼다. 그는, 그의 회고를 문면대로 믿는다면, 동아연맹론에 동조함으로써 조선 독립에 기여할수 있다고 생각했던 인물인데, 그렇다고 하더라도 결과적으로는 일제의 정책적 지배에 활용당한 삶을 살았다. 김용제가 동아연맹론에 기울었던 것은 연맹의 이념이 근대적 국민국가를 초월한 국가연합이라는 새로운 세계상을 가지고 있었기 때문이다. 맑스주의자였던 김용제는 이를테면 탈근대적 세계에 대한 맹신에 휘둘려 현실적 힘의 역학관계를 제대로 파악하지 못한 경우였다.

이 세 가지 경향의 친일시인들을 살펴보는 것은 당시 일제의 식민주의적 지배가 관철되는 다층적 양상을 살펴보는 것과 같을 것이다. 한 부류는 문학을 문학 외적 요인에 저당잡힌 채 식민주의를 실천했고 다른 부류는 언어적 미의 이념을 앞세워 친일 행위를 희석했다. 또다른 부류는 탈근대적 실천의 한 방법으로 일제의 식민주의적 통치를 지지했다. 그 양상들의 구체적인 모습을 보자.

### (1) 국민문학파와 국민주의

국민문학파와 국민주의를 하나의 계보로 살펴볼 수 있는 이유는, 여기에 속하는 문인들이 대부분 중일전쟁 이후에 친일로 전향한 민족

자치론자들로서, 상실한 국가 대신에 민족적 에스니시티(ethnicity)를 추구하고 이를 통해 민족 미학이라는 의사(pseudo) 국가를 상상한 사람들이기 때문이다. 이들은 그 에스니시티의 실현물로 시조와 민요를 상정했다. 문학적 전통으로서 고전적 시가 장르를 논의하는 것과는 다른 차원의 문제의식이 여기에는 개입되어야 한다. 현실의 국가와 민족적 정신은 엄연히 다른 것이기 때문이다. 그런데도 미적 에스니시티로써 국가의 부재에 따른 상처를 덮으려고 할 때 현실은 사라지고 미적 상상의 영역만이 남는다. 이렇다는 의미에서 국민주의자들은 일제 말에 이르러 현실을 방기하고 미적 상상의 세계에 안주했던 존재들이라고 할 만하다.

조선적 전통으로서의 민요를 강조한 시인들로는 주요한, 김억, 김동환을 꼽을 수 있다. 민요 시인들이 조선 민족의 표상으로 드러내고 구축했던 세계는 무엇이었을까? 근대 대의제 국가는 언제나 다수파의 이데올로기로 영토 전체를 지배하는 권력을 정당화한다. 그러나 이 정당화는 동시에 배제와 억압을 동반하는 폭력적 과정이기도 하다. 이때 국가에 의해 주체로 호출된 다수파의 외부에는 그 다수파적 국민의식의 자기동일성으로부터 벗어나는 존재들이 있게 마련이다. 이들을 동일성의 그물에 포착되지 않는 소수파, 혹은 동일성의 그물로부터 끝없이 미끌어지는 소수파라고 할수 있다. 에스니시티는 이 소수파의 집단적 귀속 의식을 적극적으로 자극한다. 그런데, 이 소수파가 국가의 공식적 담론구조에서 배제되고 억압된다고 해서 이들이 다수파의 권력에 대한 저항과 파괴의 역능으로 충만한 존재가 될 수는 없다. 월러스틴에 따르면 이 에스니시티는 오히려 세계체제를 존속시키는 기능을 담당한다. 하나의 에스니시티에 속한 존재는 그 그룹에 가장 적절한 사회적 위치를 인정하고 주장하면서 동시에 그 그룹이 자본의 운동 속에서 맡고 있는 역할을 강화하기 때문이다.[25] 결국 소수파의 에스니시티란 다수파의 권력에 대응하여 그 다수파와 자신을 서로 소외시키는 방식으로 스스로를 규정하는 또다른 자기 동일성의 논리에 머무는 것이다. 일제 말기의 역사적 경험이 그렇다. 당시 국민주의자들의 조선주의는 민족적 에스니시티와는 또다른 동양적(←일본적) 에스니시티로 대대적으로 전환된다. 내선일체론의 담론 구조 속에서 일본과 조선은 동질체가 되고, 이것이 미영 제국주의로 대표되는 서양인에 대항하는 인종주의로 전화하는 것이다. 이것 또한 서구 제국주의에 억압되는 타자인 동양이 대동아공영론의 일환으로 상상되고, 그것을 박해받는 존재의 에스니시티로 연동시킨 결과였다. 이때 조선심에 주목했던 문인들은 어떤 반응을 보여야 했을까?

세계체제의 권력구조에 대응시켜 말한다면, 일제말 인종주의 담론의 '동양'과 '황국정신'보다 앞서서 그것을 예비했던 것은 '조선'과 '조선심'이다. 주요한은 「노래를 지으시려는 이에게」[26] 에서 그의 민요시 창작이 일본 및 서구 여러 나라들의 근대 문학 초기에 나타난 각국의 민요시 창작에서 영향받은 것임을 밝히고 있다. 다른 나라들의 근대문학의

25 I. 월러스틴, 성백용 역, 『사회과학으로부터의 탈피 : 19세기 패러다임의 한계』, 창작과비평사, 1994, 117면 참조.

26 『조선문단』, 1924. 12.

출발이 민요시였기 때문에 자신 또한 민요시로서 한국 근대시의 출발을 꾀했다는 그 논리[27]는 민요를 통해 나타나는 조선 민족만의 문화적 정체성이 근대문학 형성의 필수불가결한 요인이라는 주장으로 확장된다. 이때 시조와 민요시로 표상되는 조선심은 하나의 에스니시티로서 조선 문인의 집단적 자기 귀속 문제로 연결된다. 동시에, 자기 귀속의 근거를 확보한 존재에게 그것의 유일성은 에스니시티가 갖는 배타적 동일성의 원인이기도 하다. 특히 민요시 창작의 중요 요소가 한글이라고 주장된다는 점이 주목될 필요가 있다. 이 한글 감각이 일제말의 일본어론으로 이어지기 때문이다. 그의 일본어 창작은 조선심의 상상적 에스니시티가 손쉽게 일본 정신으로 전환될 수 있음을 보여주는 실례인데, 이는 허구적인 것에서 또 다른 허구적인 것으로 나아가는 과정의 여러 경우 중 하나였던 셈이다.

김억의 「시형의 음률과 호흡」(『태서문예신보』, 1919. 1. 13)은 근대시의 자유시다운 호흡률이 어떻게 형성되는가를 나름대로 논리화해서 보여준 글이다. 개별적 예술의 개성론으로 연결되는 이 미적 탐구를 김억은 개인과 개별 민족에 대한 유비를 통해 민족 개성론으로 비약시킨다. 이때 예술은 민족 정신・정서를 민족의 육체와도 같은 삶의 형식으로 표현하는 것이다.[28] 이 민족 정서가 훗날 "현대의 조선심의 고민과

---

27 주요한은 같은 글에서 자신이 쓴 「불놀이」 등의 서구적 근대시에 대해, 문학적 선배도 없고 모범도 없는 근대문학 1세대가 유학경험을 통해 배운 외국시를 잠시 모방해본 것에 지나지 않는다고 평가절하한다.

28 아직까지는 프랑스 상징주의 시의 소개 수준에서 논의되고 있는 이러한 시예술론이 민요시에 대한 관심으로 확장되는 것은 1920년대 중반을 지나면서부터이다. 대표적인 글은 「조선심을

어쩔 수 없는 고뇌"[29]로 연결되었을 때, '조선심의 고민과 고뇌'라는 말은 당연히 조선의 억압적 현실이어야 했을 것이다. 그러나 김억에게 현실적 인생의 고통은 시적 초월의 대상일 뿐 구체적 극복의 대상은 아니었다. 삶의 고통은 시적으로 해소되고, 조선심은 상상된 국가의 대리물 역할을 할 것이었다.

따라서 김억의 시를 개인적 취향의 결과라고만 볼 수는 없다. 그는 개인의 시적 개성을 민족적 개성으로 아무런 매개 없이 확장시킴으로써 집단과 개인의 관계가 맺어지는 방식을 암시한다. 더구나 김억은 조선심을 육체화하는 전형적 호흡률을 탐구함으로써 그의 문학적 과제에 답한 시인이다. 이 경우 역설적인 사태가 벌어지는데, 집단을 향한 개인의 투신 속에서 개인의 전형적 상황으로 실현되어야 할 민족적 현실의 구체는 사라지고 마는 것이다. 이때 남는 것은 오직 관념으로만 존재하는 민족적 고통이다.

김억은 일제말의 글 「국가와 개인」[30]을 통해 멸사봉공이라는 시대 윤리를 강조한다. 그의 국민문학파적 경향을 고려한다면, 그가 상상하는 국가가 어떤 것이었는지는 분명하다. 그것은 현실의 고통을 상쇄할 상상적이고도 미적인 국가이다. 그의 '조선심'은 그 미적 국가의 의지처였으며, 조선심에 근거한 그의 민요시는 현실 초월의 필요성을 충족시킬

배경삼아」, 『동아일보』, 1924. 1. 1., 「밝아질 조선 시단의 길」, 『동아일보』, 1927. 1. 3.

29 김억, 「밝아질 조선 시단의 길」, 『동아일보』, 1927. 1. 3.

30 『매일신보』, 1940. 11. 30.

수 있는 수단이었다. 미적 필요성에 의해 상상된 허구로서의 조선 민요는 그러므로 곧바로 다른 허구에 자리를 내줄 수밖에 없다. 일본 막말의 와카를 양장형 시조로 번역해놓은 『애국백인일수』(한성도서주식회사, 1944)가 그것이다. 이 시집에서 조선의 시조는 일본 정신의 정수를 표현하는 미적 언어로 변신하여 거듭난다. 현실적 고통을 대체하는 언어예술로 고통을 초월하는 미적 상승을 상상했던 김억에게 실제의 현실국가가 어떤 형식과 내용으로 이루어진 것인가의 문제는 고민할 필요가 없는 것이었을지도 모른다. 그는 개인과 민족의 개성을 표현한다고 그 스스로 주장했던 시의 호흡률을 일본적 정서와 무난히 결합시킴으로써 민족을 초월하고 국가를 초월하는 길로 나아간다. “예술로 인하여 시화(詩化)되고 미화(美化)되어 모든 고뇌를 달게”(「조선심을 배경삼아」) 할 언어 앞에서 조선이나 일본이라는 귀속성은 문제될 것이 없었던 것이라고 할 수도 있다. 어느 것도 문제되지 않는 곳에서는 어느 것이나 주인이 되기 마련이다. 조선 땅에서 일본국이 자연스럽게 주장되는 문학이 나타날 수 있는 것은 이 때문이다.

### (2) 순수서정파의 언어미학

30년대 후반 일본의 사상적 경향은 탈서구 동양주의로 정리될 수 있을 것이다. 동양주의는 사회주의적 경향과 자유주의적 경향이 도달했던 하나의 소실점과도 같았다. 사노 마나부와 나베야마 사다치카의 전향 후, 일본의 좌익은 대거 동양주의의 조국(肇國)으로 투신했으며 자유주의는 서구사상에 의해 오염된 개인주의의 일환에 지나지 않는 것으로 비판되었다. 일본문부성이 『국체의 본의』(1937)를 출판하고 일본 내의 모든 사상적 경향에 통제를 가할 때, 그것은 국체 보존(國體保存)과 천황 귀일(天皇歸一)의 일본주의를 동양주의로 포장하여 강요하는 것과 동일한 맥락에 놓여 있었다. 이 과정에서 비판된 것은 프로문학뿐만이 아니었다. 모든 서구적 모더니즘 문학도 반서구 동양주의의 관점에서 비판되었다. 문인들이 돌아갈 곳은 일본적 서정의 세계였는데, 『사계』나 『일본낭만파』 등의 잡지는 이 '전통적 서정'의 경향을 드러낸 대표적인 잡지였다.

전통적 서정이 황국정신으로 직접 연결되던 시대적 분위기 속에서 조선문단이 택할 수 있었던 길은 무엇이었을까? 반서구 동양주의의 분위기와 관련하여 이 시기의 모든 동양주의를 일본 파시즘의 유령에 홀린 비주체적 행동으로 규정할 수는 없을 것이다. 오히려 동양주의는 동양인들에게는 운명적으로 선택될 수밖에 없는 삶의 조건이라고 보는 편이 타당하다. 30년대 후반의 조선문단이 조선문화론, 동양정신론, 고전론을 중심적 담론으로 설정해 나가는 과정은 따라서 '조선-동양'이라는 내부적 조건과 '일본-동양'이라는 외부적 조건의 상호규정적 결과라고 해야 할 것이다.

중일전쟁 이후 조선의 문인들이 동양주의로 경사되면서 친일문학의 길로 나서기 시작했을 때, 이육사는 「조선문화는 세계문화의 일륜(一輪)」(『비판』. 1938. 11)을 발표했다. 이 글이 강조하는 것은, 순수한 동양과 서양은 없으며 이른바 서양의 위기는 곧 동양의 위기라는 사실이다. 이런 논리는 당시의 반서구적 동양주의에 대한 핵심적 비판을 담고 있는 것이었다. 『문장』 폐간호에 발표된 김기림의 「'동양'에 관한 단장」 역시 같은 맥락에서 읽을 수 있는 글이다. 더구나 김기림이 이 글을 발표할 당시의 시국은 동북아에서 일본의 승리자로서의 위치가 확정적이었고, 동아신질서론과 '근대초극론'이 영향력을 발휘하던 양상으로 전개되고 있었다. 이런 과정 속에서 이육사나 김기림이 동서의 균형을 강조하는 글을 쓰고 있다는 것은 그들이 일본중심의 동양주의에 비주체적으로 함몰되지 않고 세계사적 정황을 주체화하여 돌파하고 있음을 알려주기에 충분하다.

친일문학은 그러나 이육사나 김기림의 시국 대응과는 다른 동양주의로 함몰된 경우였다. 문인들은 서구적 근대에 대한 열등감을 극복시켜줄 수 있으리라 여겨지는 일본적 서정과 동양정신에 매료되었다. '근대초극론'으로 집중될 그 동양주의가 나아갈 곳은 서구제국주의에 반대하여 동양인을 해방시키리라고 선전되는 이데올로기의 전쟁이었다. 그리고 그 밑바탕에 '만엽의 정신'으로 대표되는 일본적 서정의 세계가 있었다. 앞서 살펴본 『애국백인일수』가 바로 그 일본적 충군의식의 정수를 표현하고 있거니와, 그것을 서정적 언어미로 전환시켜 받아들인 시인들은 서정주와 김종한이다.

서정주의 친일문학이 그의 유럽적 모더니즘 경향 이후의 극적 전환을 통해 형성된 것이라는 사실을 이해하기 위해서는 일본의 시인 미요시 다쓰지(三好達治)를 미리 알아두어야 할 것이다. 그의 문학적 행로가 서정주와 유사하기 때문이다. 그는 어떤 인물인가? 그의 문학적 출발점에서 부각되는 것은 모더니스트로서의 그의 면모이다. 그는 초현실주의 계간지 『시와 시론』에서 동인활동을 했고 역시 모더니즘 잡지 『작품』의 성원으로 활동했다. 그러나 그는 일본 문단의 전향과정 속에서 일본파시즘에 연관된 『일본낭만파』에 가담하면서 일본적 서정의 세계를 적극적으로 표현하기 시작했다. 그는 이른바 1942년 7월의 '지적 협력회의—근대의 초극'에 참여하여 '반서구주의적 일본 정신'을 강조하기도 하였다.[31] 중일전쟁이 발발한 직후 중국에 파견된 문인단의 일원으로 활동하기도 했던 그의 문학적 이력을 정리하면, 초현실주의적 모더니즘→서정주의→파시즘미학→일본주의의 경로를 밟는다고 할 수 있다.

두루 알다시피 미당의 문학적 출발점은 보들레르와 니체에게서 영향받은 시세계이다. 그리스적 원시성의 시세계라고 훗날 그 스스로 정의하고 있는 그 시세계[32]가 자각적이었던 것은 아닌 듯하다. '생명파'라는 시적 특징은 후대의 사람들이 붙여준 명칭이고 자신들도 그 명칭을 듣고 보니 그런 특징을 공통적으로 갖고 있더라고 그는 말하고 있는 것이다.[33] 그런데 이 시세계의 내부를 관통하는 것이 니체적 생철학이고 이것이 유럽모더니즘의 사상적 근거이기도 하다는 사실을 고려한다면,

---

31 김윤식, 『한국근대문예비평사연구』, 일지사 1984. 417면.

32 서정주, 「고대 그리스적 육체성」, 『세대』, 1965. 9.

33 실제로 『시인부락』 창간호의 후기에는 특정 유파를 지향한다는 식의 자기 선언 대신 다양한 목소리의 시인들이 모여들기를 희망하는 메시지가 서정주의 이름으로 기록되어 있다.

서정주의 초기시와 유럽모더니즘 사이의 간극은 그다지 멀지 않다고 할 수 있다. 더구나 서정주의 『화사집』이 남도적 정한의 서정성으로 또다른 축을 세워놓고 있기 때문에 이 시기는 전체적으로 보아 모더니즘과 농경적 세계가 상호 틈입되어 있는 상태가 된다. 이것을 이중적 내면의 서정성으로 압축해서 보여준 후 서정주는 친일 파시즘의 길로 나아갔다. 이 변화가 문학적 내면과 동떨어질 수 없는 것이라면, 결국 서정주와 유사한 내면의 구성을 보여주고 동시에 유사한 현실 행위를 구성한 시인을 찾아서 파시즘적 내면이라고 규정할 수도 있겠다. 미요시 다쓰지와 서정주를 직접 대비시켜보는 이유는 이 때문이다. 미요시 다쓰지가 위와 같은 시적 전환을 거치면서 태평양 전쟁을 치를 때 서정주 또한 동일한 현실과 변화를 피식민지 시인의 위치에서 경험한다.[34]

이 파시즘적 내면의 길에서 미당은, 친일문학의 최종 종착지가 그랬듯이, 조선과 일본의 운명공동체라는 환상에 사로잡힌다. 그것은 일본이라는 새로운 국가의 획득으로 이어질 것이었다. 미당의 「시의 이야기—주로 국민시가에 대하여」(『매일신보』, 1942.7.13-17)는 당시 그가 생각했던 문학의 요체를 보여주는 글이다. 일본에서 펼쳐진 근대의 초극론에 강하게 영향받고 직접적으로는 미요시 다쓰지(三好達治)의 「국민시에 대하여」의 형식과 내용을 뒤따르고 있는 이 글[35]이 씌어진 때는 1942년

34 종전 후 이 둘은 일본과 한국에서 유사한 평가를 받는데, 미요시 다쓰지가 일본적 서정을 표현하는 대표시인이라고 평가받을 때 미당은 신라정신을 발명하고 그것을 미적으로 표현하는 데 온 관심을 기울인다.

7월이다. "황국의 전적"이라는 용어를 사용한다거나 서구 제국의 문화와는 다른 동양의 정신문화를 논하면서 "동아공영권이란 또 좋은 술어가 생긴 것이라고 나는 내심 감복하고 있다."고 진술하는 것은 그대로 친일 문학의 논리로 해석되기에 부족함이 없다.[36]

니체의 생철학과 농경사회적 정한의 세계에서 반서구제국주의의 대안으로 동양을 강조하는 세계로 나아가는 시인의 모습은 자못 극적이다. 이것이 일본지성계의 근대초극론에 연결된 것이며 배타적 자기동일성의 동양적 실현이라는 사실은 널리 알려진 것이다. 이때 서정주의 내면은 어떠했을까. 유럽 모더니즘에서 순정 예술파를 거쳐 일본 정신과 파시즘의 세계로 나아가고, 전후에는 일본 서정성의 세계를 탐구한 미요시 다쓰지, 그리고 니체와 보들레르의 세계에서 동양정신을 거쳐 『삼국유사』와 신라 불교의 세계로 나아간 미당의 거리가 그리 크게 멀어 보이지는 않는다는 점이 긍정될 수 있다면, 이른바 서정적 내면과 친일 파시즘의 거리 또한 그리 멀지 않다고 할 수 있다. 거칠게 정리해서 자기 탐구의 내면적 언어세계가 미래적 희망을 상실한 채 더욱 고립을 부채질한 결과라고도 할 수 있는 이 친일 파시즘의 내면 미학은 그래서 해방의 정치를 잠재적으로 기획하는 정통적 모더니즘과 다르고 개별적 미학의

---

35 이 사실을 최초로 밝혀놓은 사람은 최현식이다. 그의 글 「민족, 전통 그리고 미」, 『실천문학』, 2001 여름, 64면, 각주3) 참조.

36 그러나 이 문제는 다른 각도에서 접근될 수도 있다. 그것은 신라정신(←전통)의 발견을 통해 영원성의 구체화라는 과제에 답한 미당의 심리적 조건을 탐사해보는 일이다. 이것은 별도의 미당론을 요구한다. 이에 대해서는 졸고, 「미당의 친일시―시적 영원성에 대하여」, 『탈식민주의를 넘어서』, 소명출판, 2006 참조.

근대적 기획인 순수 서정과도 다르다.

김종한은 그의 문학적 이력을 민요시의 창작과 함께 시작하였다. 1935년부터 1938년까지 꾸준히 발표되는 민요 및 민요에 대한 평론은 전통시가에 대한 그의 관심을 알려주기에 충분하다. 이것은 시인으로 등단한 이후의 그의 시적 이념에도 적지 않은 영향을 미쳤을 텐데, 이를 예증해주는 글은 다음과 같다.

> 신세대의 시인들은 시조나 정형시를 새삼스럽게 모방할 필요는 없는 것이지만, 다만 그러한 전통에서 출발하야 '조선말 시'에 대한 본질적인 비판을 가지지 못하고서는 예술적인 참의 신세대의 시는 창작할 수가 없다. (김종한, 「시문학의 정도-참된 '시단의 신세대'에게」─『문장』 1939. 10, 199쪽)

전통의 깊이로부터 가능한 시비평과 시창작을 강조하는 이 진술은 그 자체로서는 아무런 시비거리도 가지고 있지 않지만, 이것을 보편적 시창작의 차원으로서 동양 황국론으로 연결시킨 사람은 다름아닌 서정주이다. 그는 「시의 이야기」가 바로 그것이다. 그런데 이 보편적 요인은 시적 독창성의 부정으로 연결된다. 독창성은 시적 새로움으로서 경쟁의 원리에 지배되기 때문인데, 이 논리는 김종한도 마찬가지이다. "독창적인 것을 노려서는 안됩니다. 특히 현대에 있어서는. 그 까닭은 독창적인 것은 현대에 있어서는 매우 심한 경쟁의 목표이기 때문입니다"(「시문학의 정도」, 201쪽)라고 쓴 김종한은 독창적 시에 대한 예로 이상과 김기림을 들고 이들을 모방하는 신세대 시인들을 보면서 "한심(寒心)을 느끼지 않을 수가 없"(같은 곳)다고 그는 쓰는 것이다.

언어미학파의 친일시는 이렇게 독창성을 희생하고 보편적 이념에 의탁하여 완성되는 자위적 시론이라고 할 수 있다. 독창성의 희생이란 언어적 욕망의 제거와도 같은 것인데, 이 희생을 보편적 이념으로 보상받고 있기 때문이다. 이 결과 '보편적인 것-동양'이라는 사유의 기준은 이들의 미학의 참됨을 보장하는 근본 요인이 된다는 사실을 친일문학은 보여준다.

### (3) 프로문학과 전체주의

마지막으로 프로문학과 전체주의가 있다. 대표적인 시인은 김용제이다. 그는 일본 나프의 맹원이었다. 1930년 5월에 「압록강」이란 시로 『신흥시인』을 통해 등단하고 식민지 출신의 프롤레타리아시인으로 성가를 날리던 그는 1932년 6월 일본프롤레타리아 작가동맹과 일본프롤레타리아 연맹의 일제 검거시에 투옥된다. 그가 출옥한 것은 1936년 3월이다. 이때는 일본공산당 간부를 비롯하여 일본의 좌파 지식인들이 대대적으로 전향을 감행했던 시기였다. 김용제는 그의 출옥 환영회에서 전향한 동료들을 대대적으로 비판함으로써 그의 신념을 지켜나갈 것을 선언하였다. 그러나 그는 출옥 후 조선인 예술단체였던 〈조선 예술좌〉의 고문으로 활동한 혐의 때문에 조선으로의 귀국을 강요받고 1937년 7월에 귀국한다. 귀국 후에도 진보적 리얼리즘을 강조했던 그가 친일로

전향한 것은 〈동아연맹〉과 관계를 맺은 후인 1938년 하반기였다고 추정된다.[37]

〈동아연맹〉은 만주사변의 주도자였던 이시하라 간지(石原莞爾)가 일본의 총력적 체제를 구상하면서 일본의 특수성을 반영하여 만든 동북아 국가 구상론이다. 만주국협화회의 변형물인 〈동아연맹〉은 중일전쟁의 교착상태를 해결하고 일본의 패권주의를 교묘하게 관철시키기 위해 고안된 장치였다. 동아연맹협회에서 펴낸 『동아연맹건설요강』(1940)은 당시의 시대적 요건에 대해 '전체주의적 세계관이 승리를 구가하는 중이며, 자유주의를 청산하고 왕도에 기초한 동아 신질서를 구축할 때'라고 정리했다. 〈동아연맹〉론이 강조한 정치 체제는 민족의 자치를 보장하면서 국가연합을 건설해야 한다는 것이었다. 일본 행정부의 〈동아협동체〉론과 함께 〈동아연맹〉론이 조선 사회주의자들에게 호감을 불러일으킨 것은 자유주의와 자본주의를 극복한 정치체제로서 각각의 민족국가의 정치적 독립을 보장하는 국가 연합이라는 강령 때문이었다. 김용제는 그가 근무한 『동양지광』사가 조선의 〈동아연맹〉 지부 사무실이었으며, 그의 친일 행위는 〈동아연맹〉을 통한 독립운동을 위장하기 위한 방책이었다고 훗날 주장했다. 요컨대 사회주의자들의 전향에는 적지 않게 반자본주의적인 의식이 작용하고 있었다고 할 수 있다.

이 전술적 친일이 사실인지에 대해서는 〈동아연맹〉론이 실질적 성과

---

37 오오무라(大村益夫)의 연보 정리에 의하면 그는 1938년 7월경에 <동아연맹>과 관계를 맺기 시작한 것으로 되어 있다. 大村益夫, 『愛する大陸よ—詩人 金龍濟 硏究』, 大和書房, 1992.

를 가져온 것이 없기 때문에 김용제의 주장 그대로 믿기 힘든 면이 있다. 당시 사회주의자들은 〈동아연맹〉과 〈동아협동체〉의 논리를 따라 친일의 길로 전향한 경우가 상당수 있다. 그러나 이 동북아 국가연합론이 〈대동아공영〉론으로 전개되면서 사회주의자들은 다시 역전향하는 경향을 보여주었다.[38] 일제의 식민주의 이데올로기를 제대로 파악하기 시작했기 때문일 것이다. 그 와중에도 김용제는 지속적으로 1945년 8월15일까지 친일시를 발표했다. 그가 발표한 최초의 친일시는 1939년 3월 『동양지광』에 수록된 「아세아의 시」이다.(김용제는 『아세아시집』(1942) 후기에서 「아세아의 시」 연작을 1939년 1월부터 쓰기 시작했다고 진술했다.) 이로부터 시작된 그의 친일시집은 『아세아시집』(1942) 『서사시 어동정』(1943) 『보도시첩』(1944) 『아름다운 조선』(1945) 등 네 권이다.

김용제는 이외에도 많은 친일산문을 발표했다. 대표적인 글은 「전쟁문학의 전망(戰爭文學の展望)」『동양지광』, 1939, 3)과 「조선문화운동의 당면 임무(朝鮮文化運動の當面の任務)」(『동양지광』, 1939, 6), 「현실의 언어(現實の言葉)」(『동양지광』, 1942, 6)이다.

「전쟁문학의 전망」은 당대를 "위대한 현실에 대한 문학자의 몸가짐과 마음가짐을 갖추는 일이 문학자의 명예로운 이름에 요구되는 시대"라고 규정한다. 문학은 그 위대한 현실을 반영하고 그로써 역사를 개혁하기

---

38 홍종욱, 「중일전쟁기(1937~1941) 사회주의자들의 전향과 그 논리」, 서울대학교대학원 국사학과 석사학위논문, 2000, 34쪽 참조.

위한 첩로를 개척해야 한다고 그는 말한다. 그 현실의 중심에 중일전쟁으로 압축되는 동북아 정세가 놓여 있는데, 전쟁문학은 문학의 '국가적 역할'을 도모하는 동시에 '예술적 가치'를 높이는 일을 통일시킬 것을 요구한다. 이런 문제설정 속에서 그는 히노 아시헤이(火野葦平)의 『보리와 병정(麥と兵隊』을 예로 들면서 파시즘을 긍정한다.

「조선 문화운동의 당면 임무」는 "강력한 국가적 문화"를 건설하기 위해 문화통제의 필요성을 제기한다. 이 글은 백철의 「시국과 문화문제의 행방(時局と文化問題の行き方)」과 관련되어 있는데, 글의 선후관계로 본다면 김용제는 백철의 논의를 충실히 이어받아서 그것의 구체적 실례를 제시하고 있는 셈이다.[39]

한편 김용제는 「현실의 언어」에서 백철이 정리한 '사실수리론'을 다시 제기하면서 그것을 좀더 압축해서 '사실의 세기=시의 세계'라는 말로 표현한다. 여기에도 현실 자체의 있는 그대로에 대한 인정이 필요하다는 주장이 개입되어 있다. 1942년 6월에 발표된 이 글이 더욱 가혹해진 전시 상황을 반영하고 있다는 사실 또한 주목되어야 할 것이다. 김용제는 그 현실을 원리나 진리가 관통하는 장소로 이해하고 있는데, 이때 그

---

39 주로 일본에서 활동했기 때문에 귀국 후 조선문단에서 고독감을 느끼던 김용제가 백철과 함께 일본 나프에서 활동한 경험을 가지고 있었다는 사실은 백철의 '사실수리론'에 대해 김용제가 가졌을 느낌을 짐작하게 해주는 요인이 될 수 있을 것이다. 더구나 1938년 11월에는 프랑스의 인민전선이 무너짐으로써 인민전선을 이끌던 소련에 대한 사회주의자들의 기대가 한풀 꺾이고 파시즘의 공세가 높아지고 있었다. 조선에서의 사회주의자들의 전향이 세계적 정세와 관련한 자포자기적 패배감과 함께 하는 것이었다면, 그것은 김용제 또한 마찬가지였다. 여기에 북지전선에서의 일본의 승리를 기정사실화하는 백철의 글이 그에게 전향의 명분을 세워주었을 개연성은 충분히 있다.

진리란 곧 서양의 패배와 동양의 부흥이라는 사실로서 이는 전도된 오리엔탈리즘의 시각에 의해 만들어진 대동아공영과 팔굉일우라는 천황제 파시즘의 이데올로기로 통하는 것이었다. 이것은 미래를 향한 이상주의의 공상으로부터 탈피하여 현실의 객관적 행정을 있는 그대로 수용해야 한다는 「전쟁문학론」에서의 김용제의 주장이 일제 파시즘의 중국정벌을 역사적 현실로 인정해야 한다는 백철의 사실 수리론과 관련되어 있음을 알게 해주는 대목이다.

여기에도, 자신이 선택한 것에 대한 맹목이 작동한다고 할 수 있다. 태평양전쟁을 거치면서 전향했던 사회주의자들이 다시 역전향의 길로 나설 때 김용제는 여전히 친일 행위를 멈추지 않았다. 이는 그의 선택이 그만큼 객관적 현실을 외면한 것이었음을 증명한다. 백철이 참된 역사적 진리를 사실수리론으로 대체하면서 친일을 정당화했듯이 김용제는 그 표면적 사실을 자신의 문학적 기반으로 선택하고 그로써 친일이라는 맹목적 행위를 밀고 나갔다. 이것이야말로 자기 성찰적 이성을 배제한 채 현실에 대한 정서적 대응만을 강조한 결과일 것이다. 「전쟁철학」(『아세아시집』, 대동출판사, 1942)은 그것의 시적 표현에 해당한다.[40] 김용

---

40 김용제와 생철학의 연관에 대해서는 졸고, 「대동아공영과 전쟁의 생철학」, 『재일본 및 재만주 친일문학의 논리』, 역락, 2004 참조. 참고로 시의 한 부분을 인용해본다. "병대들은/전쟁철학을 모르고 이야기하지도 않는다/그런 것을 생각하는 신경의 틈조차 없는 것이다/철학이라는 오아시스의 흐름은/한 방울의 물통의 물보다도 가치가 없고/철학이라는 진주의 구슬은/참새를 쏘는 공기총에도 도움이 되지 않는다//…중략…//전쟁의 철학을 생각하다……/병대들에게/그러한 바보같은 틈이 있다면/한 개비의 그리운 담배연기를 동그랗게 토하여/유유히 흐르는 흰구름에 보낼 것이다/참호 구석에 있는 꽃을 사랑하고/운작(雲雀)의 노래를 즐기리라/친애하는 용사들은/그런 전쟁철학을 모른다"(「전쟁철학」). 원본은 일어시. 번역은 필자의 것.

제가 전쟁을 찬양하는 파시즘의 길로 나아간 것은 성찰적 이성을 망각하고 생철학을 경유하면서 비워진 내면을 천황귀일의 절대적 논리로 바꿔 놓은 결과인 셈이다.

# Ⅱ. 국민이라는 상상

1. 국민주의와 국민문학
2. 내재성이 부재하는 주체_주요한의 경우
3. 힘과 서정의 결합_김동환의 경우

# 1

# 국민주의와 국민문학

## 1. 국민과 민족

1920년대의 국민문학파가 프로문학에 맞서 결성되었다는 사실은 잘 알려져 있다. 표면적으로는 최남선의 「조선국민문학으로서의 시조」(1926)로부터 계기화된 국민문학의 출현은 이광수의 시조 창작과 그외 주요한 등의 호응을 얻으면서 하나의 유파를 형성하기에 이른 것이다. 이 국민문학파가 독자적인 차원의 이론적 깊이를 가진 것은 아니었다.[41] 그러나 이들이 프로문학에 맞서는 하나의 운동으로서 존재했었다는 점과 함께 이들 이전부터 심정적인 국민주의가 있었다는 사실을 고려하는 일은 한국에서의 근대의 출발과 전개를 이해하는 데 있어서 결코

41 이에 대해서는 김윤식, 『한국근대문예비평사연구』, 일지사, 1984 ; 김영민, 『한국문학비평논쟁사』, 한길사, 1994 참조.

가볍다고 할 수 없는 문제 하나를 제기한다. 국민주의가 민족에 대한 국가주의적 전유로 형성되는 것이라는 점에서[42] 일제시대의 국민주의는 좌파의 이념과 대립하는 동시에 존재하지 않는 국가에 대한 상상과 함께 나타난 것이라고 할 수 있기 때문이다. 국민이 상상된 것이라면 그 상상을 가능하게 한 것은 무엇이었을까?

최근의 민족주의 비판 담론에서 민족을 근대 사회의 출현이 가져온 하나의 효과로서 상상된 공동체라고 이해하는 관점은 이제 인문 사회과 학계의 주류적 이론이 된 듯하다. 모든 이론적 성찰들이 일정한 정세 속에서 작용한다는 점을 염두에 둔다면, 형이상학적 민족기원론을 비판하고 상상된 공동체로 민족을 해석하는 일은 저간의 배외주의적 민족담론의 폭력적 존재 형식을 넘어서기 위한 유력한 논거가 될 수 있을 것이다. 실제로 그것은 세계사적 차원의 현재에도 여전히 관통되고 있는 식민성을 설명하는 데 있어서 주요한 이론적 틀로 주목되어 온 바이다. 그런데 민족이 초역사적 실체가 아니라 근대 사회 이후의 상상의 산물이라면, 민족의 형성에는 그것에 영향을 끼치는 경험적 울타리로서 주관적 조건과 객관적 조건이 전제된다고 하겠다. 주관적 조건이란 민족체에 속한 존재가 자신의 삶의 조건을 민족적 특이성으로 긍정하는 것을 가리키는데, 요컨대 삶의 특이성이 하나의 민족에 귀속되는 것으로

---

42 국가를 초월한 역사적 전통적 문화적 귀속개념으로서의 '민족'에 대비하여 근대국가의 존재를 전제로 하는 '국민'개념에 대해서는 윤건차, 「민족환상의 차질」, 『일본 그 국가, 민족, 국민』, 하종문·이애숙 역, 일월서각, 1997, 95~106면 ; 최갑수, 「프랑스 혁명과 '국민'의 탄생」, 『서양에서의 민족과 민족주의』, 까치, 1999를 참조.

생각하는 자기 의식이 그것이다. 일종의 자기 정체성이라고 할 수 있는 그 의식이 베네딕트 앤더슨의 말처럼 신문, 서적, 언어 등에 의해 동질적 시간을 살아가는 존재들이라는 방식으로 구성된 것[43]이라고 해도 그것이 자기 의식으로 긍정된다는 점에서는 주관적 조건인 셈이다. 그런데 그 조건이 작동되는 또다른 조건이 있으니 근대사회라고 통칭할 때의 상품 운동의 기반이 그것이다. 민족의 영토적 분할이 자본 운동의 영역 획정과 관련된 것이고 보면 그 자본 운동을 통해 일관된 경제 구조로 재편되는 과정이 곧 민족 형성의 또다른 조건이 되는 셈이다. 이것을 객관적 조건이라고 할 수 있다.

민족 의식이 구성되는 조건과 자본 운동이라는 조건은 그러나 민족의 형성과 관련해서 그것 자체로 자족적이지 않다. 신문과 서적의 생산 요소 자체는 논리적으로는 민족 형성에 대해 아무런 필연성도 갖고 있지 않으며 자본주의 생산관계도 마찬가지이다. 이 조건들에 대해서 민족 자체는 외부적인 것이다. 따라서 이 조건들로부터 민족의 형성이라는 문제로 나아가기 위해서는 하나의 매개가 필요하게 된다. 이때 논점화해야 하는 것이 민족과 국가의 관계이다. 브로델과 월러스틴이 말하고 발리바르가 원용하는 세계 경제라는 개념을 통해서만 자본의 운동은 민족의 형성과 관련되는데, 이 세계 경제 속에서 대두되는 것이 곧 국가 형태이기 때문이다. 국가의 상호 작용이야말로 세계체제 속에서

43 B. 앤더슨, 『상상의 공동체-민족주의의 기원과 전파에 대한 성찰』, 윤형숙 역, 나남출판, 2002의 2장과 3장을 참조.

자본주의를 구체적이고 역사적인 자본주의로 존재하도록 하는 것이다.[44] 에티엔 발리바르가 모든 민족을 식민화의 산물이라고 말하는 것의 의미가 여기에 있다.

그런데 대부분의 경우 민족과 국가는 상호 조응하는 것으로 이해된다. 민족국가[45]라고 지칭되는 역사적 국가 형태가 그것인데, 발리바르는 그 민족국가의 형태가 사실은 하나의 가능한 국가 형태에 지나지 않는다고 말한다. 민족국가란 부르주아의 일부 세력이 자신들의 계급지배를 완성하기 위해 국가 권력을 활용할 필요성 때문에 탄생시킨 것이며, 민족국가 형태가 아닌 '정치-상인적 복합체'로서의 초민족적 국가 형태가 있었다는 것이다. 따라서 국가 형태를 결정하는 데에는 계급투쟁의 영향이 존재하는 것인데, 이런 의미에서 국민주의와 민족주의는 다른 것이라고 해야 한다. 국민주의는 세계 경제에 연동된 부르주아지가 국가 권력을 이용해 시장을 개척해야 할 필요성 때문에 만들어낸 이데올로기로서 계급투쟁에서의 일부 분파의 승리를 반영하는 형태인데 비해 민족주의는 그 국민 이데올로기의 국제주의적 확장에 대응하면서 제기된 자기 방어 이념이었기 때문이다.[46] 이를테면 국민은 국가의 이데올로기에 의해 호명된 주체를 정치적으로 표상한 것인 반면 민족(체)는 한편으로는 국민주의와 대립하면서 다른 한편으로는 그 국민주의를

---

44 E. 발리바르, 「민족형태 : 그 역사와 이데올로기」, 서관모 역, 『이론』 1993 가을, 111~3참조.

45 nation state. 일단 지금까지의 관례인 민족국가라는 번역을 따른다. 엄밀한 개념규정을 한다면 국민국가라고 번역되어야 하는데 그 이유는 이하의 논의에서 설명될 것이다.

46 이에 대해서는 최갑수 앞의 글, 135면 참조.

가능하게 한 모체로서의 역할을 담당하는 것이다. 그런데, 국민주의가 서구 자본주의 국가의 전형적인 현상이었다면 그 국민주의의 정치적 지배력을 표상하는 제국주의 국가에 의해 근대 세계체제로 편입된 비서구 주변부 나라들은 서구 민족주의의 탄생 경로와는 다른 모습을 보여주었다. 비서구 식민지 민족주의는 일제시대 조선의 민족주의처럼 자신의 명확한 국가 형태를 갖지 않고 형성되는 경우가 대부분이었으며 따라서 민족적 주체는 서구와 같은 국민국가에 의해 호출된 주체가 아니라 민족체 내지 에스니시티를 기반으로 구성된 주체라고 할 수 있다. 민족과 국민을 구별하는 이유는 위와 같은 차이를 인정할 필요성 이외에도 민족주의의 부정적 측면이 민족주의 전체를 금기시 될 어떤 것으로 평가하는 위험으로부터 벗어나기 위한 측면도 있다. 민족주의 자체는 그것이 근대사회에서 수행해온 긍정적 측면을 반드시 가지고 있게 마련이다. 더구나 피식민지 국가들의 민족 경험의 특성을 존중하는 역사적 시각을 확보하기 위해 그 둘의 구별은 반드시 있어야만 하는 것이다.

그런데 민족주의의 전개과정에서 피식민지 민족주의의 형태가 서구 민족주의와 다르다면 그것을 무엇이라고 지칭해야 할까? 서구 민족주의가 국민국가의 형태로 이어지고 이것이 계급투쟁의 산물로서 부르주아지의 지배를 정당화하는 기제로 작용했다면, 동일한 범주적 관계 속에서 피식민지 민족주의의 형태는 계급투쟁의 결과로서 민중적 민족주의를 구성한다고 할 수 있을 것이다. 왜냐하면, 국민주의의 경우 부르주아 국가 권력의 지배적인 형태로서 자본 운동의 논리 속에서 제국주의로 전화할 가능성을 항상적으로 갖는 동시에 그 정치 형태의 질적 한도를 넘어설 수 있는 동력이 애초에 부재하기 때문이며, 이런 국가권력에 대응하여 형성되는 식민지 민족주의의 경우 부르주아적 민족국가를 넘어서려는 민중적 민족주의의 기획을 실천할 수 있는 유력한 준거이기 때문이다. 그러나 피식민지 민족주의가 언제나 민중적 민족주의를 구성하는 것은 아니다. 따라서 이것 또한 민족주의 중에서 하나의 가능한 형태라고 해야 할 것이다. 그 가능한 형태들 중 민중적 민족주의를 현실화하는 것은 사회세력의 역학관계인데, 식민지 조선의 문학에서 그것이 본격적으로 표현된 경우는 1920년대에 들어와서였다.

## 2. 국민문학

피식민지 상황을 국민주의로 해결하려는 경우와 민중적 역사로 해결하려는 움직임을 구별할 필요성이 제기되는 것은 사회세력의 역학관계에 그 움직임이 연동되기 때문이다. 1920년대의 국민문학파는 민족모순의 해결을 '국민'의 형성에서 찾는 경우였다. 이와 관련하여 살펴보아야 할 것이 일본 국민문학의 형성이다. 일본에서 국민문학이 하나의 경향으로 형성된 것은 청일전쟁과 러일전쟁을 경과하면서부터이다. 수가 히데미(絓 秀實)는 나스메 소세키(夏目漱石), 시마자키 도손(島崎藤村), 구니키다 돗포(國木田獨步)를 이 시기에 국민문학이라는 패러다임을 만들어

낸 대표적 문인으로 꼽고 이들에 의해 대내적으로는 국민이 대외적으로는 민족이 표상되기에 이르렀다고 지적한다. 이때 '국민'은 국민 상호간의 평등화(시민화)를 함축하지만 '민족'은 타자와의 차이=차별의 논리를 만들어냈다는 것이다.[47] 그런데 대내적 평등으로서의 국민 개념과 대외적 차별로서의 민족 개념이 명확히 분리된 채 사용되고 있는 것은 아니다. 1910년에 발행된 『국민독본』[48]은 "대일본의 국체와 국민성을 천명하고 현재의 법치국에 있어서의 국가조직의 강령과 국민의 책임을 개설하며 다음으로는 충군애국의 새로운 의의를 지시하고 또한 일본국민의 이상을 드러내"[49]기 위해 씌어진 것이다. 이른바 상호 평등한 국민의 자질을 밝히는 이 책은 신대(神代)로부터 당대에 이르기까지 일본 국민의 역사를 일종의 내셔널 히스토리로 만들어낸다. 앞에서 말했듯이 이런 국민론은 민족의 기원신화를 반영하면서 서술된 것인데, 한국과의 관계를 밝히고 있는 부분(11장 2절)은 특별히 주목될 필요가 있다. 한국을 '일본의 평화로운 보호'하에 있는 나라로 상정함으로써 일본 국민의 자질을 호혜 평등론으로 표상하는 것과 동시에 그를 확장 증명하기 위해 민족 관계가 원용되고 있는 것이다.

일본의 민족관이 독일의 혈연공동체적 민족 개념에 뿌리를 두고 '일군만민'론에서 시작되어 메이지의 제국 헌법을 긍정하는 국민의식과

47 絓 秀實, 『'帝國'の文學ー戰爭と'大逆'の間』, 以文社, 2001, 15면 참조. 한편 일본에서의 국민과 민족에 대한 논의의 사적 전개에 대해서는 윤건차, 앞의 글 참조.

48 大隈重信, 『國民讀本』, 寶文館, 1910.

49 같은 책 「自序」 참조.

함께 형성되었다는 점을 고려한다면, 일본의 사회진화론과 구한말의 유기체적 민족관을 이어받고 있는 20년대 국민문학파의 '국민'론은 '민족'론과의 관련 하에 보다 세심하게 고찰될 필요가 있을 것이다. 최남선은 일찍이 '우리보다 앞선 문화를 이룩한 일본으로부터 가져올 것이 많으며 일본의 가르침에 감사하며 좇아야 한다'(「해상대한사(3)」, 『소년』, 1909. 1)고 말한 바 있다. 이런 심리적 경사를 배경으로 둔 국민문학파라는 것이 20년대의 정세변환 속에서 '문화적' 민족주의로 형성된 것이라는 점은 주지하는 바인데, 이들의 문화중심주의적 사유에서 '문화'는 무엇이었을까? N. 엘리아스에 따르면 '문명'과 '문화'의 개념적 내포가 다른 것은 그것이 형성되는 역사적 문맥이 다르기 때문이다. 프랑스와 영국의 '문명' 개념은 정치적・경제적・종교적・기술적・도덕적・사회적 사실들을 지시하는데 반해 독일의 '문화' 개념은 정신적・예술적・종교적 사실들을 지시한다. 또한 문명 개념은 민족들 사이의 차이를 넘어서 문명적 보편성을 강조하는데 이는 다른 영토를 식민지로 개척한 민족들의 자아의식을 표현하는 것이다. 반면에 문화 개념은 민족적인 차이와 특성을 강조하는데 이는 다른 민족보다 때늦은 근대 경험을 했으며 역사적으로 위험 상황에 노출되었던 민족의 자아의식을 이룬다.[50] 이후 근대적 민족의 형성과정 속에서 '문명'은 구체제를 무너뜨린 인류의 진보와 보편성을 강조하는 개념으로 자리잡은 반면

50 N. 엘리아스, 『문명화 과정 I』, 박미애 역, 한길사. 1996, 105~110면 참조.

'문화'는 물질적 진보보다는 정신의 우월성을 강조하고 따라서 미래보다 과거(전통)를 중시하는 개념으로 자리잡게 된다.[51] 결국 문명과 문화는 각각의 역사적 맥락 속에 놓인 민족적 자의식을 담고 있는 개념인 것이다.

일본에서의 '문화'론이 메이지 초기의 '문명'론을 물리치고 일반화되기 시작한 것이 1910년대의 다이쇼 시기라는 점과 함께 이 시기에 일본의 사상사가 구화주의(歐化主義)에서 국수주의(國粹主義-일본으로의 회귀)로의 전환을 보여준다는 사실[52]도 염두에 둘 만하다. 이 시기야말로 한국근대문학의 본격적인 출발을 알리는 문인들이 속속 일본 유학 경험을 자신들의 글쓰기에 반영하는 때이기 때문에 20년대의 문화적 민족주의 또한 이 사상사적 영향권 안에 있는 것으로 이해할 수 있는 것이다.

그런데, 문화가 전통론과 관련되고 전통이 민족 형성과 관련되는 국면에서 일종의 교착이 일어나고 있으니, 일본 메이지 유신 초기의 '국민' 개념은 근대 천황제의 성립이 요청하게 되는 천황의 절대적 신성화와 함께 '신민'이라는 개념으로 바뀌어 나가게 된다. '신민'은 천황에 통치되는 계층의 차이를 무화시키면서 봉건적 충의 관념을 천황 일인에게 집중시키는 개념이었다.[53] 이것이 제국 일본의 뿌리 깊은

51 니시카와 나가오(西川長夫), 『국민이라는 괴물』, 윤대석 역, 소명출판, 2002, 103면 참조.
52 니시카와 나가오, 위의 책, 113면.
53 윤건차, 앞의 글, 102면.

역사성에 대한 강조로 이어졌던 바, 따라서 이것이 '민족'론과의 습합으로 이루어진 '국민'론임을 아는 일은 어렵지 않다. 이로써 서구의 '국민-문명' '민족-문화'의 개념쌍이 일본과 조선에서 '국민≒민족-문화'로 전도되는 것이다.

일본에서의 이 '국민 · 신민 · 민족'의 상호 반영이 20년대 조선의 문화적 민족주의자들에게 '국민≒민족'의 형태로 자리잡게 된다는 사실은 그래서 오히려 자연스러운 바가 있다. 이광수가 「문사와 수양」(1921)에서 "문예가 일국의(널리 말하면 전인류의) **문화**의 꽃"이라는 표현과 "**민족**의 정신 중에서 계발하는 가장 큰 힘은 문예"라는 표현을 직접 이어 붙인다거나 "자국의 역사와 제 **민족의 국민성**"이라는 표현을 사용하는 것, 「조선민족론」(1933)에서 "고려 이래로 천여 년간 조선인은 단일한 **국민생활**을 하여 왔다. 오직 철천지한이 되는 것은 이조의 숭명사상이었다. 이 숭명사상은 단군 이래의 모든 **민족문화**를 이멸(夷滅)하고 말았다."고 쓰는 것에서 국민과 민족 개념이 혼효되고 있음[54]을 알 수 있거니와 최남선도 「조선 국민문학으로서의 시조」에서 "조선의 **국민문학(민족문학)**으로의 시조를 좀더 밝은 데로 끌어내고, 힘있게 만들고, 막다란 골에 길을 터서 새로운 생명을 집어 넣으려 함에 남과 같이 다소의 정열을 가질 뿐"이라고 말하고, 「시조 태반으로의 조선 민성과 민족」에서 "조선인은 노래부르기(소리하기) 좋아하는 **국민**이요 또 **민족**

54 이에 대해서는 김춘식, 『미적 근대성과 동인지문단』, 소명출판, 2003, 149면에서 이미 분석된 바 있다.

이었다.”고 쓸 때 그와 비슷한 관점을 드러내는 것이다. 이때 국민은 민족과 유사어로 사용된 개념이다.

그런데 국민문학파의 이 문화론이 문명론의 일환으로 제기되고 있다는 사실 또한 주목되어야 한다. 요컨대 문화론은 단순한 복고주의로서의 그것이 아니라 전통문화를 통해 서구 문명을 넘어선 근대화로 나아가려는 발전론으로 제기되는 것이다. 가령, 문명론자 후쿠자와 유키치가 “일본에는 단지 정부만 있고 아직 국민은 없다”[55]고 말하던 단계에서 구가 가츠난(陸羯南)이 “국민을 통일・통합시키려고 한다면 반드시 문화를 통일・합동시켜야 한다.”[56]고 말하는 단계로 나아가는 과정에 문화론이 제기되는 것이다. 최남선이 ‘세계문학으로서의 국민문학인 시조’를 주장하는 것도 같은 관점으로 이해할 수 있다. “시조는 조선인의 손으로 인류의 음률계에 제출된 일시형(一詩形)”(「조선 국민문학으로서의 시조」)이라거나 “조선인에게 태운 세계란 것은 요하건대 조선이라는 세계와 조선을 통해서의 세계니 세계를 당기어다가 조선으로 접입(接入)함이나, 조선을 잡아 늘여서 세계로 환몰(還沒)시킴이나 외형은 여하간에 실질로 말하면 조선인에게는 동일사의 양면일 따름이다.”(같은 글)라는 진술에서 “인류”나 “세계”가 가리키는 것이 그의 『소년』지가 보여주었던 세계 문명 탐구와 기백의 대상인 것이다.

문명을 위한 문화로의 전환에서 국민과 민족을 뒤섞은 것이 20년대

55 윤건차, 앞의 글, 101면.
56 니시카와 나가오, 앞의 책, 112면.

문화적 민족주의의 내용이고, 조선에서의 그것이 일본의 문명·문화론을 번역한 것이고 보면 이로부터 10여 년 후에 국민문학파의 주요 인물들이 친일로 나아가게 되는 데에는 무시하지 못할 필연성이 있는 셈이다. 그것은 국민주의에서의 문명론적 국가의 역할에 대한 승인과 함께 민족주의에서의 국수적 인종주의(racism)의 수용이 동시에 작동한 결과일 터이다. 그런데 국가가 존재하지 않는 상태에서 국가를 승인하는 것은 외형적인 국가 이외의 국가적 대상을 필요로 하는 일이었다. 국민문학파의 조선'혼' 내지 조선 '정신'의 강조는 바로 그 국가적 대상의 필요성에 대한 심정적 표현이었다.[57] 일제 말기에 이르러 '조선혼'을 대신한 '일본혼'의 강조가 대거 눈에 띄거니와 이것은 곧 국가에 대한 염과 인종적 투명함에 대한 신념이 일본국민정신으로 결합되어 나타난 양상이라 하겠다. 이것을 민족주의의 효과라고 지칭하는 일은 그러므로 세심한 유보를 필요로 한다. 민족이 문화와 관련되고 그것이 국수의 강조로 이어지는 과정에서 식민지 조선의 문인들에게는 없는 국가를 상상해야만 하는 과제가 있었으니 그 국가의 상상에 포착된 것이 '조선혼'이었던 것이다. 이것은 조선의 문화를 탐구하기 위한 순수심이 아니라 문화로서 국가를 상상해야 했던 사람들의 불가피한 결과였다.[58] 더구나 그들이 근대문화에 매혹된 통로는 일본이었고 일본에서의 그것은 '국민-문

---

57 김춘식, 앞의 책, 149면.

58 이광수에게 문화는 '정치'를 포함하는 광의의 개념이었다. "문화란 관념에는 정치, 종교, 철학, 문학, 예술, 과학, 습관, 취미 등을 포함한다." 「조선민족론」, 『이광수전집10』, 삼중당, 1974, 214면.

명'을 전제하면서 '민족-문화'를 가다듬은 결과였다. 20년대의 국민문학파를 민족주의자들이라기보다 국민주의자들이라고 불러야 하는 이유는 그 때문이다. 이들의 이론적 착종이 한국근대문학의 진정한 정수로서 시조를 강조하고 에스니시티로서의 민요를 주장하도록 했을 터인데, 이를 좀더 살펴보도록 하자.

## 3. 국민의 신민화

국민문학파가 시조 창작에 많은 관심을 기울였지만, 그 시조에 대한 관심이 조선적인 것에 대한 강조로 나아가는 길에서 민요시를 만나는 것은 자연스러운 일이었다. 실제로 최남선이 시조를 주목하는 이유는 이광수가 조선문학으로서의 민요를 주장하는 이유와 크게 다르지 않았다. 최남선에게 "조선 국토, 조선인, 조선심, 조선어, 조선 음률을 통하야 표현한 필연적 일 양식"(「조선 국민문학으로의 시조」, 『조선문단』, 1926, 5.)으로서 시조가 주목되었다면 이광수에게는 "우리 민족에게 특별히 맞는 리듬을 발견하는 동시에 우리 민족의 감정의 흐르는 모양과 생각이 움직이는 방법을 볼 수 있는"(「민요소고」, 『조선문단』, 1924, 12(『이광수전집』, 삼중당, 1974))것으로 민요가 주목되고 있는 것이다. 이렇게 고유한 민족성을 표현하는 것으로 주목된 시조와 민요가, 앞에서 정리했듯이, 국가・국민의 형식에 대한 대리 표상의 역할을 한다는 점에서, 시조와 민요에 표현된 화자의 위치를 살펴보는 일은 그 국가에 대한 개인의 관계를 살펴보는 일과 같은 것이 된다.

그런데, 국민문학파의 '시조부흥론'에 대해서는 당대부터 비판이 만만치 않았다. 대표적인 것은 김동환의 「時調排擊小議」(『조선지광』, 1927. 6)인데, 비판의 골자는 첫째, 시조는 과거의 예술이라는 점, 둘째, 형식상의 제약이 심하다는 점, 셋째, 귀족계급의 문학이라는 점이었다. 요컨대 시조부흥은 현실성 없는 봉건적 시가로의 회귀라는 것이다. 시조를 비판할 때의 김동환의 사상적 경향이 카프 맹원으로서의 그것이었음을 고려한다면, 이 비판의 입각점이 어디에 있는지 어렵지 않게 추측할 수 있다. 「애국문학에 대하여」에서 표현되는 김동환의 경향문학은 그러나 이념적으로는 당시의 사회주의 사상을 지지하더라도 민족의식의 차원에서는, 오세영의 지적처럼, 국민문학파의 그것과 유사했다.[59] 그가 애국문학을 주장하는 이유는 일제에 수탈된 조선 무산자 민중의 급성장인데, 당대의 민족궁핍화 현상이 조선 민중의 프롤레타리아화로 직접 대입될 정도로 그의 애국문학론은 논리적 오류를 범하고 있는 것이다. 그의 애국문학론은, 그가 "민족주의 형태를 갖춘"[60] 사회운동을 주장한다는 점에서 차라리 경향문학의 외피를 두른 국민문학론이라 할 만했다. 그러나 최남선의 시조 부흥론은 김동환의 비판에 대해 논리적인 대응을

59 오세영, 『한국낭만주의시연구』, 일지사, 1990, 394면,

60 김동환, 「애국문학에 대하여」, 『동아일보』, 1927. 5. 12~19. 그의 민족주의 문학론과 파시즘의 관계에 대해서는 졸고, 「힘과 서정의 결합으로서의 친일문학」, 『한국근대문학연구7』, 태학사, 2003.

하지 못했다. 시조가 당대의 현실 속에서 살아남기 위해서 필요한 일이 현대시조의 미학에 대한 이론적 점검이었지만 국민문학파는 오히려 김동환이 비판한 시조의 형식적 고루함을 지속시키고 있었다. 이는 그들의 시조론이 실제로 김동환의 지적처럼 봉건적인 것으로의 회귀에서 크게 벗어나지 못하고 있음을 말해주는 것이다. 이렇다는 사실은 조선적인 것으로서의 '문화'론이 국가를 추구했을 때 그 국가권력의 향배가 어디에 있었겠는가라는 중요한 문제를 제기한다.

일제시대 사회운동의 지형도 속에서 국민문학파의 뿌리는 실력양성론에 있었다. 최남선은 1908년에 안창호의 발의로 조직된 청년학우회의 총무대리를 맡았고 『소년』을 발간하여 그 단체의 기관지로 삼았으며, 1914년 이용우가 중심이 된 조선산직장려계(朝鮮産織奬勵契)의 회원이었다. 이 단체들은 1910년대 실력양성론을 대표했다. 그는 또 20년대 예속 자본가 계급에 기초한 민족주의 우파의 조선자치운동에서 핵심적 역할을 하기도 했다. 조선자치론은 총독부의 정책에 긍정적으로 관련되거나 심지어 은밀한 지원에 힘입은 것이기도 했다.[61] 결국 일제 본국 정부의 반대에 부딪쳐 무산되기는 했지만 조선자치론에 대한 총독부의 계획이 성사되었을 경우 가능한 정치 형태는 실질적인 민족 자주권이 일본에 묶여 있는 입헌 군주제였을 공산이 크다고 하겠다. 더구나 일본

---

61 일제시대 민족주의 우파의 실력양성론과 자치론에 대해서는 박찬승, 『한국근대정치사상사연구』, 역사비평사, 1997 참조. 총독부의 내무국장 오오츠카 츠네사부로(大塚常三郎)가 계획한 조선자치의회는 총독부 자문기관으로서의 성격을 갖는 것으로서 교육, 산업, 토목, 위생, 사회시설에 한하여 자문 심의기구로 활동하도록 했으나 국방, 경비, 외교 등은 제외되어 있었다. 이에 대해서는 박찬승, 같은 책, 315~321면 참조.

정부가 조선 자치안이나 참정권 부여 방안 대신에 도회(도회), 부회(부회), 면회(면회) 등의 형식적 의결기구를 정비하는 지방제도 개정을 시행하자 자치론자들은 이것을 자치제도 시행의 전단계라고 생각하여 환영하는 분위기였던 것이다. 그런데 일본식 입헌군주제인 천황제의 특징은 봉건성의 온존이다. 메이지 정권은 근대 국민국가 형성을 위한 '국민'의 필요성에 부딪치자 봉건적 '신(臣)'과 '민(民)'에서 신분 관계를 없앤 상태로 신민 개념을 만들고 여기에 일본 특유의 일가주의(一家主義)를 접속시켜 천황을 정점에 두는 충군애국 이데올로기의 근대적 군주국가를 만들어 낸 것이다.[62]

여기에서 이광수가 시조에 대해 가지고 있었던 생각의 일단을 살펴볼 필요가 있다. 그는 「民謠小考」에서 시조에 대해 "대부분은 형식이나 생각이나 다 한문식이기 때문에 일반적·민중적인 지경에는 달하지 못하였"다는 평가를 내렸다. 우리말로 된 조선문학의 독자적 전통으로서 민요를 강조하기 위한 수사적 비판이기는 하지만 시조가 한문 문학의 봉건성과 지배계급의 편향성을 지니고 있음을 염두에 둔 지적임을 알 수 있거니와, 이렇다는 의미에서 그의 말은 시조에 대해 "선조의 정신, 즉 국민정신의 감염을 받는"(「문학강화」, 『조선문단』, 1924. 10) 국문학으로서는 일정한 한계를 가지고 있다고 평가하는 것이 된다. 이때 국민정신은 "그 국민에게 특수하게 빼어난 이상과 감정"(같은 글)을 뜻하는데,

62 윤건차, 「'제국 신민'에서 '일본 국민'으로-국민 개념의 변천」, 앞의 책 참조.

「민요소고」와 「문학강화」가 두 달의 간격을 두고 동일한 잡지에 발표된 글이고 보면, 결국 시조는 국민문학으로서는 격에 맞지 않는 장르가 되는 셈이다.

그럼에도 불구하고 그가 시조를 창작하게 된 이유는 무엇이었을까? 4년 후인 1928년에 그는 「시조」(『동아일보』, 1928. 11. 1~9)라는 글을 쓰고 시조의 형식적 율격을 분석한 후 그것이 시적 감정과 내용 전개에 어떤 관련을 갖는가에 대해 비교적 상세히 정리해 놓는다. 그런데 전개되는 내용과 구조를 보면 이 글은 김동환의 「시조배격소의」에 대한 일종의 국민문학파적 대응임을 알 수 있다. 김동환이 시조를 중국의 모방품이라고 비판한 점에 대해 "조선 지식의 결핍에서 나온 무식"의 소리라고 대응하는 것, 시조의 3・4조 4・4조 음률이 봉건적 군신관계의 사회질서가 무난히 진행되는 호시절에나 맞는 율조라는 비판에 대해 3・3조 시조와 변체형이 여러 급박한 감정을 적절하게 표현하도록 한다고 반론을 제기하는 것, 초중종 3장의 형식이 정서를 단순 기계적으로 분할한 것에 불과하다는 비판에 대해 각 장의 독립된 의미 내용이 발전적으로 결합된 형식이라고 대응하는 것 등이 그렇다. 그러나 이 글이 국민문학파 비판에 대한 대응으로서 국민문학론을 옹호하기 위해 씌어진 것이고 더구나 그의 애초의 시조관이 그리 긍정적이지 않았었음을 고려하고 보면, 이 글은 당시의 정세 속에서 필요해진 분단정치적 대응이기 쉽다. 그 대응이란 결국은 좌우 합작의 민족 운동 속에서 민족주의 우파의 헤게모니를 문학으로 우회하여 관철시키려는 행동이 되는 셈이다. 이와 관련해서 볼 때, 민족주의 우파의 조선 자치론이 일제가 허용하는 한도 내에서 민족의 미래를 고려하고 있었고 따라서 입헌군주제의 틀을 벗어날 가능성이 별로 없었다는 사실은 이광수가 시조를 옹호하고 창작하는 행위에 대한 또하나의 설명을 제공하는 것이기도 하다. 그것은 국민을 호출하기 위한 국가관이 봉건적 유제를 벗어날 수 없었음을 알려주는 하나의 상징인데, 따라서 이때의 '국민'은 '신민'으로 상상되는 상태의 그것일 수밖에 없었다. 일본을 욕망하며 살았던 근대주의자 이광수가 친일의 시기에 이르러 거의 언제나 '대군(大君)'으로 시작되는 단가 형식의 일기를 쓰고[63]있다는 사실은 그러므로 뜻밖의 일은 아닌 것이다. 더구나 김윤식의 지적처럼, 안창호로부터 영향받고 동우회 활동을 통해 생각과 행동이 일치하는 삶을 실현해나갔던 '양심의 화신' 이광수라는 판단이 맞는다면, 역설적이게도 그는 20년대부터 시조를 통해 심정적 군신관계를 실천해나간 셈이 된다.

20년대에 그것이 조선의 국가 형태를 대리표상하는 정신의 영역이었다면 그 국가 형태를 실질적으로 찾은 것은 친일의 시기에 이르러서였다.

천년의 꿈이런 듯 옛서울을 못보아도
와편에 새긴 연꽃 그날 솜씨 완연하다.
그 문화 일본에   어서 오늘 다시 보니라

—「부여행」 2연(『신시대』, 1941. 7)

---

63 김윤식, 『이광수와 그의 시대2』, 솔, 1999, 345~353면.

총독부가 내선일체 사업의 일환으로 부여에서 행한 신궁조성사업에 조선문인협회는 1941년 2월 봉사대를 조직하여 다녀온다. 이 시조는 그 봉사대 참여의 경험을 노래하는 것으로 백제와 일본의 문화적 뿌리를 같이 묶고 이로써 조선인 황민화의 길을 찾아낸 자의 작품이라고 할 만하다. 이 시조가 '국민'을 '신민'으로 바꾼 군신관계에 대한 심정적 표현이라면, 그것을 시적 화자의 위치를 통해 드러내는 것은 다음과 같다.

1

어버이 없으시면 내 몸 없으리
어버이 겨오시매 내 몸 있도다
나라의 어버이신 임금이시오
내집의 어버이신 부모시로다

2

나라의 어버이께 충성 바치고
내집의 어버이께 효도 다하니
충성과 효도의 길 두흘이면서
근본은 하나일사 이 나라의 길

3

내 몸을 잊었으라 우리 임금의
나라를 위하사와, 선조대대의

조상님 세워주신 우리 가문을

맨대에 빛내임이 내 일생일세

—「어버이」(『신시대』, 1941. 1.)

충성과 효도가 근본에서 하나라는 생각이 일본의 일가(一家)주의적 국가관과 근본적으로 결합된 것임을 염두에 두지 않더라도 시는 철저하게 군신과 가족에 대한 혈통주의적 관념으로 물들어 있음을 알 수 있다. 고시조의 형식을 고스란히 반복하는 한편으로 시적 화자가 신민과 자식의 위치에 있다는 것은 시인이 봉건적 유제의 국가관에서 벗어나지 못했음을 알려주는 상징일 것이다. 결국 이광수가 이 시기에 이르러 "일본의 국민문학의 결정적 요소는 그 작자가 천황의 신민이라는 신념과 감정을 가짐에 있다. 이 신념과 감정을 가진 작자의 문학이 곧 국민문학이 되는 것이다."(「국민문학문제」, 『신시대』, 1943. 2)라고 쓸 때 이것은 국가주의의 사유 속에서 국민을 상상하고 그 국가의 대리 표상으로 조선혼과 전통문학을 상상한 자가 그것을 대체할 수 있는 현실적 국가(→일본)를 만났을 때 가지게 된 하나의 필연적인 목소리인 것이다. 여기에는 물론 국가를 사유하는 데 있어서의 계급적 위치가 작용했을 것이다. 그것은 이광수에게는 민족부르주아 우파의 실력양성론과 조선자치론으로 설명되는 계급위치였다. 그리고 이것은 다시 민요시의 긍정과 관련된 문제로 넘어간다.

## 4. 민요시와 에스니시티

시조와 함께 조선적 전통으로서의 민요를 강조한 시인들로는 주요한, 김억, 김동환을 꼽을 수 있다. 민요 시인들이 드러내고자 했던 세계는 무엇이었을까? 민요와 함께 고려해야 하는 개념은 에스니시티(ethnicity)이다. 에스니시티란 국가의 이데올로기에 의해 주체로 호출된 다수파의 국민의식으로부터 벗어나는 소수파의 집단적 귀속 의식을 지적하기 위해 사용된 용어이다. 실로 일제시대의 국가권력을 장악한 다수파는 일본이었으니 거기에 쉽게 호응하지 못했던 존재들을 소수파라고 부를 수 있을 것이다. 더구나 조선의 역사에서 민요는, 그것이 주로 억압적 일상사를 살아왔던 민중들의 노래였다는 점에서, 과거에도 당대에도 그 소수파의 에스니시티를 표현하기에 적절한 그릇이자 내용이었다. 그것은 상상만으로도 다수파의 국민의식과는 또다른 정체성을 부여해줄 것이었다. 그런데 월러스틴은 이 에스니시티의 기능을 세계체제를 존속시키는 역할로 규정한다.[64] 결국 에스니시티란 자본주의 세계체제에서의 체제 유지적이고 주관적인 계급 위치를 표현하게 된다고 할 수 있다. 그런데 일제말기의 역사적 경험은 민족적 에스니시티가 미영제국주의에 대항하는 인종주의로 전화하는 모습을 대대적으로 보여준다. 이는 일제가 침략자들에 의해 유린되는 장소로 동양을 설정하고,

---

64 I. 월러스틴, 『사회과학으로부터의 탈피 : 19세기 패러다임의 한계』, 성백용 역, 창작과비평사, 1994, 117면 참조.

스스로에게 소수파의 지위를 부여하면서 박해받는 인종을 상상하게 함으로써 동양인이라는 에스니시티를 창출한 결과였다. 일종의 '다수파의 에스닉화'라고 할 수 있는 이 작업을 통해서 일제는 열국체제 하에 있는 동양을 침략 당한 지역으로서의 대동아 경제블록으로 만들고, 그 속에서의 경제적 기능을 일종의 하위주체로서의 대동아 민중에게 부과하면서, 정치적으로는 천황제적 위계구조의 신민을 창출한 것이었다. 이때 조선심에 주목했던 문인들은 어떤 반응을 보여야 했을까?

논리적 관계로 따져본다면, 일제말 인종주의 담론의 '동양'과 '황국정신'에 대응하는 것은 '조선'과 '조선심'이다. 그것은 조선 민족 특유의 문화적 정체성을 근대문학 형성의 필수불가결한 요인으로 상상하고 그로써 조선 민족의 정신을 더욱 고양시킬 수 있으리라는, 허구적이었지만 신념에 찬 실천의 매개물이었다. 국민이 국가에 의해 형성된다는 점에서 정치적이라면 에스니시티는 자기 귀속 의식이라는 측면에서 문화적인데, 조선심의 문제가 에스니시티로 논의될 수 있는 것은 그 때문이다. 시조와 민요시는 이때 그 집단적 자기 귀속의 문제로 연결된다.

조선심 내지 조선혼으로서의 민요시를 주장했던 시인들 중에 일제 말기에 친일의 길로 나아간 대표적인 존재는 김억, 주요한이다. 주요한에게 근대 문학의 계기가 일본의 유학을 통해 주어졌다는 사실을 지적하는 것은 한국 근대시의 출발이 어떻게 이루어졌는가를 지적하는 것과 같다. 그는 일본 구어 자유시 운동의 선구자라고 평가받는 카와지 류코(川路柳虹)에게서 시를 배우고 『伴奏』와 『現代詩歌』에 일어시를 쓰면서 근대시의 감각을 익혔다. 그 감각이 프랑스 세기말 시인들에 대한 학습을 통해 주어진 것이라는 점은 그의 회고나 여러 연구들을 통해 익히 알려진 것이지만, 그것과는 별도로 시마자키 도손(島崎藤村)과 그의 연관성을 살펴볼 필요가 있다. 그 스스로는 시마자키 도손에게는 별다른 호감을 갖지 않았던 것으로 이야기하고 있지만,[65] 요코야마 게이코(横山景子)는 그 둘의 영향관계를 시분석을 통해 밝혀 놓은 바 있다.[66] 이로 미루어 본다면 근대시에 대한 그의 생각에 시마자키 도손의 문학적 영향이 있었음을 일방적으로 부정할 수만은 없을 듯하다. 이와 관련하여, 시마자키 도손이 일본 신체시의 완성자라는 사실을 아는 것과 함께 일본 국민문학의 형성에서 그가 차지하는 위치에 대한 앞서의 지적을 상기할 필요가 있겠다. '신체시의 완성자'라는 그에 대한 평가를 주요한은 '일본 민요의 완성자'라고 바꾸어 놓았다.[67] 신체시와 민요 사이의 거리는 어떤 것일까? 이후 그는 자신의 자유시를 문학 경험이 일천했던 자의 서툴렀던 습작에 지나지 않는다고 부정하고 조선 근대문학의 진정한 출발을 위해 민요시 창작에 주력해야 한다고 주장한다. 그래야 하는 이유는, 조선문학의 기준이 "조선 사람된 개성 (간단히 말하면 조선혼)" (「노래를 지으시려는 이에게」, 『조선문단』, 1924, 11) 이외에 다른 것이 될 수 없다는 데 있으며 그로써 조선의 국민문학이 만들어질

65 주요한, 「'창조'시대의 문단」, 『자유문학』, 1956, 6, 135면 참조.
66 요코야마 게이코, 「주요한의 일어시 작품에 관한 연구」, 경북대학교 박사논문, 1989, 99면.
67 벌옷, 「일본근대시초(1)」, 『창조』창간호, 1919, 2, 76면.

수 있다는 것이다.

여기에 중요한 구성성분을 이루는 것이 한글이라고 주장된다는 사실은 특별히 기억될 필요가 있다. 이 사실은 언어에 대한 그의 유별난 감각이 그냥 주어진 것이 아니라는 점을 알려주는 동시에 그 언어를 버렸을 때 어떤 세계로 나아가는가 하는 점을 일제 말기에 전형적으로 보여주고 있기 때문이다. 시를 쓰기 위해 영혼이 필요하고 "영혼으로 산다면 주저할 것 없이 국어(일본어:인용자)의 표현으로 돌진해야"(「勝たねばならぬ」, 『국민문학』, 1943. 6)[68]한다고 말하는 것은 예의 조선심이 허구적 에스니시티로 주장되었다가 그것을 보상할 수 있는 또다른 대상이 나타났을 때 벌어질 수 있는 일의 예가 된다. 그의 일본어 창작은 그의 이전의 모든 한글 창작과 조선적 내용이 하나의 허구에 지나지 않았으며 그 허구가 또다른 허구로서 일본 정신의 추구로 나아가는 경험적 틀이었음을 역설적으로 증명하는 것이다.

김억의 경우 민족적 정서의 강조는 그의 문학적 초기시절부터 있었다. 「시형의 음률과 호흡」(『태서문예신보』, 1919. 1. 13)은 자유시의 호흡률이 어떻게 형성되는가를 나름대로 논리화해서 보여준 최초의 글에 해당한다. 실로 김억이 조선 시단에 기여한 점은 근대시의 내적 논리, 요컨대 자유시의 호흡률과 같은 형식에 대한 미적 탐구를 보여주었다는 점일 것이다. 그 미적 탐구가 나아간 지점은 개성론이다. 예술은 정신의

68 번역은 김규동·김병걸 편, 『친일문학작품선집1』, 실천문학사, 1986.

산물이며 정신은 육체를 통해 표현되는 것인데, 결국 예술은 육체와 같은 형식적 표현을 가질 때 완성된다고 그는 말한다. 이때 육체는 개인마다 다른 것이므로 예술 또한 개성의 표현이 될 수밖에 없는 것이다. 그런데, 김억은 이 예술 개성론을, 개인들이 각각 다른 것처럼 각 민족도 다르다는 논리를 전제하면서, 민족 개성론으로 비약시킨다. 개인의 합이 사회이고 민족이라는 일종의 사회유기체론을 여기에서 볼 수 있거니와, 이것이 당대의 사회진화론에 영향받은 것임을 아는 일은 어렵지 않다. "서양과 동양과의 문학이 서로 다른 것도 …(중략)… 민족과 민족의 사이에 서로 다른 예술을 가지게 된 것도 민족의 공통적 조화—내부와 외부 생활로 말미암아서 되는 조화가 서로 다르기 때문"(「시형의 음률과 호흡」)이라는 진술은 그 개인이 민족의 차원으로 확장되고 개성을 민족 정서로 수렴하는 하나의 예이다. 결국 예술은 민족 정신・정서를 민족의 육체와도 같은 삶의 형식으로 표현하는 것이 될 터이다. 이 논의는, 아직까지는 민요시에 대한 것이 아니고, 이즈음의 김억 또한 프랑스 상징주의 시의 소개에 주력하면서 자신의 창작방향을 그 쪽에 두고 있었다고 하더라도 그가 훗날 민요시로 나아가게 되는 계기를 보여주기에는 충분하다. 그 민족 정서가 "현대의 조선심"으로 환언되고 그 삶이 "현대의 조선심의 고민과 어쩔 수 없는 고뇌"(「조선심을 배경삼아」, 『동아일보』, 1924. 1. 1)로 이해되는 곳에서, 그리고 "조선 사람의 사상과 감정 또는 호흡에 가장 가까운 시조와 민요"(「밟아질 조선 시단의 길」, 『동아일보』, 1927. 1.3)가 조선 시가의 시형으로 이야기되는 곳에서 그의 민요시론의 직접적 계기를 볼 수 있지만 그것의 잠재성은 훨씬 이전부터 있었던 셈이다.

이때 '조선심의 고민과 고뇌'라는 말로써 지시하는 것은 피식민지 상태의 조선 현실에 대한 고민과 고뇌여야 했을 것이다. 그러나 김억은 그 현실의 고통을 미적 관념으로 돌파하려 한 경우였다. 그의 시의 애조 띤 정조는 현실의 그것이 아니라 개인적 서정의 그것에 불과했는데, 이는 시에 대한 그의 진술로부터 직접 도출되는 바이다. 그에게 인생의 고통은 시로써 초월해야 할 것이었지 극복해야 할 대상은 아니었다. 삶의 고통은 "예술로 인하여 시화(詩化)되고 미화(美化)되어 모든 고뇌를 달게"(「조선심을 배경삼아」) 함으로써 잊혀질 것이었다. 이로써 그의 '조선심'이 현실의 그것이 아니라 자신의 시 미학을 위해 논리적으로 요청된 것임을 알 수 있다. 이렇다는 것은 그의 조선심 또한 국민문학파와 주요한의 그것처럼, 상실된 것에 대한 상상을 통해 현실의 문제를 해소하려는 문학적 매개물이었음을 말해주는 것이 된다. 그가 조선심으로서의 민요시를 쓰기 시작한 것이 1924년인데 비해 민요를 절실한 감정으로 체험한 것이 1927・8년 경이었다는 사실[69]을 고려하고 보면 이런 판단은 더욱 근거가 있는 셈이다.

그러나 개인의 미적 매개물로 조선심과 민요가 추구되었다는 점 때문에 김억의 시를 개인적 취향의 그것으로만 놓아둘 수는 없는 문제가

---

69 김억, 「수심가 들닐 제」, 『삼천리』, 1936. 8

있다. 앞서 지적했듯이, 그는 개인의 시적 개성을 민족적 개성으로 직접 확장시킴으로써 집단과 개인의 관계가 맺어지는 방식을 암시적으로 드러낸 바 있다. 개인들의 예술적 충동이 서로 다르다고 해도 그 개인들이 만들어내는 "광의로의 한 민족의 공통적 되는 충동은 같을 것"(「시형의 음률과 호흡」)이라는 진술에 미루어 판단할 때, 개인의 개성은 민족 정서의 일개 구성물로 환원되는 것이 된다. 더구나 김억의 문학적 과제가 조선심을 육체화하는 전형적 호흡률이었고 보면, 시적 개성 자체가 고려될 여지는 별로 없는 셈이다. 개인이 집단 속에서 집단의 공통성을 만드는 데 기여하는 것으로 그치고 만다면, 실로 개인에게 실현되는 민족적 현실의 구체는 사라지고 말 것임에 틀림없다. 이때 남는 것은 오직 관념에 있는 민족적 고통이 될 것이니, 이 관념형으로서의 고통이 개인에게 구체화 될 여지는 없어져 버리게 된다. 김억의 시가 개인적 서정의 관념적 애상으로 그친 이유는 여기에 있다. 요컨대 개인이 집단에 의해 소멸되고 집단은 다시 관념형으로 제기되어 현실적 구체를 소멸시킨 것이다. 문제는 그 관념성이 집단의 이름으로 개인을 소멸시킨 논리적 과정의 결과라는 점이다.

이 논리를 알게 될 때 김억이 일제말에 이르러 「국가와 개인」(『매일신보』, 1940. 11. 30)을 쓰고 신체제하의 개인의 윤리에 대해 멸사봉공으로서의 그것이라고 주장하는 참된 이유를 이해하게 된다. 그가 "(개인 정서의 집합인) 민족의 공통되는 충동은 같은 것"이라는 말을 친일의 시기에 국가와 개인의 관계로 바꿀 때, 그것이 언어만 바뀐 것일 뿐 실제 내용은 대동소이하다는 점에서 그의 국가관은 일찍이 준비되어 있었다고 할 수 있다. 더구나 그의 문학적・사상적 경향이 당대의 문단에서 국민문학파의 그것에 가까운 것이고 보면, 그가 상상하는 국가가 어떤 것이었는지에 대해서는 지적할 필요가 없겠다. 그것은 실제 현실을 미적 관념으로 묻어버리고 고통의 현실을 아름다운 언어로 치장하기 위해 조선의 미적 형식을 탐구한 행위의 종착지였다. 이때 미적 형식의 근원인 조선심은 실제 현실을 외면한 자가 그 행위의 심리적 보상물로 찾아낸 의지처였다고 할 수 있다. 그러나 그것은 현실을 외면하고 찾아낸 결과라는 점에서, 민족의 형식이 아니라 민족의 고통스러운 현실을 대신할 수 있다고 믿어지는 것에 대한 상상에 불과했다. 그것을 국가에 대한 상상이라고 바꿔 말할 수 있는 것은, 상실된 것이 민족이 아니라 국가였으며, 나아가 국권 상실의 현실을 조선심이라는 미적 매개물로 대리한 것이기 때문이다. 김억을 미학적 국민주의자라고 부를 수 있는 이유도 여기에 있다.

미학적 국민주의자로서의 김억의 민요시는 근대 자유시의 시형을 고민하는 과정에서 서정적 단시의 호흡률에 주목하면서 얻게 된 논리적 결과이다. 민요시는 김억이 고민한 호흡률의 간단 명료성을 일거에 해결해 줄 것이었다. 이렇기 때문에 그에게는 민요시를 논리적으로 보장해 줄 내용들이 더 필요했다. 여기에서 나타난 것이 민족 정서로서의 조선심이었으니, 이것은 그야말로 피식민지 지식인에게 민요의 정당성을 보장해 줄 현실적 준거였다. 그러나 그에게 민요시가 민족적 절실성으로부터 오지 않고 미적 필요성에서 왔다는 사실은 그 민요시를 위해 그가 귀속되어야 할 대상이 필요했었음을 말해주는 것에 다름아니다. 그에게 조선심은 이로써 상상되고 허구적으로 만들어진 조선심이었다. 그러나 하나의 허구는 허구이기 때문에 다른 허구에 자리를 내어준다. 그의 역시집 『愛國百人一首』가 단순히 친일의 염을 읊은 시가로서의 그것이 아닌 이유가 여기에 있다. 1944년 한성도서주식회사에서 발행된 이 책은 일본 막말의 소위 우국지사들의 와카를 양장형 시조로 번역해 놓은 것이다. 당시 국민총력조선연맹의 문화부장이었던 야나베 에이사부로(矢鍋永三郎)는 서문에서 징병제와 해군특별지원병제를 실시하는 조선의 급속한 황국화를 위해 일본 정신의 보급이 필요하던 차에 이 역시집의 기여가 클 것이라고 말하고 있거니와, 김억 본인 또한 조선심을 일본정신으로 거듭나게 하려는 의도를 보여주고 있다. 그 의도가 미적 형식에 대한 세심한 배려로서 나타나고 있으니, 양장형 시조로 와카를 재배치한 것이 그것이다.

'おほきみ' 'きみ' 또는 'すめらぎ'[70]같은 말을 그대로 직역하지 아니하고 '높으신 님' '높은 님' '우리님' 또는 '님'으로 고친 것에는 이미 和歌를 양장시조형에다(초장 3·4·3·4 종장 3·4·3·4) 달아 놓은 이상 역시 시조향(時調響)으로의 용어를 사용치 않을 수가 없다는 견지에서외다. 그렇지 아니하면 너무도 딱딱하여 조금도 노래답지 않기 때문이외다. 그러고 원문에는 윗구와

70 직역하면 모두 '천황(天皇)'으로 번역할 수 있는 용어.

아랫구가 분명히 나누어지지 아니한 것이라도 역에서는 될 수 있는 대로 위아래구로 갈라놓노라 하였습니다. 원문인 和歌도 그럴 것인줄 압니다,만은 시조형에는 그 형식으로 보아서 반드시 그렇게 되지 아니하여서는 아니된다는 것이 나의 의견이요 주장이외다.(「卷頭小言」, 『애국백인일수』)

여기에 이르러 김억은 조선심의 육체화라고 할 조선 시가의 호흡률을 일본 정신의 애국적 정수에 결합시키는 데 성공한 듯하다. 민족과 민족의 정서가 다르고 그 다름의 미적 형식이 시의 율격이라고 주장했던 20년대에 조선심의 형식미학은 하나의 에스니시티로 소수파의 귀속 의식을 자극했을 수 있다. 그런데 그것은 상실된 국가에 대한 허구적 상상으로 가능했다. 물론 상실된 것에 대한 상상은 국민주의자가 아니더라도 얼마든지 가능한 일이다. 여기에서 고려해야 할 것은 그 상상의 방식과 내용이 무엇으로 이루어졌는가 하는 점이다. 그 상상이 하나의 사회구성체 속에서의 상상이며, 결국 현실의 구체적 정세 속에서 현실의 세력관계를 반영하는 것으로서의 상상이라는 점을 고려해야 하는 것은 그때문이다. 국가의 상상이 그 국가를 넘어서기 위한 것인가 아니면 국가에 머물러 있기 위한 것인가 하는 점이 고려의 대상이 되어야 한다는 말이다. 그러나 김억의 미학주의 속에서 그것은 고려될 필요가 없는 것이었다. 오히려 그것의 미적 기능이 국가를 대리하면서 민족을 주체로 호출했을 때 소수파의 에스니시티가 다수파의 그것으로 변모하는 것은, 국민문학파의 예에서 보듯이, 가장 가능성이 큰 경우였다. 김억은 일본의 시어가 조선어로 직역될 경우 '너무도 딱딱하여 노래답지 않게 될 것'을 걱정하면서 조선심의 형식인 시조의 율격으로 일본정신을 번역했다. 이로써 허구적으로 상상된 것은 쉽게 파괴되고 그 흔적만 남아서 다른 상상으로 넘어 갔으니, 조선심의 형식을 일본정신의 형식으로 바꾸어 놓은 일이 그것이다. 이것이 현실을 관념 속에 묻고 미적 필요에 의해 조선심을 추구한 국민주의자의 미학이었다. 약간의 과장이 허용된다면, 일제 말에 이르러 그들에게는 조선의 국가든 일본의 국가든 귀속될 대상으로서의 국가만 있으면 되는 것이었던 셈이다.

주요한 · 김억과 함께 살펴보아야 할 또다른 민요 시인이 김동환이다. 김동환은 한국근대시사에서 특유의 북방정서를 개척하고 그것을 민족의 절대적 힘의 추구와 연결시킨 시인이다.[71] 더구나 그는 카프 구성원의 신분으로 국민문학파의 '시조부흥론'을 비판하고 민중의 시로서의 민요시를 강조했던 인물이다. 이때 그의 논점은 어디에 있었을까? "우리 민요만은 민족이라는 명칭으로 지칭되는 일언어족, 일혈통족에 그 단위를 둘 것이 아니라, 실로 민족성, 又는 향토성과는 그렇게 밀접한 관계가 없는 다만 사회적 조건을 같이 하였다는 학대받는 사회 민중의 일단의 공통한 노래라고 하는 것이다."(「조선민요의 특질과 기장래」, 『조선지광』, 1929.1)라는 진술은 그의 민요론이 앞서 살펴본 시인들의 인종주의적 시각에서 비껴난 것이라고 생각하도록 해준다. 얼핏 보면 형이상학적 민족 기원론을 뛰어넘는 것 같기도 한 이 주장은 그러나 뜻하지 않은

---

71 이에 대해서는 졸고, 「힘과 서정의 결합으로서의 친일문학-김동환의 경우」, 『한국근대문학연구7』, 태학사, 2003 참고.

곳에서 의구심을 불러일으킨다. 「애국문학에 대하여」(『동아일보』, 1927. 5. 12~17)에 서술된 것은 당시의 '국민문학'을 보수주의적 망상으로 비판하고 무산자대중의 애국주의에 기초한 애국문학이었다. 위에서 말했듯이, 이 애국문학이 민족주의의 형태를 갖추어야 한다는 진술에 이르면, 그는 국민문학파의 방법론을 비판하였을 뿐 이념적인 차원에서는 국민문학파와 유사했다는 오세영의 지적이 타당해지게 된다. 더구나 그는 1927년 카프에서 제명된 후 1929년 영창서관 발행의 『삼인시가집』(춘원·요한·파인)에 다수의 민요를 발표하고 있기도 하다.

결국 그도 조선적인 것의 탐구라는 문제의식에서 크게 벗어나지 못한 셈인데, 시조부흥론에 대한 대안으로 그가 제시한 것은 민요시였다. 민요시를 강조할 때의 그의 집단적 귀속 의식은 특별히 주목될 필요가 있다. 왜냐하면 그가 민요시의 필요성을 주장하는 데에는 조선인 거의 모두를 프롤레타리아로 보는 관점이 작용하기 때문이다. 박해받는 조선인에 대한 강조가 조선 민족의 프롤레타리아화에 대한 주장으로 이어지는 것은, 민족현실에 대한 조급한 판단에 떠밀려 지나치게 멀리 나아간 감이 없지 않지만, 시국에 대한 그 나름대로의 진지한 대응이라는 점은 인정되어야 할 것이다. 그러나 그에게 무산자 대중의 정서와 현실에 기초한 민요시는 그리 많지 않았다. 그의 민요시를 압도한 것은 오히려 그가 시조를 비판할 때 논의 했던 바의 비현실적 정서에 의탁한 작품들이었는데, 총괄해서 원형적 유토피아라고 할만한 그 세계는 훗날 "조선적인 것"으로 최종 정리된다. 잡지 『삼천리』의 성공을 발판 삼아 간행한 문예지 『삼천리문학』에서 "향토에 발을 붙이지 않았음에 조선적인 정조를 그 작품에서 잃고 있습니다. …(중략)… 우리는 진실로 일체의 조선적인 것을 고조하여, 하늘에 닿도록 고조하여 내고 싶습니다."(「소설과 시의 길」, 1938. 1)라고 그는 말하는 것이다. 이 말이 20년대에 국민문학파의 조선심을 비판하던 '애국문학론'과는 상당히 다른 것임을 쉽사리 알 수 있거니와, 김동환은 이로써 현실을 외면하고 유토피아적 조선심의 당착적인 세계로 깊숙히 빠져 들어갔다.

왜 조선심은 그토록 빨리 '일본정신-동양정신'으로 바뀌어버린 것일까? 지금까지 그것은 조선심이 일제에 의해 억압되고 죽었기 때문이라고 정리되어 왔다. 또한, 문인들의 친일은 조선이 일본으로부터 독립될 가능성을 상실한 것으로 여겨진 현실에 대한 절망때문이라고 주장되어 왔다. 그러나 그것은 사실을 상당히 많이 뒤집은 논리이거나 변명이다. 이상의 논의에서 알 수 있듯이 에스니시티로서의 시조와 민요는 일본정신을 보급시키기 위한 중요한 매개물로 존재했고 이로써 일본을 중심에 둔 대동아체제를 존속시키는 데 기여하고 있는 것이다. 한편, 민족의 독립을 왜 그토록 쉽게 포기했느냐라고 묻는 것은 그 역사를 살지 않은 사람으로서는 쉬운 질책이지만, 별 의미가 없는 질문이기도 하다. 누구도 그 현실을 다시 살아줄 수는 없기 때문이다. 그렇다면 따져보아야 할 것은 그 포기의 정황과 심정을 어떻게 논리화해서 바라보느냐 하는 문제일 수밖에 없겠다. 당겨 말하면 그것은 애초에 없는 것을 있는 것으로 상정하고, 혹은 홉스봄의 말처럼 발명하고, 추구해왔기 때문이다.

조선심은 근대 이후에 민족적 에스니시티로 발명된 것이다. 근대라는 조건이 조선의 문인들에게 요구했던 무의식적 열등감이 일본적 동양으로 극복될 수 있다고 믿어졌을 때 그 조선심은 다시 동양-일본으로 새롭게 발명되었다고 할 수 있다. 그런데 역사를 살아가는 주체가 삶의 조건으로 갖는 전통이 발명될 수밖에 없는 것이라면, 그것을 발명하는 데 있어서의 주체의 내재성이 무엇보다도 문제되지 않을 수 없다. 주체가 그 전통과 어떤 관계를 맺는가 하는 것이 결국은 역사를 만들어가는 근본적인 힘일 것이기 때문이다. 이것은 근대적 사회구성체 속에서 주어진 삶의 조건과 관계를 맺어나가는 한 주체가 어떤 계급적 위치를 갖고 있는가 하는 문제와 관련될 수밖에 없다. 그 관계가 허구적 민족과 에스니시티에 관련된 것이라고 해도 그렇다.

민요와 조선심의 주장이 허구적 에스니시티에 불과하다는 사실을 보여주는 하나의 예는 일제말에 씌어진 민요조 시가이다. 4·4조와 7·5조로 된 친일 시가들의 주요 창작자가 국민문학파였거나 민요시를 주장했던 시인들이라는 사실은 무엇을 뜻하는 것일까? 혈통을 강조하는 인종주의적 관점에서 볼 때 한 사람이 동시에 두 개의 민족이나 국가에 속할 수는 없다. 결국 20년대의 국민문학파와 민요시인들은 애초에 가능하지 않았던 인종주의적 관점에서 국가와 민족을 상상했다가 일제말에 이르러 일본 민족으로 거듭나는 과정을 보여준다고 할 수 있다. 그것을 전형적으로 예증하는 것이 바로 친일 민요시이다. 그들은 조선심의 육체로서 민요를 주장했고 다시 민요로써 친일을 노래했다. 이로써 그들이 20년대에 주장했던 에스니시티는 하나의 허구에 불과했던 것임이 드러나게 된다. 더구나 이때의 민요시는 '노래'라는 장르명을 갖고 창작되었는데, 이 시기의 '노래'는 다분히 일제의 정책에 촉발되어 창작된 것들이었다. 총독부는 1937년 '조선문예회'를 조직하고 이 단체를 통해 조선의 애조 띤 가요와 민요를 비판하면서 새로운 정서의 노래를 요구하고 있었으니, 이광수와 최남선, 김억의 작품들이 이 시기에 곡을 얻어 발표되고 있는 것이다.[72] 이 정책이 조선인들의 정서를 황국 신민의 그것으로 개량하기 위한 목적을 지니고 있었다는 점을 지적할 필요는 없겠다. 여기에서 민요시인들이 시를 노래로 인식하고 있었고, 애초에 조선적 자기 귀속의식으로 강조되던 노래들이 이제는 일본-동양 정신이라는 새로운 에스니시티를 만들어내는 데 기여하고 있음을 볼 수 있거니와, 결국 국민문학파와 민요시인들의 조선심은 하나의 허구적 에스니시티로 만들어져 다수파의 일본심으로 전환되고 말았던 셈이다. 물론 민족이 상상된 것이고 소수파의 자기 귀속 의식인 에스니시티 또한 그렇다는 점에서, 다시말해 영원히 지속되는 실체가 아니라는 점에서

---

72 최남선과 김억이 작사한 곡명은 다음과 같다. 가곡으로는 최남선 작사에 「내일」(이면상 곡), 「동산」(이변상 곡), 「가는 비」(현제명 곡), 「서울」(현제명 곡)이 있고, 김억 작사에 「복사꽃」(이면상 곡), 「붉은 꽃송이」(이면상 곡)가 있으며, 가요로는 최남선 작사에 「銃後義男」(이면상 곡), 「정의의 개가」(홍난파 곡), 「장성의 파수」(현제명 곡), 「김소좌를 생각함」(이종태 곡), 「방호단가」(이종태 곡)가 있고, 김억 작사에 「정의의 師여」(이면상 곡), 「종군간호부의 노래」(이면상 곡)가 있다. 이와는 별도로 이광수는 친일가요 「희망의 아침」(홍난파 곡)과 「지원병 장행가」(박태준 곡)를 발표했다. 이 시기에 각종 잡지를 통해 발표된 '신가요' 내지 '새노래' 형식의 시들은 일제의 신가요 정책에 부응한 것이기 쉬운데, 가령, 『삼천리』 1941년 9월호에는 '신가요집'이라는 타이틀 아래 이광수의 「지원병 장행가」 「애국일 노래」 「희망의 아침」, 주요한의 「가자 어서 가」 등의 친일 가요가 발표되고 있다.

그것은 어쩌면 필연적일 수도 있을 것이다. 그러나 다수파의 에스니시티로 끝내 옮아가지 않은 존재들이 있다는 사실을 고려하고 보면 소수파의 에스니시티를 경험하는 주체의 위치가 중요해질 수밖에 없다. 이와 관련하여 민요시를 논의할 경우 김소월은 어떤 민요시를 썼는가가 분석될 필요가 있다. 더는 진전될 수 없는 논의의 결론만 이야기한다면, 그는 소수파의 사회적 위치에 훨씬 더 밀착된 민요로써 당대 현실의 구체화에 값했다. 이를, 앞에서 말했듯이, 주체의 계급적 위치로 바꾸어서 정리하는 일은 훨씬 더 많은 중간과정을 필요로 한다. 그러나 그것은 정말로 국가와 민족을 바라보는 계급위치의 문제였다.

2

# 내재성이 부재하는 주체

## _주요한의 경우

### 1. 친일의 경로

주요한의 첫 번째 친일 작품은 『조광』 1940년 9월호에 수록된 「여객기」이다.[73] 이 작품은 대동아 공영의 현실적 감각을 노래한다. 그의 친일이 대동아 공영권과 전쟁 찬양에 주로 집중되고 이것이 1940년의 작품 발표와 함께 구체화된다는 것은 그가 내선일체의 황민화론보다는 동아 신질서론에 강하게 이끌린 문인이라는 사실을 알게 해준다. 이렇게

73 임종국은, 주요한의 표면적 친일 행위는 1938년 12월 24일 수양동우회를 대표하여 국방헌금조로 4천원을 종로서에 기탁한 일로부터 시작되었으며 그 전에 전향자들의 친일조직인 대동민우회에 가입하면서 전향서를 발표한 일이 직접적 계기가 된다고 썼다. 임종국, 『친일문학론』, 평화출판사, 1993, 378면. 그런데 주요한의 대부분의 친일작품 내용이 대동아 신질서 수립의 당위성과 전쟁 찬양에 바쳐지고 있다는 점을 감안하면 그의 친일의 내면화가 이루어지는 시기는 대동아공영권 논의가 공식화되는 1940년의 작품 발표시기부터라고 생각된다.

본다면 그의 최초의 친일시가 「여객기」인 것이 우연은 아니게 된다. 그는 "동아의 너른 터를 한집인 듯 여기"(「여객기」)는 현재를 넘어서 "오대주 한 뜰 될 날"(같은 시)을 고대하고 있다. 한국 근대시의 입구에 결코 무시될 수 없는 흔적을 남겨놓은 그가 만세일계 천황귀일의 대동아 정신을 시조로 표현하는 사정을 살펴보는 일은 그러므로 한국 근대문학의 어떤 운명을 고찰하는 것과 같은 일이 될 터이다.

그가 자신의 시력을 정리해주는 글은 네 편이다. 세편은 종래의 연구자들에게 익히 주목되어온 바 있는데, 「창조 시대의 문단」(『자유문학』 창간호, 1956.6.) 「나의 창조 시대」(『문학사상』 1979. 10) 「내가 당한 20세기」(『새벽』1, 1982)가 그것이다. 이 글들은 주요한이 일본의 명치학원 유학시절부터 자신에게 영향을 끼친 일본 문단의 분위기를 자서전 형식으로 서술하고 있어서 한국 근대시의 형성을 이해하는 데 주요한 자료가 된다. 그런데 그가 동일한 내용을 서술하고 있는 최초의 글은, 그의 문학적 이력을 설명하는 것으로서, 松村紘一이라는 이름으로 발표된 「詩壇三十年」(『신시대』, 1944. 4.)이다. 위의 다른 글들과 동일한 내용을 다루고 있으되 「시단 30년」의 특이한 점은 글의 결론을 '국민문학으로 회귀해야 할 조선문학'이라는 진술로 마무리하고 있다는 점이다. '조선민요와 시조의 전통을 현대화하기 위해 국어(일본어)로 그 정신을 재현해야 하며 이로써 황국문화를 만들어내는 데 크게 공헌하리라'고 주장되는 것이다.[74] 훗날 동일한 내용의 글을 바로 이 결론 부분만 생략한 채 반복하는 주요한의 심리는 무엇이었을까.[75] 그가 한국 근대시의 형성에 끼친 커다란 영향을 고려하면서 대동아공영의 염을 노래하는 시형식이 시조라는 사실을 생각해보면 이 '대동아공영 찬가'는 곧 일본식의 전도된 오리엔탈리즘에 대한 전통(동양)미학적 표현임을 알 수 있다. 이것이 실제로 실현되는 날 일본(←조선)과 중국 만주 등 동양의 도의적 세계관에 기초한 신체제는 서구적 근대에 반정립된 것으로서의 '동아신질서'를 구가할 것이었다.

동아신질서란 1938년 일본 수상 코노에 후미마로(近衛文麿)가 중국의 배일 민족주의를 회유하기 위해 내놓은 대 중국 선린정책의 구호였다. 이것이 공식화된 것은 2차 코노에 내각이 남방문제에 관심을 기울이면서 동아신질서론을 대동아공영권 구상으로 확대시킨 「기본국책요강」(1940. 8)을 통해서이다. 그것의 경제적 주장은 서구 근대 자본주의를 넘어서고 사회주의와 나치즘의 경제 체제도 지양시킨 일본식 계획경제인 바, 이것이, 그리고 이의 전사로서 미키 키요시(三木淸)와 오자키 호스미(尾崎秀實) 등의 '동아협동체론'이 조선 지식인들에게 끼친 영향은 '전향론'의 형식을 통해 별도로 고찰될 수 있을 터이다.[76]

주요한의 전향 문제를 고려할 때 부각되는 것이 그의 친일과 수양동우

74 「詩壇三十年」, 『신시대』, 1944. 4. 61면.

75 과거의 실제적 이력 자체가 고쳐지거나 무화될 수는 없다는 점에서 주요한의 문학적 회고가 전혀 다른 내용으로 씌어질 수는 없을 것이다. 그러나 하나의 사건이 하나의 결론으로 필연화되었을 경우, 그 사건의 내용을 다시 서술하는 것은 그 결론을 어떤 방식으로든 전제하는 일이 될 수밖에 없다. 주요한의 문학적 회고가 문제적인 것은 그 때문이다. 그의 이 회고는 한국 근대문학의 한 경로가 피해갈 수 없는 운명을 징후적으로 드러내는 것이 된다.

76 김석범은 "사회주의 운동과 결합한 식민지 민족해방투쟁, 또는 민족주의자들의 민족독립투쟁 과정에서의 '친일', '민족반역행위'"를 전향이라고 규정한다. 金石範, 『轉向と 親日派』, 岩派書店, 1993, 10면.

회 재판이다. 그가 대동민우회에 가입하면서 발표한 전향 성명서의 날짜는 1938년 6월이고 수양동우회 관계자들이 검거된 것은 1937년 6월부터 38년 3월 까지이며 그 사건의 예심이 끝난 것은 1938년 8월이다. 이런 정황들로 미루어본다면 미나미(南次郎) 총독이 내걸었던 내선일체의 황민화론이 주요한에게 내면화될 계기는 거의 없었다고 할 수 있다. 더구나 수양동우회가 민족부르주아 주도의 합법적 자치운동론을 표면에 내걸었고 이것이 **조선 독립에 대한 타협적 차선책**이었던 정황이고 보면 내선일체론에 대한 심리적 저항이 주요한에게 깊이 잠재되어 있는 상태였다고 할 수 있다. 그런 그에게 38년의 전향 성명서와 국방 헌금은 그야말로 회유와 협박에 의한 행동이었을 가능성이 크다.

그런데 동아신질서론의 경우는 일본을 정점으로 해서 대동아권에 속한 국가・민족의 하위 배치를 일종의 민족 자치론으로 표면화했다. 조선 민족은 미나미의 동화정책에 의해 내지 편입이 강요되었지만 그 이전부터 있어 왔던 조선자치론[77] 논의의 경험 속에서 조선이 선택해야 할 대안으로 대동아론이 긍정될 가능성은 충분했다. 이 긍정은 물론 하나의 가능성에 대한 상상적 내재화에 불과했다. 조선의 자치론자들이 동아신질서의 신체제론 속에서 민족의 활로를 기대했다고 해도 실제로 조선은 일본의 외지로만 인정될 수 있을 뿐이었다. 가령, 1942년 11월의 대동아문학자대회에 참가한 이광수, 유진오, 박영희는 데라다 히까루(寺

77 민족주의 우파의 자치론에 대해서는 박찬승, 『한국근대정치사상사연구』, 역사비평사, 1997.

田瑛), 가야시마 츠요시(辛島驍)와 더불어 일본의 조선지방 대표로 참가한 것이었다. 그러나 비록 상상의 차원이라고 해도 그 내재화의 내용이 문인들의 글쓰기에서 작동될 때 상상과 현실의 분리/접합이라는 통시적 상호 과정을 거쳐 자기 신념으로 정착되는 일이 발생하고 있으니 조선의 친일문학 전체는 실로 이런 자기 신념의 표현이라고 할 만한 것이다.

주요한이 이 자기 신념을 특히 1940년부터 '동양 해방'과 '팔굉일우'의 이념으로 드러내기 시작했다는 사실은 그의 일본 유학이 그에게 가져다 준 근대 경험과 그로 인해 형성되었을 근대성의 보편적 내러티브에 의한 유인을 역설적으로 드러내는 것이라고 할 수 있다. 다시말해 그의 문학적 전개 과정은 서구적 근대에 대한 유인에서 시작되어 식민지인의 보편적 감정이었을 열등감으로 중간 결산되고(이 열등감은 열등감을 극복하기 위한 정치적 매개를 필요로 했으니 그것이 주요한에게는 문학으로 표현된다는 사실을 주목해야 한다) 그것이 그로 하여금 국민문학파의 시조와 민요로 나아가도록 했으며 결국 서양을 대립항으로 놓은 동양의 발견(이것은 결국 서구적 근대를 극복하지 못했다는 사실을 역설적으로 드러내는 것이다)에 이르러 일종의 자기 도취적 친일문학으로 귀결된 것이었다고 할 수 있다. 거칠게 말하면 열등감에서 전도된 주체의식으로의 전환이라고 할 수 있는 경로가 여기에 있다. 이것은 최근에 주류화된 주체-타자론의 관점과는 다른 방식으로 그 주체-타자론을 전유할 필요성을 제기하는 것인데, 왜냐하면 친일문학의 경우 타자의 인정을 넘어서서 타자에의 함몰이 귀결시킨 무-주체(a-subject)를 형성시켰다고 판단되기 때문이다. 이를 살펴보기 위해서는 주요한이 일본에서 어떤 문학 경험을 했으며—그것은 타자의 경험이었을 것이다—그 경험의 귀착지가 어디인가를 추적해 보아야 할 것이다. 이것은 한국 근대문학이 1940년대 전반기에 열화와같이 펼쳐 보였으며, 최재서의 표현을 빌면 "조선인만을 대상으로 하는 좁은 문학"을 넘어서서 "아시아 민족 십억의 문학"으로 지향된다고 상상했던[78] 친일문학의 경로가 어떤 연유를 갖는 것인지를 추적해들어가야 한다는 것을 뜻한다. 근대 자유시의 형식을 개척하고 그 다음에 시조와 민요의 세계로 들어갔다가 30년대의 공백기를 거쳐 다시 신체제론의 긍정 속에서 자유시와 시조 신민요의 창작에 나선 주요한에게 문학은 무엇이었을까.

## 2. 문학적 근대 경험과 그 귀결로서의 닫힌 전통

주요한의 근대문학 경험이 1912년의 도일로부터 1919년 상해로 건너갈 때까지의 일본 문단의 분위기 속에서 이루어진 것이었음은 주지하는 바이다.[79] 그는 명치학원 중등부 3학년 때에 카와지 류코(川路柳虹)의 집에 드나들면서 시를 배웠다. 카와지 류코는 시인이자 화가였으며 주요한

---

78 최재서, 「결전문학의 급전환」, 『문학보국』, 1943. 9 ; 정창석, 「소위 '대동아공영권'의 문화주의」, 『경기대 인문과학논총』 6집, 1998, 358면 참조..

79 이 과정에 대한 가장 체계적인 연구로는 심원섭, 「주요한의 동경 유학시대」, 『한·일문학의 관계론적 연구』, 1998, 국학자료원 참조.

의 일어시가 수록되어 있는 『伴奏』와 『現代詩歌』를 주재한 사람이기도 하다. 주요한이 이때 배웠을 시가 구어자유시 운동의 선구자였던 카와지 류코의 영향권 아래 있었을 것임이 분명하거니와 주요한 또한 그 당시에 쓴 서구시의 영향과 편향에 대해 그 불가피성을 고백하고 있다.[80]

기독교 집안의 개화적 분위기에서 자라고 13세에 일본으로 유학을 떠났으며 조선의 전통적 문학 세례를 별로 받지 못한 상태에서 서구 자유시의 경험을 통해 창작의 길로 들어선 주요한에게 문학적 중간 결산이 민요라는 사실은 그러므로 좀 의외의 것이다. 지금까지 밝혀진 자료로 볼 때 주요한이 민요시의 필연성을 제시한 최초의 글은 1924년의 「노래를 지으시려는 이에게」이다. 우리 문학 전통의 특별한 세례를 받은 기억이 없는 주요한에게 민요는 무엇이었을까? 당시의 시인들에게 본보기가 될만한 작품이 조선에 없다는 주요한의 생각은 상당히 자각적인 것이었는데, "이 초창 시대에 잇는 우리는 긔성한 시대의 셰력을 가진 것 업고 일반 독서계급의 ○른 감상력을 가짐도 업고 또 긔성한 시가의 형식도 업시 다만 빈손으로 무슨 새론 문학의 창조를 ○하는"(「노래(1)」 50면) 시대라고 자신의 문학적 환경을 정리하고 있기 때문이다. 그런 그가 「노래(1)」에서 꼽고 있는 우리 민족의 대표적 노래 형식이 첫째 중국의 완전 모방품인 한시, 둘째 내용상의 중국 모방품, 셋째 "**국민** 정죠를 여간 나타낸 빈요와 동요"(「노래(1)」 47면)였음을 고려

80 「노래를 지으시려는 이에게(1)」, 『조선문단』, 1924, 10, 49면 참조 「노래를 지으시려는 이에게」는 『조선문단』 1924년의 10, 11, 12월호에 분재되어 있다. 이하에서는 각각 「노래(1)」, 「노래(2)」, 「노래(3)」으로 표기한다.

한다면, 민요야말로 우리가 계승해야 할 민족적 시가라고 그에게 생각되었음이 분명하다. 그런데, 그의 문학적 성장 환경이 민요에 의한 충분한 교양을 어렵게 만든 것이었기 때문에 민요는 그에게는 '발견된 전통'[81]이라 할만한 것이다. 민요에 대한 그의 개안이 어떤 근거를 갖는 것인지 알려주는 진술이 있다.

> 튜톤 문학에 튜톤의 피가 흐르고 라틴 문학에 라틴의 피가 흐름가치 조선 문학에 조선의 피가 놀뛰어야 할 것이외다. 그리한 뒤에라야 슬라브 예술이 먼저 슬라부 예술인 뒤에 (슬라브예술이기 때문에) 세계예술이 됨같이 조선문학이 조선문학인 뒤에(혹 인 까닭으로) 세계문학이 될 것입니다.(「노래(2)」 49면)

조선 민요의 재창조가 근거를 부여받는 것은 튜톤 문학과 라틴 문학, 슬라브 예술과의 유비를 통해서이다. 주요한으로 하여금 조선문학에서의 민요의 중요성을 발견하도록 한 것은 그의 근대 문학 경험의 한 예였을 서구 문학들이 "튜톤의 피"와 "라틴의 피"라고 비유되는 바의 민족적 내용을 획득한 것을 인식한 데서 비롯되는 것이다. 이것은 그러나 외부에서 수입된 필요성일 뿐 조선 근대문학으로서의 민요 자체의 필연성을 설명해주지는 않는다. 민요 이외에도 내용적 차원에서 민족의

---

81 '발견된 전통' 혹은 '창조된 전통'에 대해서는 E. Hobsbawm, "Introduction : Inventing Tradition", E. Hobsbawm & t. Ranger (ed.), *The Invention of Tradition*, Cambridge Univ. Press, 2000, pp.13~4 참조.

삶을 형상화하는 예는 많이 있을 것이기 때문이다. 이를테면 주요한은 조선 신시의 민족적이고 전형적인 형태로서 왜 민요가 창작되어야 하는가에 대한 설명을 민요의 내재적 분석을 통해 제시해야 한다는 요구를 받고 있는 것인데, 이 요구에 대한 답변은 다른 나라의 예 속에서 찾아지는 것으로 방향이 잘못 잡힌 형국이다. 한편 조선 신시의 기준으로 그가 제시하는 것은 첫째 개성의 표현이며 둘째 조선사람의 개성(조선혼)을 표현하라는 것이다.(「노래(2)」 48면) 그러나 개성이 무엇이며 조선의 개성이 무엇인가에 대한 설명이 없이 막연하게 제시되는 이 두 가지의 기준으로 조선 민요의 필연성이 이해될 수는 없을 터이다. 그 스스로 "짧은 시간에 단명을 내리지 못할 문데"(같은 곳)라고 고백하고는 있으되 자신의 논의에 더 충실하기 위해서 그가 제시한 민요 발견의 계기는 다음과 같다.

> 조선의 신시 운동이 성공하려면 반드시 민요를 기초 삼고 나아가야 되리라 합니다. 이것은 어떤 나라 문학사를 보더라도 증명할 수 있는 것이외다. 문학 발생의 초창 시대에 있어서 그 새 문학의 출발점이 언제든지 민요에 있었습니다. 멀리 **그릭이고 그렷셧**('그릭(Greek)이 그렷셧고'의 오식인 듯함:인용자) 라틴문학, 영, 법, 덕의 근대문학, 가까이 일본의 문학이 그랬습니다.(「노래」(3) 44면)

조선의 시가 시마자키 도손(島崎藤村)을 거쳐 난숙기에 이른 일본시를 모방하면서 형성되었다고 진술하는 데서[82] 주요한은 조선 신시의 진정한 출발이 민요시임을 암시하는 것이라고 할 수 있다. 그 자신 또한 우리 민족의 외부적 구성물인 서구 자유시와 근대시로서의 민요시에 대한 예화를 통해 자신의 민요시 주장을 정당화하고 있는 만큼 외부적 존재들에 대한 모방이 그의 시의 모태가 되는 셈이다. 요컨대 주요한의 시적 계기를 이루는 것들은 조선 문학의 내재적 한계를 돌파해 나가는 과정에서 얻어진 것이 아니라 조선보다 일찍이 근대문학의 길을 개척해 나갔던 나라들의 예를 통해 유비적으로 인식된 것들이다. 그에게 '조선혼'을 추구하는 문학적 영역으로서의 민요시조차도 그 필연성이 위와 같은 예를 통해 정당성을 얻는 것이라면 결국 서구시와 일본시의 영향으로 근대문학의 경험을 했던 주요한의 한계가 똑같은 방식으로 반복되는

82 「詩壇三十年」, 『신시대』, 1944, 4, 59면 참조. 시마자키 도손에 대해 주요한은 일본 민요의 완성자라는 평가를 내린다. 벌꽃(주요한), 「일본근대시초(1)」, 『창조』 창간호, 1919, 2, 76면 참조. 그의 시를 민요라고 규정하는 일에 대한 고찰은 필자의 능력 밖의 일이지만, 정통적인 문학사에서 시마자키 도손은 일본 신체시의 완성자라는 평가를 받는 시인이다. 주요한이 시마자키 도손에 대해 민요를 완성했다고 말하는 것은 그의 신체시가 일본 시가의 전통적 음률인 7·5, 5·7조를 활용하는 형태적 측면에 주목했기 때문인 듯하다. 그런데 주요한 자신은 당시에 일본의 초기낭만파 시인들에게서 별로 모방욕을 느끼지 못했다고 술회한다. 주요한, 「'창조'시대의 문단」, 『자유문학』, 1956, 6, 135면 참조. 그렇지만 이것은 이중적 의미를 갖는 진술이다. 우선, 표층적 층위에서 이 진술은 당시 주요한이 관심을 가지고 있던 시인들이 프랑스 세기말 시인들이었다는 사실을 부각시키려는 의도를 부각시키는 효과를 갖는다. 다음, 심층적 층위에서 이 회고의 또다른 뜻은 주요한이 서구시의 영향으로 쓴 자유시가 실은 진정한 의미의 신시의 출발이 아니라는 것이다. 왜냐하면, 위 인용문에도 드러나듯이, 새 문학의 출발은 민요로부터 나오는 것이라고 그는 생각하고 있기 때문이다. 이렇다면, 서구 상징주의 시에 강하게 영향받고 『반주』와 『현대시가』에 그런 경향의 시를 발표하기도 했던 주요한에게 혹시 자신의 과거 경력을 무시해도 좋은 것으로 정리하려는 심리가 있었던 것은 아닐까? 한편 요코야마 게이코(橫山景子)는 주요한과 시마자키 도손의 관계가 주요한의 회고처럼 별다른 수수가 없다고 볼 수 없음을 그 두명의 시를 비교하면서 실증하고 있다. 요코야마 게이코, 「주요한의 일어시 작품에 관한 연구」, 경북대학교 박사학위논문, 1989, 99면 참조. 이를테면 시마자키 도손의 영향권에는 주요한 자신도 포함될 수 있는 것이다. 이 지적에 주목해야 하는 이유는 주요한의 민요적 서정시풍의 계기가 그가 시마자키 도손을 접한 명치학원 3학년 시절(1915)부터 주어졌다고 할 수 있기 때문이다. 이 시기에 그의 문학적 성향이 상징주의 시의 영향을 강하게 받고 있음에 틀림없지만, 그렇다고 해도 그의 민요시가 외부에서 수입된 것이었다는 사실에는 변함이 없다.

것이 아닐 수 없다.

그런데 이 문학이 "국민문학"[83]을 주장하는 주요한의 태도에서 하나의 근거를 부여받고 있음이 지적되어야 할 것이다. 그의 민중관이 계급적이라기보다는 무차별적 전체 집단으로서의 조선인이었다는 점과 함께, 국민주의가 제국주의의 침략전쟁 과정에서의 국가의 지도력을 민중들에게 강요하면서 형성된 것이라는 사실을 염두에 둔다면, 국민문학파의 국민주의야말로 식민지 담론이 호출한 주체들의 전형적인 인식인 셈인데, 이것 또한 외부적 타자의 규정을 역설적인 방식으로 강하게 드러내는 예에 해당하겠다. 민중 자체의 내재적 능동성에 주목하기 보다는 외적 권력 형식의 중요성을 강조하는 국가주의 담론이 여기에 있거니와 주요한의 시편들이 당대 민중의 고통과는 지나치게 무관할 정도로 낙관적 외피를 두르고 있다는 사실이 이와 관련하여 지적될 필요가 있다.

이에 대해서는 주요한이라는 시적 주체의 문제와 관련해서 다음의 진술을 살펴볼 필요가 있다.

> 주군(朱君)의 작품에서는 한 줄기 초록색을 느낀다. 그 초록색은 때로 노랑색으로 가라앉고 때로는 은색으로도 빛난다.…(중략)…갑자기 초목이 빛을 발하고 이야기를 늘어놓고 참다운 생활의 춤을 추기 시작하는 듯한, 그러한 경탄과 기쁨을 그대의 작품에서 느낀다.[84]

---

83 「장강 어구에서」, 『창조』 7호, 1920, 7, 55면.

84 長島豊太郎, 「前號의 詩歌」, 『現代詩歌』, 1918. 5. : 심원섭, 위의 책에서 재인용.

주요한의 시에 대한 당시 일본 시인들의 한 인상을 잘 드러내주는 대목인데, 이런 평가와 무관하지 않을 주요한의 진술이 있다.

> 나는 데카당적 경향을 가진 작가를 좋아하지 않으며 자신도 그런 경향을 피하기로 주의하였습니다. 오직 건강한 생명이 가득한, 온갖 초록이 자라나는 속에 있는 조용하고도 큰 힘 같은 예술을 나는 구하였습니다.(『아름다운 새벽』, 조선문단사, 1924, 12, 169면)

우연이라고 보기에는 지나친 유사성이 두 개의 진술문 사이에 있음을 알 수 있다. 그런데 시집『아름다운 새벽』이 이렇게 건강하고 낙관적인 정서의 시로만 이루어진 것이 아니라는 사실을 고려하고 보면, 주요한이라는 시적 주체성이 낙관 지향의 태도로 스스로를 정리하는 과정이 어떤 연유를 갖는지를 두 진술들은 보여주는 셈이다. 서구적 근대 문학에서 창작의 길을 찾고 그것을 조선 신문학의 과도기적 불안정성으로 치부한 후 민요시의 필요성을 주장했으나 그것마저도 실은 조선의 내적 필연성에서가 아니라 선발 근대국가의 문학에 유비하여 정당성을 부여받은 주요한의 근대문학의 경로는 시종 외부에서 수입된 것들의 의식적 구성물에 다름아닌 것이다.

수입된 근대문학이 피식민지인들에게 불가피한 것이었다고 해도 그 외부의 힘에 대한 내적 응전을 치뤄내지 못할 경우의 예를 주요한은 전형적으로 보여준다고 하겠다. 이 예는 최근년간의 담론에서 주목되는 바 있는 주체-타자론의 문제 설정에서 심각하게 되돌아보아야만 할 사항 하나를 제기한다. 근대 주체철학의 파행에 대한 대안으로 부상한 타자론 혹은 타자 중심주의가 인정될 수 있다고 해도 주체는 어디까지 타자화 될 수 있는가 하는 문제가 그것이다. 주요한을 예로 든다면, 그는 주체를 망각하고 타자의 영역으로 완전히 뛰어든 경우에 해당된다. 그런데 그 뛰어듬이 주체를 살리는 방향으로 이어지지 못한 채 일본과 서구적 근대라는 절대적 타자에게 긴박되어 그 반대 방향으로 나아갔으니 그의 친일문학은 주체의 내재성을 갖지 못한 자가 맞이해야 할 필연적 행로였던 셈이다.

## 3. 친일로의 전환

주요한이 친일의 길로 나서기 시작한 것은, 앞에서 말했듯이, 명목상으로는 1938년 6월의 전향성명서 발표이지만 실제적으로는 1940년이라고 여겨진다. 이때로부터 친일 문건이 지속적으로 작성된다는 사실은 그의 친일이 일본이라는 대상과의 접합/분리의 통시적 과정 속에서 그 대상에 대한 내면화를 이루어낸다는 것을 뜻하기 때문이다. 주요한에게 가장 많이 등장하는 작품의 내용이 대동아공영권의 이념이고 이 대동아론은 코노에 2차 내각의 1940년 정책, 즉 '기본국책요강'에서 비롯된다고 우리는 앞에서 썼다. 그런데 이 대동아론이 조선의 경우 내선일체의 황민화론과 결합될 수밖에 없는 것이었고 그로써 친일문학에서 이 두 가지의 이념은 일종의 쌍두마차가 된다. 친일의 길로 나서는 순간 그 두 가지의 이념은 서로 보완적 관계를 이루면서 국면적 정황에 따라 어느 한 가지로 집중될 것이다. 이 집중의 조건으로 작용하면서 친일을 내면화하는 외적 국면은 크게 세 가지 정도로 구분된다. 첫째 중일전쟁의 발발과 중국의 패배를 보면서 내선일체론을 긍정하는 경우, 둘째 신체제론의 대동아공영권 구상을 긍정하고 동양의 경륜으로 나아가는 경우, 셋째 태평양 전쟁의 발발을 경험하면서 일본 승리의 기원을 내면화하는 것이 그것이다. 첫째는 이광수 김동인 김동환이 대표적이고 둘째는 채만식이 셋째는 서정주가 대표적인데 주요한은 두 번째에 해당하는 경우이다.

대동아공영의 신체제론이 주요한에게 긍정되는 과정이 어떤지를 직접 알려주는 문건은 없다. 다만 친일의 첫 작품이 그 길로 나선 사람의 심회를 직간접적으로 드러내리라고 생각할 수는 있겠다. 주요한의 첫 친일 작품은 앞에서 말한 「여객기」와 이를 뒷받침하는 「동양해방」, 「팔굉일우」이다. 제목을 통해서도 대동아의 이념이 분명히 드러나는 이 시들 중 「여객기」는 동아의 구성원들이 오대주로 뻗어나갈 미래의 염을 당겨 노래한다면 「동양해방」은 "동양의 채찍"과 "동양의 참음"으로 비유되는 고통이 해방과 구원의 세계로 열려 있으므로 기쁨이 된다는 생각을 노래한다.

이런 생각이 나오게 되는 근거를 보여주는 시가 「팔굉일우」이다. 「팔굉일우」는 "한 낱의 생각" "한 낱의 곡조"가 깊이 모를 "한 낱의 이상" 곧 천황의 이념으로 표현되면서 이 이념 아래 펼쳐지는 지금의 싸움이 천황 귀일의 정신으로 사랑을 실현하는 역사를 가져오리라는 내용을 담고 있다. 좀 길지만, 시를 보자.

불은 하나나 / 밝음은 가득하외다. / 한 날의 생각이 / 억만의 마음을 감기고 / 구원할 것입니다.

종은 집 속에 우나 / 온 따에 퍼집니다. / 한 날의 곡조가 / 만 나라의 거름을 / 어우를 것입니다.

한 낱의 생각이 예부터 있고 / 한 낱의 리상이 / 기  고 올 것입니다. / 그 깊이를 모릅니다. / 그 넓이를 모릅니다, / 그 높이를 모릅니다, / 그 멀기를 모릅니다. / 모르도록 그 나타남이 어수선하외다.

시방 우리는 총을 들고 / 시방 우리는 칼을 잡고 / 시방 우리는 싸우고 / 시방 우리는 분훕니다. / 그러나 나종은 총을 거두리라. / 칼을 꽂으리라. / 사랑이 다스리리라.

혹은 웃을 것이고 / 혹은 뛸 것이고 / 혹은 막을 것입니다. / 마는 웃는 이는 놀랄날이, / 뛰는 이는 반길 날이 / 막는 이는 업델날이 / 머지안하외다.

불은 하나나 / 억만 등을 켭니다. / 생각은 하나나 / 억만 구원을 이룹니다.

한 낱의 생각이 / 예부터 있고 / 기 고 올 것이외다. / 옴을 새기지 못합니다. / 뜻을 풀지 못합니다. / 아직 우리는 알기보다도 / 바랄 뿐이외다. / 우리의 아들들은 알 것이외다. / 우리의 손자들은 누릴 것이외다.

아직 우리는 바랄 뿐이외다— / 한 낱의 생각을. / 한 낱의 광명을.

하나와 다수 혹은 일(一)과 다(多)의 논리적 곡예를 곡진하게 비유함으로써 시가 도달하는 곳은 "한낱의 광명"이다. 그것이 "예부터 있고" "기 고 올 것"이라는 말로서 시인은 천황의 근거를 신화로 확인하는 역사의 현실적 실현을 기대한다. 그 현실의 실현을 통해 이룰 것이 총과 칼을 거둔 후의 사랑(동양적 도의)의 통치인데, 시인은 그런 논리에 대한 사람들의 비판적 태도도 알고 있었던 듯하다. "혹은 웃을 것이고 / 혹은 뮐 것이고 / 혹은 막을 것"이라고 쓰고 있는 것이다. 그런데 그 비판적 태도에 대한 반응이 '웃는 이는 놀라고 뮈는 이는 반기며 막는 이는 엎드릴 날'에 대한 예감으로 나아가는 곳에서 우리는 시인의 팔굉일우 이념이 신념으로 내재화된 것임을 알게 된다. 그것이 내재적 신념인 것은 시인이 그 비판을 의도적으로 호출하여 다시 역비판하고 있기 때문이다. 더구나 그는 팔굉일우의 그 일우(一宇)가 무엇인지를 아직 제대로 알고 있지 못한 상태이다. 다만 그 일우가 팔굉을 사랑으로써 구원하는 날을 "바랄 뿐"이다. 문사(文士) 주요한의 관점에서 볼 때 대동아 공영의 이념 중 주목되는 것이 정신적 도덕적 영역이었을 터이고 이 영역에서 강조된 것이 곧 동아의 도의 정치의 세계적 실현이고 보면[85] '팔굉일우'에 대한 그의 긍정적 내재화는 얼마든지 가능한 일이었다고 여겨진다.

그는 이러한 공영의 세계상을 구체화해서 설명하기도 하는데[86] 정치적으로 그것은 '팔굉일우' '황도주의' '일본적 전체주의'를, 경제적으로는 동아권 내의 자급자족과 분업을, 문화적으로는 '일본문화의 재검토' '동양 문화의 정체 규명' '물질 문명과 정신 문명의 조화'를 이루는 것이다. 이것이 일찍이 오카쿠라 텐신(岡倉天心)에 의해 촉발된 적이 있고 미키 키요시, 오자키 호스미등을 통해 일본의 아시아주의의 형태로 일제말에 제기되고 있었거니와 니시다 기타로(西田幾多郞)는 「세계 신질서의 원리」(1943)에서 "각 국가 민족이 각자의 개성적인 역사적 생명으로 살아가며, 동시에 제각기 세계사적 사명으로써 하나의 세계적 세계에 결합하는 것"[87]으로 '팔굉일우'를 정리해 놓는다. 이때 각 민족은 공영권과 같은 '특수한' 세계를 통해 '하나의' 세계적 세계에 연결되는데,

---

85 일제의 식민지 정책이 영국 프랑스와는 달리 동화의 방향에 초점이 맞추어져 있고 이것은 일본의 관점에서는 내지인과 외지인의 구별을 무화시키는 사랑의 실현으로 이해되었다고 가라타니 고진은 지적한다. 가라타니 고진, 「일본 식민주의의 기원」, 이경훈 역, 『유머로서의 유물론』, 문화과학사, 2002, 299면 참조. 이른바 '도의 정치'로 표현되는 바의 일본 식민주의가 사실은 모든 피지배자들을 미국인으로 보려 하는 미국식 식민주의로부터 영향받은 것이라는 그의 지적은 경청할 만한 부분이지만, 그 사랑의 관념이 식민주의 자들의 왜곡된 심리를 드러내주는 것일뿐더러 실제 식민지 지배에서 내지인과 외지인에 대한 선택적 차별의 논리가 작동했다는 점 또한 무시되어서는 안될 것이다. 이에 대해서는 가와 가오루, 「총력전 아래의 여성」, 김미란 역, 『실천문학』, 2002, 가을 참조.

86 『매일신보』, 1942. 3. 23~27 참조.

87 허성우, 『근대일본의 두 얼굴 : 니시다철학』, 문학과지성사, 2000, 448면에서 재인용. 한편 니시다가 말하는 전체와 개(個)의 관계 혹은 다(多)와 일(一)의 관계를 라이프니츠의 모나돌로지에 유비하면서 그 둘의 사상이 사실은 타자를 배제한 동일성의 철학이며 독아론에 지나지 않는다고 비판하는 관점에 대해서는 가라타니 고진, 「라이프니츠 증후군」, 이경훈 역, 『유머로서의 유물론』, 문화과학사, 2002 참조.

그 세계적 세계의 중심에 있는 것이 황실이라고 니시다는 못박는다. '특수한' 세계가 주요한이 말하는 바 대동아 공영권 내의 분업에 기초하여 하나의 경제단위로 묶이고 정치적으로는 '일본적 전체주의'[88]로 지향된다는 점을 주목할 필요가 있겠다.

이 시기의 주요한의 시가 내용적인 측면에서 대동아 공영의 실현을 위한 전쟁 미화와 그에 수반되는 인종적 적개심의 표현으로 나아간다는 사실과 함께 신가요-신민요의 형식들이 사용되고 있다는 사실을 특기할 필요가 있겠다. 특히 민요시 형식의 경우 김억, 김동환과 함께 친일의 제국주의 이념과 에스니시티라는 영역으로 별도의 고찰을 필요로 하는 바인데, 이것은 신체제 이후의 음악과 동양적 전통론이 습합된 모습이기도 하다. 당시에 진행되었던 가요 정화운동에서 강조되었던 것이 건전한 내용의 국민적 계몽이었고 보면, 계몽의 대상인 대중들을 위해 통속문학이 필요하다고 주장하는 주요한(「춘원 · 요한 교담록」)에게 문학이 무엇이었는지를 묻는 것은 착잡한 일이 아닐 수 없다. 당시의 그에게 문학은 조선인을 일본인으로 만드는 매개물이었다고 할 수 있기 때문이다.

이것을 일본의 사회진화론적 식민지 담론에 붙들린 채 민족을 생각한 주요한이라고 정리할 수 있을 것이다. 이때 그의 민족주의는 제국주의에

88 이는 나치즘적 정치도 아니고 프롤레타리아 중심의 사회주의도 아니다. 이 전체주의는 부분이 전체이고 전체가 부분에 존재하는 체제이며, 일즉다(一卽多)의 세계인데, 이런 전체주의에 대해서는 미키 키요시, 「신일본의 사상원리」, 최원식·백영서 편, 『동아시아인의 '동양' 인식 : 19-20세기』, 문학과지성사, 1997과 채만식, 「문학과 전체주의」, 『삼천리』, 1941. 1 참조. 물론 이것은 하나의 이념형으로 제시된 것이다. 대동아공영론이 실제 현실에서 진행되는 원리는 익히 아는 대로 멸사봉공이었다.

대한 저항이라기보다는 지배의 기제를 강화시키는 국민주의가 된다. 실력양성론으로 대표되는 바의 사회진화론이 제국주의의 식민지담론으로 활용되었다는 점을 전제한다면 실상 그의 동우회 활동은 이미 식민담론에 호출될 주체의 길을 예비하고 있었던 셈이다.[89] 이것은 또한 주체 외부의 근대 문학 경험을 조선의 근대문학의 길로 유비해서 실제로 그 길을 걸었던 전력과도 관련될 것이다. 우리는 이것을 다시 니시다의 철학적 주장과 관련시켜볼 수 있다. 니시다가 말하는 것은 '자기를 비우고 사물을 보는 것, 즉 자기가 사물 안에 몰하는' 태도의 필요성이다. 이로써 자기 초월이 일어난다는 것인데, 실상 그것은 말로 표현할 수 없는—주체의 말이 사라지는 것이니까 그럴 수 밖에 없을 것이다—대상 혹은 타자(이를 테면 황실)에 대한 완전한 함몰로 나아가는 길이다. 그런데, 역사 속에서 볼 때 주체의 내면을 비우고 타자를 주체로 착각하는 길목에 파시즘이 있었음을 우리는 충분히 경험해 왔다.

이것이 단순히 철학적 사변만은 아니었음을 주요한은 보여주었다. 언어 문제를 예로 든다면, 일본어로 창작한 문인 모두가 친일을 했다고 말하는 것은 또하나의 독단이지만, 주요한의 경우는 특기해 두어야할 내용이 있다. 조선정신을 표현하는 조선말의 필요성(「노래(3)」 239~40면)을 주장하던 주체에서 일본어로 조선시를 번역할 필요성을 주장하는 주체로 변신한 주요한이 있는 것이다. 이때 번역은 단순히 문자의 전환에

89 물론 이 지적이 주요한의 친일문학은 1920년대부터 진행되었다는 의미로 해석되어서는 안될 것이다. 잠재적인 것과 현실적인 것은 엄연히 다르기 때문이다.

서 그치는 것이 아니라 정신의 전환으로 나아가는 것이었다. 그는 "현재 우리 감각에 반향을 니르킬만한 생명 잇는 말"(「노래(3) 240면))을 찾고 있었는데, 그 언어 감각이 신체제 이후에 어떤 것이었는지를 보여주는 예가 다음 진술에 있다. 조선어의 미감과 조선혼의 내용을 민요시의 형식에 실어보려던 시인은 다음과 같은 진술로 자신의 문학적 일대기를 정리한다.

> 조선에서의 결전문학이 국어문학(일본문학 : 인용자)으로의 용감한 돌진이 되어야 함은 두말할 것도 없습니다. 그리고 그것은 계몽 선전의 도구로서의 조선문의 효용과 결코 배치되는 것이 아닙니다.
>
> 특히 시를 쓰기 위해 국어를 능숙하게 구사하는 일이 매우 어렵다는 점은 일단 시인하는 바입니다. 그러나 오늘의 시문학이 기교의 시가 아니라, 영혼의 시이므로 다행한 일입니다. 우선 영혼으로 산다면 주저할 것 없이, 국어의 표현으로 돌진해야겠습니다. 가장 어려운 돌격로를 뚫고 나가는 데는 오직 용기가 필요할 뿐입니다.(「이기지 않으면 안된다」, 『친일문학작품선집1』, 실천문학사, 1986)

3

# 힘과 서정의 결합

## _김동환의 경우

### 1. 힘있는 국민의 서정적 재구성

김동환이 친일의 길을 걷기 시작한 시기는 1938년부터이다.[90] 이 시기는 일제가 중일전쟁을 일으키고 내선일체의 황민화론으로 조선을 통치하던 때이다. 대동아 전쟁의 동원전략이 아직 징병제도와 같은 인적 강제로까지는 이어지지 않았던 시기이기 때문에 이 시기부터 친일의 길을 걷기 시작한 문인들은 내선일체의 황민화론을 내면적 신념으로 긍정하는 경우에 해당할 것이다. 그런데 이 시기의 「春服」(『삼천리』, 1938.4)이라는 산문은 김동환이 아직 그의 친일의 행각을 완전히 신념화

90 김동환의 친일 시점에 대해서는 1930년(오세영), 1937년(김영식), 1938년(김윤태), 1940년(임종국) 등이 제기되어 있다.

하지는 못했음을 알려준다. “돈에 팔니는 사람, 권세에 팔니는 사람, 제 양심을 속여 불의의 말을 여러 만명에게 전하는 사람들이 작고 늘어가고 있”는 현실에서 그는 모나리자와 같은 연인의 품에 안겨 “이 시대의 그림자 다 지나갈 때까지 길게 동면하고 십흐다”고 고백하고 있는 것이다. 민족주의자인 동시에 낭만적 민요시를 창작했던 서정시인으로서 맞게 된 당시의 시국은 실로 복잡함과 엄중함이라는 말로도 다 표현될 수 없는 그것이었을 것이다. 현실로부터의 도피의 염(念)이 낭만적 ‘진정성’의 자기 고백으로 나타나는 것은 이로 미루어 충분히 납득할 수 있는 일인데, 이때 고려해보아야 할 것이 도피를 꿈꾸게 하는 갈등 국면에 놓인 자아이다. 갈등은 내적 자아에 결여된 무엇인가가 시인에게 포착되었기 때문에 발생할 터인데, 그 결여된 상태의 확인은 자아 외부의 타자와 비교함으로써만 가능하게 된다. 결여 때문에 고통스러운 자아가 그 결여를 넘어설 수 있도록 한다고 믿어지는 외부의 타자를 지향하는 과정이 이로부터 나타나는데, 이는 곧 현실로부터 탈출하는 일의 상상과 동시적인 것이다.

이 낭만적 현실 탈출 지향과 관련하여 ‘식민지적 무의식’의 ‘식민주의적 의식’으로의 전환을 지적하는 고모리 요이치의 지적[91]은 제국주의적 면죄부로 기능할 수도 있는 그의 논지를 제외한다면 새삼 주목할 만하다. 김동환은 이 갈등과 고뇌의 돌파구를 일본형 민족주의(국가주의)의

91 고모리 요이치, 『포스트 콜로니얼-식민지적 무의식과 식민주의적 의식』, 송태욱 역, 삼인, 2002, 88~94면 참조.

내재화로 찾아내었다. 식민지 조선의 지식인이 왜곡된 근대의 경험과 함께 식민 본국 일본으로부터 입은 상처는 어떤 방식으로든 치유되어야 했을 것이었다. 결여된 자아가 자신의 상처를 치유하기 위해 돌아본 타자는 천황제 파시즘이라는 거울이었고 그것이 내재화되는 순간 그는 더 이상 외부를 돌아볼 수 없는 무반성적 시인으로 변신하게 된다. 파시즘의 민족주의적 이데올로기가 자기 기원의 식민지 담론으로 형성시킨 내선일체의 황민화론은 그 상처를 충분히 덮고도 남는 것이었다. 이때 그 타자에 의해 규정되는 현실은 도피해야 할 현실이 아니라 어떤 방법으로든 적극적으로 구성해 나가야 할 현실이 되어버린다.

김동환이 「춘복」에서 표현한 바의 낭만적 도피 장소가 천황의 은혜로운 가슴으로 자리바꿈되는 것은 식민지인의 이런 내면 구성을 통해서이다. 민요시로써 민족의 기원을 탐구하던 서정시인은 그 서정의 동양적 범주를 일본식 애상과 동일화하고 이를 통해 긍정된 반서구적 천황제 파시즘으로 민족과 일본과 동양의 해방을 가져올 수 있다는 왜곡된 신념을 가지게 된다.[92] 이로써 그는 모나리자의 품으로 숨어들겠다고 이야기하던 괴로운 현실을 한달만에 충만한 은혜의 현실로 바꾸어 놓았다. 그것을 보여주는 글은 「춘복」 발표 한 달 후에 씌어진 「권문세가의 반성을 촉함」(『삼천리』 1938, 5)이다. 일반 민중에 비해 황은을 더 많이 입은 조선 권력자들이 그 은혜에 보답하기 위해 자식들을 지원병으

92 전도된 오리엔탈리즘에 지나지 않는 일본형 파시즘의 강렬한 빛에 사로잡히는 일이 세계사적으로 유례가 없는 식민지 조선의 근대 경험에서 과연 피할 수 없는 것이었는가의 문제는 좀 더 총체적으로 고찰할 문제일 것이다.

로 내놓아야 한다는 내용의 이 시평(時評)을 발표하면서 본격화된 김동환의 친일문학은 이 시기로부터 비롯된 내선일체의 황민화론과 1942년 이후의 대동아 건설론으로, 그리고 그것이 겹쳐져 있는 전쟁 미화론으로 나누어진다.

## 2. 친일의 경계

김동환의 문학 세계를 크게 두 가지 영역으로 나누는 것에 대해서는 많은 논자들이 합의하고 있는 듯하다. 역사적 이념과 현실의 길항을 다루는 서사적 세계와 그 갈등의 긴장으로부터 빠져나와 내면적 애상의 감정에 집중하는 서정시의 세계가 그것이다. 그런데, 김동환의 서정시는 지나칠 정도로 현실로부터 벗어난 유토피아적 공간을 노래한다는 점을 주목할 필요가 있다. 그의 단형 서정시들에는 서정시의 근대적 존재 방식인 현실과의 불화를 고려한다면 당연히 나와야 할 서정의 현실적 갈등이 보이지 않는다. 오히려 그의 시들은 그 불화를 은폐하고 그 불화 너머의 이상적 시공간을 노래하는 데 바쳐지고 있다. 이는 그것 자체로 식민지 시대의 문제적 현실을 돌아보지 않는 관념형으로 제기된 것이라고 해석될 수 있을 터이다. 그러나 이런 일반적 해석 이외에 우리가 주목해야 할 또하나의 논점이 있으니, 그의 그 서정시와 또한편으로 그의 시세계를 구성하는 서사적 공간의 시편들이 맺고 있는 상호작용이 그것이다. 요컨대 그의 내면과 그로부터 기인할 현실적 대응의 문제가 있다.

김동환의 시에서 보다 근원적인 창작 원리로 작용하는 것은 서정의 작시술이다. 이에 비해 그의 초기 시에 나타났던 서사적 원리는 현실적 삶의 경험에 더욱 밀접하게 결합되어 있는데, 30년대 후반과 40년대에 와서 그 현실의 논리가 친일 문학의 길로 방향을 틀게 된다. 김동환은 그의 문학적 감성을 그의 생애 전체에 걸쳐 서정적 내면의 방향으로 집중시키면서 현실의 변화에 따라 그 나름의 기민한 현실 대응을 보이고 있는 것이다. 당연히, 현실에 대한 그의 진술이 일제 말에 이르러서 모두 친일의 내용을 갖는 것은 아니다.

김동환의 「근대인과 예의 생활」(1940, 7, 27)은 『매일신보』의 '一日一人'이라는 제하의 칼럼 란에 수록된 글이다. 이 칼럼은 당대 조선의 저명 인사들로 하여금 릴레이 형식으로 일상 생활의 단상을 발표하도록 하고 있는데, 특별히 친일적 내용이 강요된다거나 한 것 같지는 않다. 그야말로 붓가는대로 씌어진 단상들이 연일 발표되고 있는 것이다. 김동환은 이 글에서 갓 귀국한 경제학자와 외교관의 강연회장을 스케치하고 있다. 그는 그 강연회에 앉아 연사의 말을 경청하다가 뒷편에 앉은 몇몇 청중들의 사담(私談) 때문에 강연을 제대로 들을 수 없어 "심히 괴로웠다"고 쓴다. 그런데 이 괴로움이 일종의 민족적 열등감으로 채워져 있으니 "그 말소리가 大槪는 조선 말소리임을 注意하여 듯고 날 때"의 부끄러움이 피력되고 있는 것이다. 동일한 예가 영화 감상이나 음악 감상 등의 장소에도 있다고 기록한 그는 조선 사람들의 그 예절 없음이 교육과 외국 유학의 기회가 적기 때문인 것으로 설명하고 이 한계를 극복하기 위해 더더욱 근신해서 근대인으로 거듭나자고 주장한다. 그래야만 하는 이유로 "우리 周圍에는 늘 자리를 가치하여 內地人과 歐米人이 잇"기 때문이라는 말을 그는 덧붙여 놓는다.

근대적 삶의 수준에 조선인은 아직 미달하고 있다는 주장일 김동환의 이 진술은 그의 친일 행적과 어떤 관련을 갖는 것일까? 공공장소에서의 정숙이라는 문제가 단지 "근대인"에게만 해당하는 생활 요건인 것은 아니고 또 "내지인"과 더불어 있기 때문에 정숙해야 하는 것도 아니고 보면 근대인과 내지인을 특별히 강조하는 김동환의 심리에는 조선이 따라잡아야 할 근대국가의 이상이 하나의 무의식으로 자리하고 있음이 분명하다 하겠다. 그런데 그 근대적 발전의 이념이 구한말의 애국계몽주의자들로부터 시작되어 친일개화사상으로 굴곡을 겪고 일제 말기에 천황제 파시즘을 옹호 선전하는 친일 사상으로 귀결되었으며 문학에서의 국책 친일문학으로 나아갔다는 데에 한국 근대사와 근대 문학의 착종이 있는 것이다. 김동환에게 그 근대적 발전의 이념이 위의 글을 쓰는 심리 속에 잠재되어 있으리라는 점을 고려해서 그것을 친일문학의 한 예로 이해해야 하는 것일까? 1940년 7월이면 내선일체의 황민화론이 자리를 잡고 목하 생활개조 운동이 펼쳐지고 있는 때였으므로 그에 견주어 이 글을 황국신민의 자격을 갖추기 위한 생활자세를 조선사람들에게 요구하는 것이라고 해석할 수도 있겠다.

여기에는 잠재적인 모든 것을 친일로 해석할 경우 제기되는 한 가지 까다로운 문제가 있다. 한국 근대문학의 출발이 일본 유학생 출신들의 활동으로부터 마련되었다는 사실을 고려하고 보면, 실로 일본 근대문학으로부터 영향받은 한국문학은 그 일본문학이 천황제 파시즘으로 거의 모두 전향을 이루었다는 역사적 사실과 유비되면서 필연적으로 친일의 길을 걸을 수밖에 없다는 논리로 귀결될 수도 있겠기 때문이다. 물론 이것은 사실을 극히 단순화한 논리이다.

그런데, 근대 일반이 일본이라는 식민지 본국의 경험으로 일정하게 제한되는 동시에 일제 말기의 동양체제론과 근대 초극론이 부상하는 시점에서 식민지 문인들이 내재화 했을 근대적 이행과 극복의 (의사)과제는 단연 일본식의 역사 실현 내지는 무역사화의 경로로 상상되었으리라고 추측할 수 있다. 더구나 조선에서의 근대적 이행 과정이 문학인들의 의식에 내재화된 결과가 일부의 경우 친일문학으로 나타나고 있기 때문에 문제적이다. 가령, 미당이 고백하고 있듯이 대동아전쟁에서 일본이 승리해야만 조선인들은 향후 세계사에서의 지도적 민족으로서의 위치를 보장 받을 수 있다는 믿음이 공공연화되었다는 사실[93]은 저간의 식민지 지식인들의 내면이 어떤 신념으로 이루어진 것이었는지를 보여주는 예에 해당하겠다. 요컨대 그들에게 일본은 상처를 준 동시에 그 식민지적 상처를 넘어서서 새살까지 돋게 해 줄 구속(救贖)의 존재였던 셈이다.

93 서정주, 「창피한 이야기들」, 『서정주문학전집3』, 일지사, 1972, 238면.

근대적 이행과 극복을 지향하면서 걷게 된 친일의 길이 단지 강제의 연속으로만 가능한 것은 아니었던 이유가 여기에 있는데, 김동환에게 근대인의 생활 예절로 표현되는 바의 그 잠재적 심리 또한 이와 무관하지 않을 것이다. 일제 말기 친일문학의 근대적 내면이 본격적으로 고찰되어야 하는 것은 이 때문이다.

그런데 일본을 통한 근대의 학습과 그 학습 본국에 대한 지향이 있었다고 해도 근대 지향을 친일문학이라고 규정하면서 일거에 부정해 버릴 수 없는 요인이 있다. 그것이 김동환의 위 글을 타자 부정과 배타적 민족 공동체에 의해 근거를 부여받는 친일 파시즘 문학으로 분류하는 일을 어렵게 만든다. 가령, 공공장소에서의 무질서가 곧바로 민족적 열등감으로 이어지고 이의 해결을 위해 '내지인을 의식하자'는 논리로 나아갈 경우는 비판되어야 하겠으되, 이 비판은 하나의 가능태에 대한 상상적 비판이기가 쉽다. 더구나 이것이 "식민지적 무의식"[94]이라는 포스트식민주의 담론으로 연결되는 경우에는 너무 멀리 나아가는 것이 아닌가 싶다. 고모리 요이치의 말인 즉 "식민지적 무의식"이 "식민주의"로 나아가는 과정에서의 그 둘의 순차적 동시성이 문제인데, 김동환의 위 글에서는 아무리 날카롭게 읽어도 식민주의적 의식을 찾아낼 수 없기 때문이다. 포스트식민주의 이론을 식민지 경험을 가진 나라들에 적용할 때의 유의점이 바로 이 때문에 나타난다. 식민지적 경험이 피지배

---

94 고모리 요이치, 송태욱 역, 『포스트콜로니얼』, 삼인, 2002 참조.

식민지인들에게, 동일하지는 않을 지라도, 유사한 내면을 형성시킨 것은 사실일 것이다. 그러나 내면은 내면 자체로서만 자기를 주장하거나 드러낼 수 없다. 내면은 언제나 외부와 만남으로써만 스스로를 현실화할 수 있는데, 그 외부가 모든 식민지 나라에서 동일하지 않은 것이다. 그러므로 그 동일하지 않은 외부가 식민지적 무의식의 식민주의적 의식으로의 현실화를 상이하게 만든다고 해야 한다. 따라서 그 무의식과 의식이 잠재적인 것과 현재적인 것으로 구분될 때 김동환의 주장은 '내면-무의식'적으로는 근대의 전형으로서의 일본이 상정된다고 해도 '외면-의식'적으로는 전혀 문제될 것이 없다. 위의 글은 차라리 인류사의 통시적 적용을 받아야 하는 생활 윤리를 주장하는 내용으로 읽혀야 하는 것이다. 이를테면 식민지 근대화론과는 차별적으로 읽어내야 하는 또다른 감각이 여기에 있는 셈이다. 이것이 형식논리적으로 근대의 극복과 완성이라는 두 항목으로 제기될 수는 있겠다. 그러나 극복해야 할 근대가 상상 속에서 이루어질 것이 아니라 실제적 현실의 경험과 함께 제기되고 극복되어야 하는 것이라면 우리가 논의해야 하는 것은 김동환이 그 잠재성을 현실화하는 과정을 거쳐 만들어낸 결과물이다. 친일의 경계는 여기에 주어져야 할 것이다. 이것은 잠재적 내면에 의탁하여 존재하지 않는 결과를 상상하는 일로 나아가는 연구자의 과잉 의도를 경계하면서 실제 작품으로부터 친일의 내면을 검토해야 한다는 문제와 관련되는데, 우선 우리가 살펴보아야 할 것은 그의 시와 산문에 간헐적이면서도 지속적으로, 그의 문학 초기부터 납북되기 전까지 계속 나타났던 힘의 세계이다.

## 3. 힘과 서정의 논리

문학활동의 초기 시절 김동환에게 민족은, 그가 경향문학의 관점에서 국민문학파의 시조부흥론을 비판하고[95] 애국문학을 주장하던 때부터[96] 그의 문학적 실천의 핵심적 심급으로 존재했었던 바이다. 소위 '애국문학'과 관련하여 그가 주장하는 것은 "근일 조선은 민족주의 형태를 가춘 ○○○○이 이러나야 우리의 운동이 가능할 것"(같은 글)이라는 사실이다. 이때 '민족주의 형태의 ○○○○(사회혁명?)'이 필요한 이유는 일본 금융자본과 동척에 의해 88퍼센트의 농민이 노동자로 되어가는 현실 때문이다. 88퍼센트의 조선인구가 임금노예가 되어가고 있다는 그의 주장의 실제성 여부는 차치하더라도 '민족적 피압박 민중'이라는 문제설정으로부터 '무산대중'의 운동의 필연성으로 비약하는 논리에는 식민지 지식인의 조급성이 너무 많이 작용한 감이 없지 않다. 그러나 이 조급성 자체는 당시 조선 사회운동 논리의 일천함에서 기인하는 것일 수도 있다는 점에서, 그리고 그 일천함을 통해서나마 자각적 사회운동의 경험이 가능했다는 점에서 그리 치명적인 것은 아닐 수도 있겠다.

---

95 김동환, 「時調排擊小議」, 『조선지광』, 1927, 6

96 김동환, 「愛國文學에 대하야-國民文學과의 異同과 그 任務」, 『동아일보』 1927, 5, 12~19.

눈여겨보아야 할 것은 그 민족주의 형태의 운동이 88퍼센트나 되는 피압박 민중이라는 수치로부터 '직접' 도출되고 있다는 사실이다. 이를테면, 우선 민족이 있는데 그 민족이 88퍼센트의 피압박 민중으로 구성되어 있으므로 무산자 대중의 민족운동이 일어나야 한다는 것이다. 그 수치를 그대로 믿는 상태에서 사회운동의 필요성을 주장한다 하더라도 그 직접성은 김동환의 민족주의적 편향이 그의 문학운동론에서 주도적인 것이었음을 드러내는 것이 아닐 수 없다. 요컨대 맑스주의의 ABC로 조절되기에는 그의 민족적 감정적 충동이 너무 강했던 셈이다. 프롤레타리아와 민족의 상이한 차원이 애국문학이라는 동일 범주로 비벼지고 묶여져서 그로써 프롤레타리아가 민족으로 대체되는 것이다. 정확히 말하면, 그의 민족주의적 감정이 프롤레타리아를 불러와서 다시 민족으로 나아간다고 해야 할 것이다. 경향문학을 곡해하고 있다는 사실의 증좌로 논의되는 것이기도 하고 그를 민족주의 계열의 문사로 구분하도록 하는 근거이기도 한 이 민족주의적 감성의 시인이 훗날 히틀러를 찬양하는 노래를 부르고 함락된 파리를 보면서 힘있는 민족의 필요성을 상상하는 것은 그러므로 그리 놀랄 일이 아닌 것이다. 마크 네오클레우스는 사회주의자 무솔리니가 파시스트로 변모하는 과정의 한 요인으로 프롤레타리아의 민족으로의 대체를 꼽는데, 우리는 이 지적을 김동환의 변모와 유비하여 이해할 수도 있을 것이다.[97]

97 "계급이 민족 속에 용해되면서 혁명의 주체는 프롤레타리아에서 민족으로 바뀐다. 프롤레타리아는 역사의 주체라는 위치에서 추방되고 민족이 그 자리를 대체하게 되는데, 민족은 근본적으로 공격적인 역사의 주체로 개념화되고, 전쟁을 지향하며, 정서적 연대로 민족 구성원들

물론 이런 편향이 이 시기의 김동환에게 직접적으로 대입될 수 있는 것은 아니다. 그보다 우리는 이 단계에서는 관동대진재를 경험하고 유학생활을 중도에 그만둔 채 귀국해야 했던 문학청년의 정신적 외상을 더 고려해야 할 것이다. 파시즘의 배타적 민족공동체가 사회적 불안 의식이나 그 불안의 밑바닥에 있는 부르주아 사회의 계급 탈락 의식과 무관한 것은 아니겠지만, 그의 경험이 파시즘으로 전화할 가능성은 아직은 잠재적인 것이었다. 잠재적인 것이 언제나 현실화되는 것은 아니다. 잠재성은 한 존재의 내면을 구성하지만 그 내면은 스스로를 현실화하도록 하는 외부와의 접촉이 있어야 하기 때문이다. 오히려, 김동환의 문학적 초년병 시절로 한정시켜 말한다면, 그가 식민지 본국에서의 경험에 대한 반응으로 보인 것은 그 비극을 벗어날 수 있는 교두보로서의 힘의 추구였고 이것이 그로 하여금 의사 맑스주의자로 나아가도록 만들었다고 해야 할 것이다.

아하, 동경이어! 이러케 悽慘하게 人類의 記憶을 불살나버리는 이날을 想像이나 하엿던가.

歷史再造의 偉大한 힘압헤 우두두 써는 可憐한 罹災의 市民을 그러나 보왓던가.

아하 한 녯날의 榮華에 告別하는 城砦여,

大自然의 洗禮에 嗚咽하는 市民이어!

과 연대로 연결되어 있다. 이와 더불어 파시즘이 탄생한다." 마크 네오클레우스, 정준영 역, 『파시즘』, 이후, 2002, 66~7면.

울기를 슷치고 웃기도 그만두어라,

힘은 모든 것을 超越하는 무엇이다.

그러나 힘이다!

지나간 녯날을 奪還함에는 오직 크다란 힘이 잇슬 뿐이다.

아, 人類여, 黎明前에 선 저 東京의 悲壯한 우름 소리에 고요히 고요히 듯는 귀를 가저라.

—大震災 나던 째—

—「哭廢墟」(『국경의 밤』) 부분

20년대 전반기 낭만주의 시의 어조를 빌어서, 조선인의 피해보다는 인류적 절멸의 위험을 이야기하는 시이지만, 이 관념적 격렬성을 식민지 지식인의 자기 결의로 치환해 읽는 것이 불가능한 것은 아니다. "모든 것을 초월하는 무엇"으로서의 힘이 동경에서의 힘없는 존재들에 불과했던 조선인의 피해를 보면서 더욱 절실했으리라는 사실 또한 충분히 미루어 짐작할 수 있는 일이다. 실로 그가 보여준 남성적 힘의 추구는 한국문학사에서 흔치 않은 북방정서의 영역을 개척했고 이로써 그는 근대문학 초기의 지형도에서 독보적인 위치를 차지한 바 있다. 그런데 이 남성적 힘의 세계가 1934년에 와서 "인생은 워-털루 싸홈터이라/패하면 나파륜도 쪼기여 갈 뿐/절세의 영웅이란 오직 승리자/부럽도다 그 일홈 우리 목퓰세"(「청년의 노래」, 『삼천리』 1934.6)라고 노래하도록 하는 것이다. 그렇지만 이 작품이 몇 년 뒤 그의 파시즘 찬양을 선취해

보여준다고 해서 그의 친일 시기를 앞당길 필요는 없겠다. 그 파시즘적 내면의 파괴 충동은 아직은 잠재적일 뿐이며 같은 시기에 그는 「댕기」[98](『개벽』 1934, 11)와 같은 작품으로 민족적 수난의 전형을 언어화하고 있기 때문이다.

이러한 '힘'의 추구는 1941년에 히틀러의 프랑스 침공과 승리를 바라보면서 「伯林凱旋」(『신시대』, 1941, 1)에서 다음과 같은 표현을 얻는다.

> 한 번 나래를 처 '알사스 로-렌'의 宿怨의 地 거두고
> 두 번 나래를 처 波蘭·첵코의 '젖과 꿀' 흐르는 땅 꺼안고
> 세 번 나래를 처 巴里와 안드와-프의 보고푸든 거리 거리 차지하고서
> 높힌 라인 江畔 우 너울너울 나는 수리개여, 검고 굿센 닥수리개여
> 그대 일홈은 友邦 獨逸의 盟主요, 八千萬 켄만 族의 아버지일네
> 하일 힛틀러, 하일 힛틀러여! 東方의 초라한 이 사내도
> 伯林 잇는 남쪽 하늘 向해 이날 그대 일홈 세 번 불느노라

김동환의 친일 문건 중 최초의 친일 시는 「일천병사의 수풀」(1940, 12)[99]이고 「백림개선」은 그 친일의 내면이 정착되어 그의 시적 창작의욕

98 "북방에간/지아비가/십년나도/안오든가//옥에가친/외아들을/꿈에나마/보렴인가//안타까워/산신령에/당기풀어/비는얼골이//얄구짓다/장태넘든/ 저구름이/비 쌔린다."

99 이는 시 발표 날자가 밝혀진 작품으로 한정했을 때 그렇다. 창작 시기는 밝혀지지 않았지만, 시가 씌어진 정황으로 미루어 판단한다면 「종군문사를 보내며」가 최초의 친일시인 듯하다. 이 시는 소위 '황군위문작가단'의 일원으로 김동인, 박영희, 임학수가 1939년 3월 북지전선으로 떠난 시점에서 씌어진 작품이라고 판단되기 때문이다. 김동환은 '황군위문작가단'의 활동과 관련하여 『삼천리』 1939년 6월호에 「문화교역의 큰 사명」이라는 산문을 발표하기도 했다.

이 안정적으로 솟아나던 때의 작품이다. 시인에게 시가 곧 전부일 수도 있다는 의미에서 이 시기로부터 많은 시가 씌어지기 시작한다는 것은 주목을 요한다. 1940년 11월 獨伊日의 삼국동맹 이후 히틀러에 대한 언론의 보도 태도가 현저히 변하기 시작한다는 사실은 당시의 신문 잡지를 보면 알 수 있거니와,[100] 급박하게 돌아가는 정세 속에서 히틀러의 이름을 세 번 부르며 열광하는 심리는 어디에서 연유하고 있을까? 히틀러를 '수리개'라는 말로 형용하는 김동환이 이미 일찍이 '鷲公'이라는 호로 자신의 기상을 표현했었다는 사실[101]을 기억하도록 하자. 그 자신이 훗날 독수리의 기상을 염두에 두었던 이름이라고 술회하고 있는 그 수리개가 히틀러와 동일시되고 있는 것이다. 한편 이 시를 보면서 식민지 지식인이 한계로 경험했을 세계정세에 대한 정보의 부재와 그에 따른 역사 감각의 마비를 지적할 수도 있다. 그러나 정보의 부재에서 역사 감각의 부재로 나아가는 과정이 곧바로 정당화될 수 있는 것은 아니다. 오히려 문제되는 것은 그 감각 마비가 동반하고 있는 역사적 패배의식이다. 이 패배의식이 하나의 상처로 내재화되는 자리에 그

---

100 문학인들의 반응도 마찬가지인데, 가령, 1936년 6월호 『삼천리』가 실시한 설문조사 「조선 문단에 파시즘 문학이 서지겠는가」에 대해 응답한 대부분의 문인이 부정적으로 답변한 데 비해 40년 이후 문단의 분위기는 단연 개인을 멸하고 전체를 봉하는 논리로 나아가기 시작한다. '파시즘 문학'이 하나의 가능성으로 질문되었다는 사실 자체도 문제이지만 문단의 발빠른 변화는 당시의 정세와 관련하여 주목을 요한다.

101 「문학혁명의 기운」(『동아일보』, 1924, 10, 13~20)의 필자 鷲公은 김동환이다. 같은 필명으로 발표된 「普信閣半月記」(『삼천리』 1937, 5 상순)는 "朝鮮人不打朝鮮人"의 정신이 "朝鮮人必打朝鮮人"의 정신으로 바뀌어가는 와중의 세태를 비판하는 글이다. 여기에서도 "不打냐? 惑打냐? 必打냐?"라는 말로서 표현되는 바 대중에 대한 선택적 교화의 우월한 존재 위치를 내심 드러내는 힘의 논리가 숨어 있다.

불안을 극복시켜줄 수 있다고 믿어지는 대상을 향한 파시즘의 내면이 형성되는 것은 충분히 가능한 일인데, 실로 그의 서정시의 공간은 그 패배의식으로 파악한 현실적 역사를 공백으로 두고 그 자리에 원형 공동체적 이상향을 가져다 놓음으로써 만들어지는 세계이다. 그의 내면은 이로써 강력한 외부 존재와 결합한 서정의 세계를 구축한다. 한 예를 본다.

'그이'가 벌서 이 길 스처 지나신 듯
뒤를 따라 재우재우 거러도 보고,
'그이'가 아직 예까지 채 못 미친 듯
것든 거름 멈추고 길까서 서성거러 기둘러도 본다.
구슬 冠에, 꽂띄에, 唐鞋 신 신은 그이는
'젖과 꿀'이 흘으는 곳 차서 분명 떠나스련만은
어느 고개서 기둘느는가, 조급한 마음에
앞을 보며 귀 살피며 작고만 것노라,
'젖과 꿀'이 흘으는 마을은 같은 길로 갈 것이매
가느라면 어느제는 맛나기도 하련만은…….

—「그이」(『해당화』)

시는 "젖과 꿀"이 흐르는 땅에서의 애모의 정을 노래한다. 「백림개선」에서 히틀러가 정벌한 곳이 곧 "젖과 꿀"이 흐르는 땅이거니와 그 유토피아적 현실이 당대의 조선 상황과 별 관계가 없음을 아는 것은 어렵지 않다. 별다른 의미의 해석도 필요 없을 이 시의 서정성이 이미 많은 평자들에 의해 지적되었고 그의 시적 생애 전체에 걸쳐서 나타나다는 사실을 지적해두기로 한다.

요컨대 김동환이 친일 파시즘 문학으로 나아가는 경로에 그의 내면세계의 두 축을 이루는 '서정'과 '힘'의 추구가 있는 것이다. 민족적 경험과 정서의 서정적 구현이 한 편에 있고 그것의 정치적 실현을 불가능하게 하는 '현실-외부'와 만나서 추구되는 힘의 구현이 다른 한편에 있다. 그 둘이 분리된 시적 원리가 아니라는 점을 주목하기로 하자. 다시 말해 그 둘은 내면적 서정의 구심성과 외면적 힘의 원심성같은 방식으로 있는 것이 아니라 상호 보충적인 방식으로 있는 것이다. 이것은 그가 친일 파시즘 문학을 수행해 나가던 때에 이르러 더 분명해진다. 가령, 『삼천리』 1940년 12월호에 실린 친일시 「일천병사의 '수풀'」은 김동환 특유의 서정적 내면 풍경을 보여주는 시편들[102]과 함께 수록되어 있다. 황국신민과 대동아전쟁의 일로에 나서 목숨 바칠 것을 독려하는 시와 목가적 풍경 속에서의 상상적 유토피아를 구현하는 시가 같은 지면의 같은 란에 수록된다는 사실은 무엇을 뜻하는 것일까? 서정과 힘의 상호 복합체로서의 김동환 시의 한 지향점이 여기에서 분명히 드러나는데, 이것은 그 자체로 벤야민이 말하는 바 파시즘 미학으로서의 '정치의 미학화'[103]에 전형적인 양상이다. 그의 서정성은 민족적 순수

102 「아름다운 계절」이라는 제목 아래 '葡萄밧머리' '泉' '그리움' '누베' '분두지' '새장 둘너메고' '샘' '부드러운 손길' '넋시' '別后' '이길 끝간데에' 'D孃에게' '오솔길' '秋風에 부치는 便紙' 'B 女士에게' '落葉'라는 소제목의 시들이 수록되어 있다.

원형으로의 회귀로 해석될 수 있는 시적 공간과 동시적이고, 힘의 추구는 전쟁을 통해 형성되는 영웅주의적 이상의 실현과 동시적이다. 「일천병사의 '수풀'」이 두 계열의 작품을 한 지면에 편집함으로써 그 서정과 힘의 외적 통합을 보여준다면 「부여기행」이나 「莫愁」는 하나의 작품에 그 둘이 함께 있는 내적 결합을 보여준다.

일제는 중일전쟁 이후 1938년부터 내선일체론을 조선 통치의 슬로건으로 내걸었다. 그것의 구체적 시행을 위해 부여에 신궁 조성 사업 계획이 발표된 것은 1939년 3월이고 그것의 착공은 1940년이다. 신라, 백제와 연관이 깊은 神功皇后, 應神天皇, 齊明天皇, 天智天皇의 4위를 모셔 놓게 될 이 사업으로써 소위 '만세일계의 국체'가 조선에서 명징해질 터였다. 「부여기행」은 그 신궁 조성사업에 봉사대를 조직하여 1941년 2월 8일과 9일 양일간 참여한 조선문인협회의 일원으로 김동환이 부여를 다녀온 경험을 그 특유의 서정적 언어로 되살려놓은 작품이다.[104] "우리는 궁을 지읍네 내선일가의 옛 사기 생각하며 거룩한 임 게실 부여신궁을" 이라는 진술로서 드러나는 천황에 대한 존경의 염은 "여기 세 분 천황과 한 분 황후 오서 게옵시는 날……저절로 마음이 뛰어 동방을 향해 경배하였읍네"라는 구절로 절정을 이룬다. 그런데 〈扶蘇山腹 '夫餘神宮' 御造營地에서〉라는 부제가 붙은 이 시와 함께 〈送月臺에서〉 〈落花

103 발터 벤야민, 「기계복제시대의예술」, 이태동 역, 『문예비평과이론』, 문예출판사, 1994, 290면.

104 이 작품과 함께 읽어야 할 산문이 「춘초록의 '성지 부여'-문화부대의 신궁공역봉사기1~4」, 『매일신보』, 1941, 2, 24~27이다.

岩〉〈皐蘭寺에서〉〈白馬江에서〉〈泗沘樓에서〉〈夫餘博物館에서〉로 이어지는 일련의 연작시들은 옛 백제의 사적들을 기행하며 역사적 감회를 노래한 서정시들이다. 〈皐蘭寺에서〉같은 경우 일본식 백제 역사 해석이 전혀 없는 것은 아니지만, 나머지 작품들은 친일적 색채를 표면에 드러내기보다는 고대적 이상향의 흥취에 물들어 있는 것이다. 그런데, 진주 촉석루에서의 역사적 감회를 읊은 글인 「矗石樓에서」[105]가 독일 나찌의 고도 보존 사업을 기리고 있다는 점과 관련해서 위 시를 읽을 경우 파시즘의 역사 겹쳐 쓰기로서의 원형 공동체 이데올로기를 읽어내는 일이 어려운 것은 아니다. 이와 함께 주목해야 할 것은 그 감회의 서정적 내면이다. 1년 뒤에 일본의 근대의 초극론으로 이어져서 무역사적 공간으로 거듭나고 이 공간에 대한 서구적 근대 발 억압에 대응하는 것으로서의 전쟁 찬양으로 이어질 동양론[106]이 이미 내재화되어 있는 셈인데, 이 서정적 미학의 이념이 그의 친일문학의 또하나의 동력이라고 해야 하는 이유가 여기에 있다.

「莫愁」는 이 서정적 미학의 이념으로 전쟁과 죽음의 미래를 미화하는 시이다. 산문시의 형식을 빈 이 시는 아내를 두고 전쟁터로 향해야 하는 전사의 애수에 찬 감정을 노래하는데, "지금은 나라에 싸움 있는 때, 우리들 사내는 깁부게 활 메고 창 쥐고 戰場에 나갈 날도 있으려니,

---

105 『매일신보』, 1940, 12, 23

106 H.D. 하루투니언, 「보이는 담론/보이지 않는 이데올로기」, 곽동훈 역, 『포스트모더니즘과 일본』, 시각과 언어, 1996, 97면.

옥수밭 메밀밭을 어린 팔뚝에 내여맺기고 멀니 파촉길 향할 날도 있으려니"와 같은 구절로써 당시의 제국주의 전쟁은 단연 낭만적인 조국방어전쟁으로 화한다. 이에 이어서 나타나는 바, 신라 여인들의 예를 들어 여성들에게 전쟁의 이념을 고취시키는 내용이야말로 일제의 전민족적 동원령을 정당화하는 또다른 표현일 터이다. 다음 단락은 그 낭만적 전쟁의 내용이 대동아공영의 이념을 드러내고 있는 경우이다.

> 각씨야 각씨야, 꽃같은 새 각씨야
>
> 「幕間生死」란 말은 마즈막 집 떠날 제 金玉均 先生이 창문 우에 쓰시고 가신 말, 이 시절의 사내들 家鄕妻子에 보내는 편지에 얻지 빠질 글구오리까, 이몸 또한 오늘의 이 거름 지은 뒤에 어느 邊土에 어떻게 소리업시 죽을는지 모르지만, 그리하여 난날은 알어도 죽는날은 모르고, 그리하여 자란 구둘은 알어도 죽은 방석은 모르는 사내 되올지도 모르지만, 그러터래도 이미 깁부게 임군님께 이 목숨 바친 몸이라 머리를 부모의 거리에 둘느고 손을 그대의 가슴에 향하야 펴며 평안히 흙 속에 묻히리다.

김억은 41년 언간에 그즈음 즐겨 읽는 애송작품으로 김동환의 비극적 서정시를 꼽고 있거니와, 이 시는 그 비극적 영웅주의를 김옥균의 삼화주의와 정벌전쟁 그리고 신하적 충성심으로 매개시킨다. 그런데 그 비극은 기쁜 비극이라 할 만한 것이다. "깁부게 임군님께 이 목숨 바친"뒤의 비극이기 때문이다. 이상향의 원형공동체를 노래하는 김동환의 내면이 이로써 그 비밀을 드러내는데, 우리는 이 친일적 서정의 미학화가 김동환에게 분명히 자각되고 있음을 다음의 글에서 확인하게 된다.

> 대정익찬회 같은 권위 있는 곳에서 일본 시단의 俊聰을 망라하여 국민의 사기를 고무하고 그 정서를 높이기 위하여연 '익찬시가'의 밤에 나온 시인들과 시제를 보면 日島崎藤村의 「千曲川旅情의 歌」같은 고향 정회를 서정적으로 노래한 중세기적 시가가 아니면 千家元麿의 「조반」같은 식욕을 노래한 것 등등이다. 실로 의외이다. 상식으로 생각건대 전일본민족의 대표적 시가라 하여 전시하에 부를 노래로는 그 선택을잘못한 것같이 생각되나 그러나 그는 그러지 않으니 이것의 대부분이 명치시대 이래로 가장 국민적 애송을 받어오든 이 시가를 통하여 일본국민은 충분히 향토예술의 향기와 민족적 친화의 기회를 갓는 것이요 또 한가지 노래를 바더드리는 층이 국민의식을 충분히 가진 사람들임으로 이것으로도 심금 위에 위대한 효과를 거두는 터이다. 그러나 우리의 경우는 다르니 …(중략)… 爲先 그 고백으로 그 선언으로 또 일체의 과거를 청산하는 뜻으로 또 우리는 누구나 일본제국에 대한 충성이 이러타하는 맹서의 뜻으로 '전쟁시가'와 '양민족 친화'의 노래를 한끗 만히 부르자 함이다. 이것이 初入의 길이요 정통의 길인줄 믿는다. 그고러난 뒤 내일날 전쟁이 끝난 뒤 우리는 얼마든지 '詩美의 세계'에 정상적으로 드러갈 수 있을 줄 안다.[107]

인용된 글의 전반부는 순수 서정시가의 의의를 후반부는 현실적 참여 시가의 필요성을 주장하는 내용인데, 그 현실적 참여가 전쟁과

---

107 「전쟁과 애국시인」, 『해당화』 431~2면

친일의 내용이어야 한다는 말이다. 전자의 경우 그가 민요시론을 통해서 이미 주장하고 있었던 바이기도 하다. 어쨌든 우리는 이 글을 통해서 김동환이 자신의 시세계의 두 가지 축을 정리하고 있음을 알 수 있다. 위의 글로써 판단한다면 김동환은 전쟁이 끝난 시기에 가능할 서정시가들을 전쟁 시기에 미리 써놓은 셈이다. 그 이유는 무엇이었을까? 그의 당대가 평화시기라고 생각되었기 때문일까? 아니면, 일반 대중들은 전쟁시가 등을 통해 일본 국체에의 충성심을 갈고 닦아야 하는 반면 자신과 같은 선각자들은 후자의 시를 향유할 자격이 있다는 말일까?

이처럼 엘리뜨적 의식의 분열을 보여주는 서정과 힘의 결합으로서의 정치의 미학화를 김동환의 자발적 친일 파시즘문학으로 결론 내리는 것에 대해 하나의 가능한 해석일 뿐이라고 생각할 수도 있겠다. 하나의 편향된 관점이 김동환의 문학을 자발적 친일로 해석하도록 한다는 주장이 그것인데, 실로 친일문학인들이 내세운 주요한 변명은 일제말기의 발악적 권력 밑에서 살아남기 위해 어쩔 수 없었다는 생존 논리였다. 이 말을 따를 경우 친일문학은 미적 이념을 실현한 것이라기 보다는 문학 이전의 호구지책으로서 실상 돌아볼 가치가 없는 글쓰기에 해당할 터이다. 그런데 그것은 정말로 어쩔 수 없는 일이었을까? 친일문학이 생존 논리 이외의 영역에서 작동했던 하나의 신념이었다는 사실을 분명하게 뒷받침할 또다른 증거는 없는 것일까? 장황한 논의를 끝내면서 다음 시를 보자. 「군복집는 각시네」의 5연이다.

군복입은 남편이 어떻게 높으신가

군복입은 아드님이 어떻게 빛나보일가

사내 된 이 사라서 군복을 입고, 죽어 국기에 말려 무칠 것을

조선의 여인도 인제는 전장에 달니는 젊은이에 꽃다발 드러노라, 치마폭에 꽃한아름 안어드러려노라.

—『대동아』 1942.5 수록본

군복 입은 남편이 어떻게 높으신가

**총을 멘** 아드님이 어떻게 빛나보일가

사내 된 이 사라서 **군복** 입고, 죽어 국기에 말려 무칠 것을

조선의 여인도 인제는 전장에 달니는 젊은이에 꽃다발 드러노라, 치마폭에 **한아름의 꽃을 안어서요**.

—『해당화』 수록본(강조는 인용자)

『해당화』 수록본에서 굵은 고딕으로 처리된 곳은 시의 원본과 달라진 부분이다. 이외에도 『대동아』 판본의 시 1연 3행의 "청년병"은 『해당화』 판본에서는 "장병"으로, 2연 2행의 "白樺나무껍질"은 "白樺나무닢"으로 변화된 사실을 확인할 수 있다. 이런 개작의 배경은 무엇일까? 더욱이 김동환이 민요조 서정시의 창작에 주력했고, 따라서 시어 자체의 리듬과 미감에 누구보다도 예민했으리라는 사실을 고려하고 보면, 시의 이런 변화는 그가 이 작품을 '돌아볼 가치가 없는' 작품이 아니라 자신의 미학 이념에 충실한 방식으로 창작했음을 알려주는 증거가 아닐 수

없다. 요컨대 친일시는 생존의 논리에 따른 불가피한 선택이었던 것이 아니라 자신의 이념을 미적으로 실현하는 하나의, 그러나 시인에게는 전부일, 적극적 실천이었던 것이다.[108]

---

108 미당이 則武三雄과 만난 일화도 간접적인 예가 될 수 있을 듯싶다. 미당의 자전 「창피한 이야기들」에는 그가 『국민시가』에서 일을 시작한 직후 만난 일본 시인 則武三雄이 미당의 시 「항공일에」를 극구 칭찬하는 장면이 나온다. 그에 대한 미당의 생각이 나아가는 곳은, 작품답지 않은 작품을 칭찬하는 일본 시단의 수준에 대한 비판이 아니라 제국과 식민지에 대한 차별의식 없이 다른 사람의 장점을 북돋워주는 일본인들의 긍정적 인간성이다. 여기에 자신의 시를 '훌륭한 작품'으로 처리해두고 논의를 건너뛰는 심리가 있다고 판단하는 일이 무리는 아닌 듯싶다. 미당, 앞의 글, 241면

# Ⅲ. 파시즘과 미의 순응

1. 순수 미학주의의 두 얼굴_서정주의 경우

2. 전통, 동양, 언어미의 정치학_김종한의 경우

1

# 순수 미학주의의 두 얼굴
## _서정주의 경우

### 1. 문학성의 이면

이렇게 나는 국민문학이란 전연히 괴테나 푸쉬킨 같은 태도의 보편적이요 건실한 작가에게 의하여 씌어지는 문학이어야 한다고 생각하였다. **아들과 손자의 대에는 또한 넉넉히 한 개의 전통이 될 수 있는 문학**의 창건을 이름이라고 생각하였다.

—「시의 이야기」, 『매일신보』 1942, 7, 13~17

그것이(영생이:인용자), 내가 오십을 넘어서 큰 손자가 생겨나 성장하고 있을 무렵부터는 상상해볼 것이 아니라 현실적인 한 실감으로서 비로소 내게 인식되기 시작했다. 별스럽게 어렵거나 신비하거나 한 그런 것이 아니라 '자 어떻게 하면 **나와 내 자식들과 손자들이 내 선대(先代)가 살아온 길을 이어서 별다른 실수 없이 살아나갈 것인가?** 그래 되도록 쬐끔씩의 좋은 발전이라도 자자손손 이어서 가져오며 살 수 있을 것인가?' 하는 피할래야 피할 수도 없는 절박하다면 절박한 뚜렷한 한 현실감으로서 말이다.

—「영생에 대하여」, 『문학정신』, 1988, 11

두 편의 미당의 글 중 전자는 일제 말기의 소위 국민시가에 대한 설명으로 씌어져 『매일신보』에 연재된 것이며 후자는 그가 정부의 지원을 받아 『문학정신』을 발간하며 권두언으로 쓴 것이다. 40여 년을 격하고 있으면서도, 강조된 부분에서 드러나듯이, 미당은 문학적 전통 내지는 영생 감각을 가족사적 차원으로 유비함으로써 그의 신라 정신이 저 일제 말기의 동양 황국 반도 전통론과 비교될 수 있는 근거를 마련해놓은 셈이다. 그러나 미당의 두 글을 인용한 것은 그의 그 '가족사적 영생감'의 기원을 살펴보고자 하는 이유 때문도 아니고 그의 친일 친파시즘적 문학 행적의 실례를 들춰냄으로써 그에게 쏟아진 비판 위에 또하나의 비판을 얹어 놓기 위한 것도 아니다. 실로 미당에게 행해진 무수한 비판은 역으로 그의 문학적 비중이 그만큼 녹녹치 않음을 확인시킨 일이 될 수도 있겠다. 미당이 쓴 친일 작품은 여타의 친일문학가들에 비해 양적으로 그리 많은 분량은 아닌데(물론 문학적 양심을 평가하는데 있어서 양이 중요한 것은 아닐 것이다), 그에게 유독 비판이 가해졌던 데에는 그의 한국문학사 속에서의 비중을 고려하면서 그의 친일행각에 대해 갖게 된 일종의 보상 심리가 없지 않은 것이다. 한편 그의 친일 행각을 인정론에 기대어 눈감으려는 관점 또한 그의 문학적 비중을 강조한다는 사실이 주목되어야 하겠다. 문학적 성취라는 결과에 비추어 그 성취가 있기까지의 과정 전체가 용납되는 일에 대해서는 문학의 윤리학이라는 측면으로, 이를테면 비난의 윤리학이 아니라 현실 구성의 윤리학으로 그 과실이 꼼꼼히 살펴져야 하겠지만, 미당의 문학적 성과[109]가 사실이라면 그 성과 자체를 부인할 필요는 없을 것이다. 문제는 그 성과가 있기까지의 그의 그 '어쩔 수 없었다'는 고백을 문면대로 받아들이거나 그랬으리라고 추단하는 행위에 있다. 바로 그 '어쩔 수 없지 않았겠느냐'라는 주관적 판단 뒤에는 다시 한국 근대문학의 형성이 필유곡절의 인과론에 놓여 있었음을 긍정하는 관점이 있기 때문이다. 개별적 노력으로는 뛰어넘을 수 없을 정도로 압도적인 어떤 힘(그것은 그 자체로는 필연의 논리일 것이다)이 있었음을 인정하는 것이 그것인데, 미당이 위의 두 글에서 40여 년이라는 시간을 사이에 두고 반복 진술하고 있는 것이 바로 그 힘의 존재를 증명할 터이다. 그러므로 진정한 비판과 긍정은 윤리적 비판이나 인정적 긍정의 전제된 결론을 넘어서서 그 필유곡절의 실제 내용을 분석하는 일을 동반해야 한다. 다시말해 한국근대문학이 운명적으로 안고 있는 근대적 경험의 문학적 문제 설정을

109 이 성과가 긍정적인 것인지에 대해서도 얼마든지 다른 논의가 가능하겠다. 구모룡, 「초월미학과 무책임의 사상」, 『포에지』, 2000 겨울 ; 황현산, 「서정주 시세계」, 『창작과비평』, 2001, 겨울 : 김진석, 「초월적 서정주의에 스민 파시즘적 탐미주의」, 『주례사비평을 넘어서』, 한국출판마케팅연구소, 2002 참조. 미당이 한국 시문학의 한 차원을 성취해놓았다고 평가되는 근거 중의 하나가 그의 신라 정신으로서의 영생감각일 터인데 그러나 그것이 남한 시문학의 배타적 미학과 함께 형성된 것임을 그는 위의 두 번째 글 뒷부분에서도 밝혀놓는다. "더구나 요즘 그것들과의 제휴까지가 논의되고 있는 모양인 북조선인민공화국이라는 공산주의 동포들을 생각해보면 그건 너무나한 가시돋힌 추상만 같아서 내가 느끼는 영생감각으론 아무래도 일치를 느낄 수없으니 말씀이다.…영생도 정이 통하는 사람들끼리 해야 할 것 아닐까?" 위의 글 35면 참조.

파악하는 일이 필요한 것이다.

미당의 두 글을, 비록 유비의 차원이기는 하지만, 미리 살펴본 이유는 그 때문이다. 일제 말기의 친일 파시즘 문학이 소위 '암흑기'[110]의 타의에 의해 행해진, 더군다나 생존의 문제가 걸린 문학 이전의 행위였다는 변명이 그동안 유통되어 왔던 실정이고 보면, 위와 같은 내용들이 몇몇의 예외를 빼고 나면 본격적 연구의 결과로 모아지지는 않았다고 여겨진다. 여기에서 살펴볼 미광의 친일 문학은 한국 근대문학의 출발과 매듭을 거쳐온 문인으로서의 이력을 필연의 과정으로 살펴볼 수 있게 하는 좋은 실례이다. 부정적 가치 평가가 전제될 수밖에 없는 친일 문학을 논하면서 '좋은 실례'라는 말을 사용하는 것은 그의 문학적 실천이 한국문학의 윤리학을 현실 구성에 작동시킬 때의 교훈으로 역으로 활용되어야 한다는 사실 때문이다. 실로 친일문학에 어떤 필연성이

---

110 '암흑기' 혹은 '민족말살시대'라는 말은 백철의 『신문학사조사-현대편』(백양당, 1949)에서 기인한다. 이 책의 5장이 '제2차세계대전의 열풍과 조선현대문학사상의 암흑기'이고 5장의 1절이 '일제 일색의 민족말살시대'이다. 그의 구체적인 시기 구분에 따르면 1941년 『문장』과 『인문평론』이 폐간되고 『국민문학』이 발간되는 때부터 1945년까지가 이에 해당하는데, 이 '암흑기'라는 말에는 그러나 그 자신 혐의를 받을 수밖에 없는 저간의 정황을, 그의 표현을 빈다면, "백지로 돌려야 할 부랑크의 시대"로 묻어두려는 의도가 있는 것으로 보인다. 실로 이 시기는 문인들 개인의 개별성이 이전과 같이 자유롭게 보장되었던 시대는 아니었다. 그러나 그 개별성으로부터의 전환이 또다른 자유로 인식되고 있었다는 사실, 즉 서구적 개인주의의 극복과 동양적 공동체 정신으로의 '귀환', 그리고 그에 따른 '신체제-신윤리'의 수립이 문제되고 있었다는 사실을 염두에 두고 보면 이 시대가 반드시 "부랑크"의 시대였던 것은 아니다. 지금에 와서는 그 '귀환'이 하나의 근대적 '반동'인 것으로 평가되고 있지만, '파시즘 문학의 가능성'이 설문으로 응답되고 있는 당시의 정황 속에서는 분명 그것은 하나의 가능성이었다고 여겨진다. 이를테면 그 시대는 새로운 근대의 모색기, 정확히 말하면 '왜곡된 모색기'였다고 해야 할 것이다. 우리가 친일문학을 논의하는 것은 '암흑기' 문인들의 역사적 도덕성을 문제삼는 것 이외에도, 지금에는 더욱이나 그 '암흑기'의 경험으로 총괄되는 바의 식민지 의식의 내면화라는 문제가 있겠기 때문이다. 근대의 굴절된 경험이 오랜 시간 투과된 결과로서의 '친일'이 현재에도 문제적인 이유는 여기에 있다.

있다면 그 필연성은 한국문학이 새로운 윤리학의 설정과 실천이라는 기획을 통해 피해가야만 하는 필연성일 것이다.

## 2. 근대초극의 동양주의와 영원성

우선, 미당이 자신의 친일적 글쓰기에 대해 진술해 놓은 두 편의 글을 살펴볼 필요가 있다.

> 이때 조선의 어느 직장이나 마찬가지로 국민총력연맹 인문사 지부라는 또하나 강요된 간판을 더 붙이고 지내야 했던 이곳에서 한 반년쯤 몸담아 지내는 동안에, 사장인 최재서 씨가 그의 두 개의 일본말 문학잡지에 쓰라고 지시하는 것은 물론 이때의 조선 총독부 기관지였던 유일한 우리말 신문인 「매일신보」에서 쓰라는 것도 두루 다 응해서 써주어야 했었다. 어기다니? 그 촘촘한 국민총력연맹의 감시의 그물 속에서 그들의 눈밖에 나면 살아올른지 죽어올른지 모르는 그 무서운 징용만이 기다리고 있었던 것도 엄연한 사실이었는데 말인가?[111]

미당이 생존의 논리를 동원하여 친일 행위의 불가피성을 합리화하는 글이다. 일제의 전시동원체제에 맞춰 1940년 10월에 국민총력연맹이

111 서정주, 「일정 말기와 나의 친일시」, 『신동아』, 1992.4, 495면.

조직되고 조선사상범예방구금령(1941.2.12), 대동아공영권건설(1942.1.21), 조선식량관리령(1943.8) 등이 시행되면서 조선의 정치 경제 사회는 물론이고 문화의 전분야에 걸쳐 통제와 억압이 이루어졌음을 지적하는 것은 새삼스러운 일이 되겠다. 미당이 예술가의 저항적 자유정신을 따라가기보다도 그 저항에 뒤따를 결과에 대해 더 큰 두려움을 가지고 있었으며 그래서 「종천순일파」로 표현되는 바의 순종의 삶을 살아갔다는 사실은 익히 알려져 있다. 이승만의 전기에 얽힌 일화나 전쟁 당시의 정신병적 징후들은 그 좋은 예이다. 어쨌든 위의 진술 속에서 우리는 미당의 심리 상태가 감시와 통제 그리고 죽음에 대한 공포 속에 있음을 알 수 있다. 그는 그 공포를 겪지 않아도 되는 대가로 『국민문학』 등의 매체에 '명령을 어기지 않고' 글을 쓰고 있는 것이다. 그 글의 내용을 다시 살펴볼 필요는 없겠다. 그러나 분명히 해두어야 할 것은 미당이 그 글을 자의에 의해서가 아니라 목숨을 위협하는 권력의 강제에 의해서 쓰고 있다는 것이다. 자의가 아니라는 것은 그가 쓰는 글이 민족의 삶의 행로에 악영향을 끼치는 방향으로 나아간다는 사실, 바로 그것을 그가 알고 있었음을 의미한다. 이를테면 미당은 일제의 감시와 통제 속에 쓰지 않아야 할 글을 쓰고 있다는 사실을 자각하고 있었던 셈이다. 당연히 이것은 그 자체로 비판받아 마땅한 행위이겠다.

그런데 다음 글은 자신의 글이 반민족적이라는 것을 알고 있었음을 간접적으로 알려주는 위의 진술과 묘한 대비를 이룬다.

내가 이 인문사 입사를 전후해서부터 쓴 일본어 시론 앞서 말한 「항공일에」 외에 또 한 개, 제목은 잊었지만 일본 군인들의 그 옥쇄라는 것을 다룬 게 있다. 소형 비행기에 혼자서 타고 가서 미국이나 영국의 배에 그대로 떨어져 내려 바스러져 버린다던 그것 말이다. 나는 이 옥쇄부대에는 우리 학병들로 많이 끼여 있단 말을 듣고, 그들의 그런 비행과 종말의 정신에 맞출 양으로 이걸 하나 썼었다.

미국이나 영국에 대한 적대 감정이라는 것은 또 어떻게 해서 일어났나 하면, 확실하다는 일본측 보도로 영·미국인들은 일본병의 포로들을 불도우저로 밑에 무더기로 넣고 깔아 뭉갰다는 등, 그 시체의 뼈로 페이퍼 나이프로 깎아 만들어 그걸로 종이를 썰고 있다는 등, 간단히 말해서 그런 것들 때문이었다.

그 페이퍼 나이프에는 우리 나라 병정의 뼈로 된 것도 더러 있겠다는 생각—그런 생각은 내 적대 감정을 불러 일으키기에 충분한 것이었다.[112]

그의 친일 시 「마쓰이 오장 송가」를 설명하고 있는 글이다. 눈여겨보아야 할 것은 미당의 심리가 조선과 일본을 하나의 운명공동체로 파악하고 있다는 사실이다. 일본의 입장에서 적성국가인 미국과 영국이 미당에게는 조선에게도 마찬가지로 적성국가로 비쳐지고 있는 것이다. 그 스스로 현실에 대한 불철저한 인식 탓에 그런 시를 쓰게 됐다고 자기비판하고 있기는 하지만, 실은 그 불철저한 인식의 근원이 무엇이었는가가 중요해지는 대목이 아닐 수 없다. 어쨌든 위의 진술은 미당에게 「마쓰이 오장

---

112 서정주, 「창피한 이야기들」, 『나의 문학적 자서전』, 민음사, 1977, 126면.

송가」를 지을 당시의 시적 화자의 심리상태, 곧 적성국에 대한 적개심이 상당히 능동적인 것이었음을 알려준다고 하겠다. 이를테면 일본의 적은 곧 조선의 적이라고 미당은 생각하고 있었던 셈이다. 이런 역사적 무지에 근거한 정세 인식의 근원은 무엇이었을까.

이 두 진술이 보여주는 차이는 당시 미당의 심리가 두 갈래로 나뉘어 미묘한 갈등의 상태에 놓여 있었음을 시사해준다. 하나는 일본의 전쟁에 조선 민족이 강제로 동원되고 있다는 반일의 감정이고 또하나는 일본의 전쟁 승리가 조선의 미래에 도움이 될 것이라는 생각이다.[113] 이 갈등이 미당에게만 있었다고 보는 것은 당시의 정황을 너무 가볍게 파악한 결과일 것이다. 실제로 일제로부터의 해방은 조선 민족에게는 '도둑처럼' 온 것이었다. 그러나 상황이 이렇다고 해도 우리가 문제삼아야 할 것은 일제의 전황 선전과 대동아공영권 건설에 대해 조선 지식인들이 택한 내면화의 길이다. 미당이 행한 위의 진술들 중 두 번째 것은 정확히 그 내면화의 결과를 보여준다. 그 내면화의 내용은 무엇이었던가.

일본 문부성은 1937년 『국체의 본의』를 출판하고 학교에 배포함으로써 황국정신을 통치 이데올로기로 공식화하고 국가에 의한 사상 통제 대상을 마르크스주의에서 자유주의와 개인주의 사상으로까지 확대하였다. 1937년 중일 전쟁을 기점으로 일본의 문단은 이 국체 보존과 천황귀일(天皇歸一), 팔굉일우(八紘一宇)의 표어 아래 거의 모두가 전향을 이루게

113 후자의 경우에 대해서는 서정주, 위의 글, 121면.

된다. 이 전향은 따라서 단순히 프롤레타리아 문학에서 순수 문학으로의 전향만을 의미하는 것이 아니라 서구 정신에서 동양 정신-일본정신으로의 전향을 의미하는 것이었다. 30년대 후반 이후 일본의 문학은 그 전반기의 좌파 문학뿐만 아니라 초현실주의 등의 모더니즘 문학까지도 부정되는 황국 정신의 문학이었다. 모든 서구적 모더니즘은 부정되고 소위 전통 서정파-순정 예술파에 의해 『사계』(1933)나 『일본낭만파』(1935~38)(『일본낭만파』는 일본 파시즘과 직접적으로 연결된다.) 등의 잡지가 발간되고 있었다. 이를테면, 일본에서 서정성은, 모든 서정시인이 그렇다고는 말할 수 없겠지만, 대부분 황국정신으로의 자발적 전향과 연결되는 것이었다.

일본에서의 일본정신론은 조선에서는 30년대 후반에 조선문화론, 동양정신론, 고전론으로 이어진다. 내선일체와 황국신민화로 요약될 대동아공영권 건설의 첩로에서 일본의 국체와 황국정신은 조선인들에게도 공히 숙지되고 권장되어야 할 것이었다. 이런 상황을 이어서 『인문평론』지가 동양문학, 일본문학, 지나문학, 조선문학을 특집으로 삼았다는 사실은 익히 알려진 것이다. 혹시 조선의 문인들에게 그러한 경향의 내재화는 없는지 살펴보아야 할 필요성이 그래서 제기된다. 일본인들에게 모든 서구적 정신을 버리고 황국정신으로 돌아가는 일이 필연적 경향이었다면 조선인들에게 그 경향의 자발적 내재화는 없었던 것일까? 이것은 근대적 국가나 민족관념을 일본을 통해 형성시켰던 조선의 역사적 특수성 속에서 얼마든지 제기해 봄직한 질문이겠다. 특히 일본의 동양정신론이 조선에서 동일하게 전개되고 마찬가지로 유사한 형식으로 문학적 전향이 진행되던 당시의 정세 속에서는 일본 문단의 경향이 조선으로 직수입되는 일은 얼마든지 가능한 것이었다. 우리가 주목해야 할 항목은 동양정신과 서정성이다. 동양정신의 주장이 당시 일본의 근대 초극론으로 합리화되는 것이라는 점은 주지의 사실이다. 그렇다면 서구적 모더니즘의 흐름까지도 부정하고자 했던 서정성으로의 귀환은 무엇을 의미했을까? 일본문단의 지배적 경향으로 자리잡고 그들의 국체론으로 연결될 이 서정적 경향의 내재화가 조선 지식인들에게 나타났을 때 우리는 친일문인들의 행동이 잘못된 것으로 자각되었겠느냐라는 문제의식을 가져볼 수 있다. 이 문제를 고찰하기 이전에 미당의 문학적 내면을 살펴볼 필요가 있다.

미당에게 문학은 무엇이었을까? 사회주의의 세례를 받고 만주로의 탈출을 결심했다가 어느 공원의 벤치에서 고리키의 소설을 읽고 사회주의 리얼리즘의 단순성에 실망하게 되었다는 미당의 고백[114]을 고려할 때 그의 문학적 지향이 내면적 심리적 복잡성 쪽으로 나 있다고 생각할 수 있을 듯하다. 다른 말로 하면 갈등 구조의 지향이라고도 할 수 있을 텐데, 이것이 내적 생명의 충동과 좌절이라는 방식으로 『화사집』에 표현되고 있는 것이다. 그의 잘 알려진 시들에서 몇 구절을 보도록 하자.

114 서정주, 『미당산문』, 민음사, 1993, 204면.

찬란히 틔워오는 어느 아침에도
이마우에 언친 시의 이슬에는
  방울의 피가 언제나 서꺼있어
  이거나 그늘이거나 혓바닥 느러트린
병든 수캐만양 헐덕어리며 나는 왔다.

—「자화상」 부분

내 나체의 예레미야서
비로봉상의 강간사건들

미친 하늘에서는
미친 오  이리아의 노래소리 들리고

원수여. 너를 찾어 가는 길의
쬐그만 이 휴식

—「桃花桃花」 부분

아라스카로 가라 아니 아라비아로 가라
아니 아메리카로 가라 아니 아프리카로
가라 아니 침몰하라. 침몰하라. 침몰하라!
오—어지러운 심장의 무게우에 풀닢처럼 흣날리는 머리칼을 달고
이리도 괴로운 나는 어찌 끝끝내 바다에 그득해야 하는가.

—「바다」 부분

시들은 격정적인 언어들로 시적 화자의 충동적 감정을 표현한다. 이 감정 상태가 식민지 청년의 참담하면서도 격렬한 의식구조를 드러내 준다는 사실을 우리는 부인할 수 없다. 시는 어떤 방식으로든 시인의 삶에 반향하기 때문이다. 그러나 이 시 자체로서 미당의 시적 정서가 현실을 지향한다고 말하기에는 시의 언어들은 지나치게 시인 자신의 감정 내부로 향해 있다. 시가 드러내는 것은 격렬한 감정의 출발점인 현실이 아니라 그 감정이 자기 폭발하는 내면적 정서이다. 이를테면 이 시들은 시적 정서의 내면에 머무르되 추상적으로 현실을 환기한다. 이로써 미당은 그의 시와 현실 사이의 거리를 추상으로 만들면서 시적 내면의 현실을 창조해낸다. 그의 내면은 피흘리는 내면이지만 그 피는 현실의 피가 아니라 내면적 정서의 절망하는 피이며 그의 언어는 내면적 과격성의 언어이다. 그의 출세작 「벽」은 이러한 내면적 갈등구조의 시적 출발편이라 할 만하다.

덧없이 바래보든 벽에 지치어
불과 시계를 나란이 죽이고

어제도 내일도 오늘도 아닌
여긔도 저긔도 거긔도 아닌

꺼저드는 어둠속 반딧불처럼 까물거려
정지한 〈나〉의

〈나〉의 서름은 벙어리처럼….

이제 진달래꽃 벼랑 햇  에 붉게 타오르는 봄날이 오면
벽차고 나가 목매어 울리라! 벙어리처럼
오—벽아.

—「壁」 전문

시인은 캄캄한 백색의 자리에 있고 시는 전체적으로 출구 없는 세계를 형상화한다. 벽은 그 막힌 세계의 상징일 것이다. 어느 정도로 막힌 세계인가 하면 새로운 탄생을 가져올 불과 시계마저 죽어버린 세계이다. 시인은 그곳에서 시공간이 사라져버린 경험을 한다. 이 절망의 경험 다음에 독자를 더욱 절망에 빠지게 하는 것은 그 막힌 세계에 대한 반응이 분노도 울분도 아닌 설움이며 더욱이 그 설움은 벙어리의 설움이라는 사실이다. 이를 테면, 벽을 차고 나가 소리를 질러도 그것은 아무 반향 없이 안으로만 울려 퍼질 속울음에 지나지 않는 것이다. 울음을 울되 그것이 내면으로 되돌아간다는 사실은 그대로 시인의 내적 갈등을 표상지만, 그러나 그 갈등은 현실을 내파하지도 않고 현실을 초월하지도 않는 내면적 정서의 격렬함만을 보여줄 뿐이다.

밖으로 난 길이 없을 때 시인이 갈 수 있는 곳은 상상 속의 길이다. "귀기우려도 있는 것은 역시 바다와 나뿐/밀려왔다 밀려가는 무수한 물결우에 무수한 밤이 왕래하나/길은 항시 어데나 있고, 길은 결국 아무데도 없다"(「바다」)라고 미당은 쓴다. 이 말은 그대로 자기 안에

머물 수밖에 없는 정황을 비유하지만, 그 정황을 시인이 견디는 방식에도 주목할 필요가 있다. 충동적이고 격렬한 언어의 사용이 그것이다. 이 언어들이 미당을 생명파 시인이라고 분류하게끔 만들었던 것임은 주지의 사실이다.

그런데 이 충동적 내면의 세계가 남도적 정한의 서정과 맞물리고 있다는 사실은 『화사집』 전체를 통해 확인되는 바이다. 우리는, 일본의 전향 문학이 『만엽집』의 서정성을 보수적으로 복권시키는 것을 한 방편으로 했다는 사실과 일찍이 김수영이 미당의 이 토속성을 그의 반동성으로 연결시킨 바 있다는 사실을 고려해 볼 수 있겠다. 미당, 혹은 노천명과 같이 3, 40년대에 서정적 내면의 길을 밟은 조선 시인들에게 이 내면성이 일본의 그것과 동일한 것이라고 주장하기에는 논증되어야 할 것이 많음 또한 사실이다. 그러나 식민지시대 일본의 문학이 조선 문학의 무의식일 수밖에 없었다는 점을 고려하고 보면 당대 일본 문학의 반동적 서정성으로의 경향이 조선 문학에 내재화되었으리라고 생각하는 것은 충분히 추론 가능한 일이기도 하다. '일본 근대문학의 기원'은 '근대 한일관계의 기원'이기도 하다는 가라타니 고진이 주장하는 것은 메이지 시대와 1960년대 일본문학의 내면으로의 전환이 당시 정치 체제에 대한 긍정과 맞물린다는 사실이다.[115]

앞에서 인용된 미당의 두 번째 진술은 이와같은 내면성의 정치적

115 가라타니 고진, 『일본 근대문학의 기원』, 민음사, 1997, 9면.

무의식이라고 판단된다. 이것이 일본에서 진행된 서정성의 보수주의가 조선의 문인에게 내재화되어 나타난 역사적 희비극의 본모습이다. 조선에서는 비극이 일본에서는 희극일 수도 있다. 미당은 아마 그 사실을 몰랐을 수도 있을 것이다. 당연히 시인이 자신이 쓴 글의 모든 문맥을 아는 것은 아니다. 하지만 이 경우 우리가 문제삼아야 할 것은 그의 역사의식이다. 그가 자신의 글의 역사적 의미를 알지 못했다고 말하는 것은 당시 한국 지식인의 역사의식이 어느 수준이었는가를 간접적으로 알려주는 것이 아닐 수 없는데, 일본의 대동아공영권 건설론이 조선의 지식인들에게 내재화되었을 때 바로 그 역사적 무지의 상태가 나타날 것이다. 조선과 일본이 운명공동체인 것처럼 인식되는 사태는 정확히 이런 무지와 동일한 궤도에 있는 것이다. 이런 역사의식이 내재화된 상태라면, "조선인은 전연 조선인인 것을 잊어야 한다고. 아주 피와 살과 뼈가 일본인이 되어야 한다고."[116] 생각한 것이 이광수 만은 아니었을 것이다. 물론 이런 정황을 우리 역사의 완전한 진공상태라고 단정지을 필요는 없겠다. 미당은 그랬을지 몰라도 모든 지식인이 그랬다고 이야기할 수는 없겠기 때문이다. 가령 윤동주는 자신의 창씨개명 때문에 내내 괴로워하며 참담한 심정을 기록하고 있는 것이다.

어쨌든 이로써 미당은 두 가지 내면화의 길을 밟게 된다. 하나는 역사적 측면에서 일제의 지배를 내면화하는 길이다. 이 길이 민족 허무주

116 이광수, 「心的 신체제와 조선문화의 진로」, 『매일신보』, 1940. 9. 4.

의의 길이며 역사적 패배주의의 길이라는 사실을 강조할 필요는 없겠다. 이 길에서 미당은, 친일문학의 최종 종착지가 그랬듯이, 조선과 일본의 운명공동체라는 환상에 사로잡히고 그것은 일본이라는 새로운 국가의 획득으로 이어질 것이었다. 미당의 「시의 이야기—주로 국민시가에 대하여」(『매일신보』, 1942.7.13-17)는 당시 그가 생각했던 문학의 요체를 보여주는 글이다. 그 한 단락을 본다.

> 국민문학이라든가, 국민시가라는 말이 기왕에 나왔거든 이제부터라도 전일(前日)의 경험을 되풀이하지 말고, 정말로 민중의 양식이 될 수 있는 시가 내지 문학을 만들어 내기에 일생을 바치려는 각오를 가져야 할 것이다. 이것은 심히 전통의 계승—동방전통의 계승과 보편성에의 지향과 밀접한 관계가 없을 수 없는 것이다. …(중략)…시인은 모름지기 이 기회에 부족한 실력대로라도 좋으니 먼저 중국의 고전에서 비롯하여 황국(皇國)의 전적(典籍)들과 반도(半島) 옛것들을 고루 섭렵하는 총명을 가져야 할 것이다. 동양에의 회귀가 성히 제창되는 금일이다.

『매일신보』에 1942년 7월 13일부터 17일까지 연재되었던 「시의 이야기-주로 국민시가에 대하여」의 일부이다. 일본에서 펼쳐진 근대의 초극론에 강하게 영향받고 직접적으로는 미요시 다쓰지(三好達治)의 「국민시에 대하여」의 형식과 내용을 뒤따르고 있는 이 글[117](『친일문학작품

117 이 사실을 최초로 밝혀놓은 사람은 최현식이다. 그의 글 「민족, 전통 그리고 미」, 『실천문학』, 2001 여름, 64면, 각주3) 참조. 이 글은 그의 지적에 고무받은 바 크다.

선집2』, 실천문학사 1986)에 대해 미당은 다른 생각을 갖고 있는 듯하다. 미당은 그의 친일 행각에 대해 여러 글을 통해 밝혀 놓은 바 있다. 그런데, 그는 최초로 친일 작품을 쓴 시기에 대해 경우에 따라 달리 진술하고 있으니, 「창피한 이야기들」[118]에서는 시 「항공일에」를 1944년 가을 『국민문학』에 발표했다고 쓰고, 「일정 말기와 나의 친일시」[119]에서는 그 시기를 1943년 가을로 잡는 것이다. 밝혀진 자료에 의하면 후자가 맞는 듯하다. 그러나 문제는 다른 데 있다. 「시의 이야기」가 씌어진 때는 1942년 7월이니 미당이 스스로 밝힌 친일 작품의 범주에서 이 글은 벗어나 있는 것이다. 객관적으로 본다면, 위의 글이 "황국의 전적"이라는 용어를 사용한다거나 위에 인용된 부분 이외의 곳에서 서구 제국의 문화와는 다른 동양의 정신문화를 논하면서 "동아공영권이란 또 좋은 술어가 생긴 것이라고 나는 내심 감복하고 있다."고 진술하는 것은 그대로 친일 문학의 논리로 해석되기에 부족함이 없다. 이 글의 내용이 이미 밝혀진 터에 미당은 왜 자신의 친일적 글쓰기를 밝혀 놓는 자리에서 이 글을 언급하지 않은 것일까? 미당의 진술에 기대어 판단한다면 이는 그의 기억력과 자료 부재 탓일 수도 있다.[120] 그러나 우리는 문제를 다른 각도에서 접근할 수도 있다. 그것은 전통의 발견을 통해

118 서정주, 『나의 문학적 자서전』, 민음사, 1975.

119 서정주, 「일정 말기와 나의 친일시」, 『신동아』, 1992.4.

120 이미 밝혀진 자료를 미당이 확인하지 않았을까? 그랬을 수도 있을 것이다. 그리고 정말로 그렇다면 그것 또한 문제가 아닐 수 없는 것이, 자신의 친일 행적을 밝힌 글에서의 반성적 태도와는 달리 그것은 과거를 잊혀진 과거로 묻어 두려는 오불관어의 자세에 다름 아니기 때문이다.

영원성의 구체화라는 과제에 답한 미당의 심리적 조건을 탐사해보는 일이다.

미당에게 영원성이라는 화두의 철학적 근거가 이미 그의 『화사집』 시기에 마련된 것이었고 그것이 『삼국유사』 등에 대한 관심을 거쳐 우리의 정신적 전통이라는 문제로 구체화되었다는 점을 상기할 필요가 있다. 미당의 전통관이 신라불교와 영통주의로 구체화된 시기는 명백히 6·25를 거치면서부터이다. 그런데 그것을 준비한 시기가 따로 있었음을 보여주는 글이 바로 위의 글 「시의 이야기」이다. "전통의 계승—동방 전통의 계승"이라는 구절은 이후 미당 사유의 행보를 충분히 예견케 하는 내용이다. 더구나, 그로써 이루어질 국민문학이 "아들과 손자의 대에는 또한 넉넉히 한 개의 전통이 될 수 있는 문학"(「시의 이야기」 289면)이 되리라는 진술은 "어떻게 하면 나와 내 자식들과 손자들이 내 선대(先代)가 살아온 길을 이어서 별다른 실수 없이 살아나갈 것인가?"[121]라는 진술로 이어져서 「시의 이야기」를 쓸 무렵과 신라정신 시기의 미당 전통론의 유사성을 그 형식으로 증명하고 있는 것이다.

미당의 '전통→영원성'론이 이런 뿌리와 가지를 내리고 뻗는 데 무엇이 영향을 끼쳤을 것인가? 우리는 「창피한 이야기들」에 나오는 한 인물에 주목할 필요가 있다. 위에서 언급하기도 했던 미요시 다쓰지(1900~1964)이다.

---

121 서정주, 「영생에 대하여」, 『문학정신』, 1988. 11. 35면.

내가 「국민문학」에 발표한 내 맨 처음의 일본어 시 「항공일에」라는 것은 내 예상과는 달리 일본인 문학인들의 눈에도 상당히 좋게 보였던 모양으로, 則武三雄이라는 시인은 내가 인문사에 입사하자 바로 찾아와서 "오래 만나기를 기다렸다."고 했다. 그리곤 자기 집으로 나를 초대해서 맛있는 우동(가락국수)도 끓여 주고, 드문 막걸리도 병째 내놓아 같이 마시고, 자기는 시인 三好達治의 제자라는 것과, 우리가 앉아 있는 그 방이 바로 **三好達治가 중국 갈 때 들러 하룻밤 묵어 간 방**이라는 것도 말했다. **三好達治는 나도 좋아서 한동안 읽은 일이 있는 당대 일본의 제일 좋은 시인 중의 하나**였다. 그래 三好의 제자라면 안심해도 좋겠다고 나는 생각했다.

여기에서는 미요시 다쓰지를 당대 일본의 제일 좋은 시인 중 하나로 고평(高評)하는 미당의 심리 구조가 문제적이 된다. 미요시 다쓰지는 어떤 인물인가?[122] 그는 일본의 초현실주의 계간지 『시와 시론』(1928~1931)에서 안자이 후유에(安西冬衛), 하루야마 유키오(春山行夫) 등과 함께 동인 활동을 했고, 모더니즘을 표방하면서 반프롤레타리아 문학의 거점 역할을 한 『작품』(1930~1940)지의 성원이기도 했다. 그는 또 『사계』(1933)를 편집하면서 전통적인 서정 정신을 옹호했고, 드디어 파시즘과 연관된 『일본 낭만파』(1935~1938)에 가담함으로써 '일본적인 것'을 주장한 인물이다. 1942년 7월에 개최된 〈지적 협력 회의—근대의 초극〉에서 그가 발제한 내용은 '서구 합리주의에 기초한 과학주의로서의

122 미요시 다쓰지에 대해서는 호소 마사오 외, 『일본현대문학사』(상), 고재석 역, 문학과지성사 1998 참조.

근대를 일본 고전에 담긴 이념으로 초극해야 한다'[123]는 것이었다. 그는 중일전쟁이 발발한 직후 중국에 파견된 문인단의 일원으로 활동했는데, 위 인용문에서 '미요시가 중국에 갈 때 서울에 들렀다'는 진술은 바로 그 사실과 관련될 것이다. 그런 시인의 시를 좋아하고 있는 미당의 심리는 어디에 그 축을 두고 있었을까? 유럽 모더니즘에서 순정 예술파를 거쳐 일본 정신과 파시즘의 세계로 나아가고, 전후에는 일본 서정성의 세계를 탐구한 미요시 다쓰지, 그리고 니체와 보들레르의 세계에서 동양정신을 거쳐 『삼국유사』와 신라 불교의 세계로 나아간 미당의 거리가 그리 크게 멀어 보이지는 않는다는 점을 지적해두기로 하자.

물론 이러한 사실이 미당의 친일 행각에 직접적인 계기였다고 판단하는 일은 보다 더 세심한 주의를 요하는 것임에 틀림없다. 일본인들이 서구의 사상을 버리고 국체로 돌아가는 일에는 일본 군국주의의 강요 이외에 근대의 초극이라는 논리로 표면화된 자발성이 작용하고 있었다. 그래서 일본인들에게 전향은 자발적 전향이었다. 그러나 식민지 조선의 지식인들에게는 자발적으로 돌아갈 곳이 없었다. 그들에게는 초극할 근대가 없었으며, 있더라도 그것은 식민 본국의 근대였으니 자연히 돌아갈 곳은 일본 정신일 수밖에 없었다. 1934년부터 시작된 국내의 조선론과 조선주의, 동양문화론이 일본의 국책론, 국민문학론으로 귀결된 것은 당연한 일이었다. 이것이 논리 이전에 생존의 문제였다는 미당의

123 김윤식, 『한국근대문예비평사연구』, 일지사 1984. 417면.

변명이 인정될 수 있다면, 미당에게 있어서 그것이 논리 자체로 표현을 얻는 것은 일제가 패망한 이후이다.

> '修身, 齊家, 治國, 平天下'의 네 개의 단어는 진부한 대로 아직도 충분히 정확한 방법론이다. 적으나마 세계보다 먼저 민족을 둔 것은 엄정한 數學이다. 실로 민족문화의 구성 없이는 세계 문화에의 참가도 작용도 있을 수는 없는 것이다.
>
> 그러하거늘 요즘은 수신과 제가와 치국의 삼단계는 까맣게 잊어버리고, 엄청나게도 인류와 세계만을 문제삼는 사람들이 너무나 많다. 그것은 제일 크고 위대한 태도 같으나 사실인즉 제일 허망하고 제일 부화한 태도인 까닭은, 그것이 순서와 방법을 잊어버리고 고무 풍선처럼 둥둥 떠 있는 데 있는 것이다.
>
> —「문학자의 의무」(『서정주문학전집』4권, 일지사, 1975. 205면) 부분

애초『동아일보』1946년 7월 16일자에 수록되었던 이 짧은 글에서 미당이 강조하는 것은 "유럽이니 러시아니 유물변증법이니"하는 것들 앞에서 비굴할 필요가 없다는 것이다. 비굴하지 않기 위해서는 "인류 천년을 투시하는 명철한 지혜"가 필요한데, 그런 지혜로써 미당이 내세운 것이 민족문화의 구성이다. 당시의 각 문화단체에서 반드시 고려하고 있는 사항이 곧 민족문화였다는 점에서 위 글에 나타난 미당의 논리는 궁색한 면이 없지 않다. 그러나 어쨌든 그는 이후 천년을 거스르는 신라 정신의 발굴로 이 과제에 답했다. 미당이 정작 자신의 논리를

날카롭게 세우는 곳은 다른 곳이다.

1948년에 발표된 「시와 사상」은, 시가 사상과 무관한 것도 그리고 사상 자체도 아니라는 일반론으로 시작된다. 시는 무엇보다도 시이며 이때 비로소 사상이 시에서 연역될 수 있는 것이라는 진술은 일반론이라기보다는 차라리 시인의 상식이라고 해야 할 것이다. 이 상식을 지키지 못하는 사람들은 따라서 시인이라고 호명될 수 없게 될 터인데, 그들은 다름 아니라 "마르크스 레닌주의의 선전원인 프롤레타리아 시인들과 같은 아류의 사상가"들이라고 미당은 말한다. 2년 전에 씌어진 「문학자의 의무」가 사회주의 사상에 대해 비판적 거리를 확보하고 있음을 보여주고 있다면, 이 글은 그 거리가 무시와 힐난의 차원으로 변한 것임을 보여준다.

이로써 미당은 남은 생애 동안 그가 이룰 업적의 반면을 성취하게 된다. 그것은 해방 이후 한국 근현대사를 사상적 맹목지대로 만들어버린 반공 이데올로그로서의 그의 면모이다. 해방 직후로부터 90년대에 이르기까지의 그의 산문의 상당 부분은 바로 그 반공 이념의 확산에 기여한다. 그런데 사회주의에 대한 그의 공격은 정공법이라기보다는 우회적이다.

> 여기서부터 원류되어서 서양의 사색력은 이래 감정과 지성을 한몸뚱이로 다루는 일이 거의 없이 늘 두 別立의 班의 적대적인 것으로서, 적대까진 안 가도 동체가 될 수 없는 것으로 다루어 온 데서 빚어져온 결과로 보인다.
> …(중략)…
>
> 그래 칸트에서 헤겔로, 헤겔에서 사회주의의 원조인 마르크스로 다시

그에게서 소련 성립의 공산주의 혁명의 제일 지도자 레닌에 이르기까지도 그런 정신 경영의 사고방식은 그대로 남아서 저 레닌을 시켜 "우리가 계급투쟁에 이기기 위해서라면 수단과 방법을 가리지 말라"고까지 하게 한 그 인정으로선 차마 못 견딜 명령까지를 내게 한 것 아닐까?

사회주의의 지성이라는 것을, 그 생모와도 어느 경우에는 된장찌개도 합심해서 먹을 수 없는 그 사회주의의 지성이라는 것을 재고해보시기 바란다.

이건 아무래도 사람의 정과 지성이 종합된 한 몸이라야 할 걸 잊고 분리시켜 온 데서 파생된 비극일 것만 같다.

—「새벽의 지성들」(『세대』, 1973.6) 부분

과거의 지성을 저항의 지성으로, 현재의 지성을 영생의 지성으로 설명한 후 압제적 지성을 비판하는 대목이다. 그런데 이 글은 사회주의 사상을 분석 비판하는 글이 아니라 영원을 지향하는 지성을 주장하고 있는 글이다. 이를테면 사회주의를 비판하는 내용이 이성과 감정의 조화를 통해 영원으로 뿌리를 대는 지성을 옹호하기 위해 이용되고 있는 것인데, 이런 논법은 사회주의 비판을 수사학적 장치로 활용하면서 반공주의를 확산시키는 미당 특유의 방식이다.[124] '나는 파란 색인데 너는 빨간 색이니까 네가 잘못되었다'는 식의 비판은, 비판을 지속시키면서 잘못된 것으로서의 예로 '너'를 떠올리도록 하고 결국 '너'를 비판하는 것이 '나'의 올바름을 증명하는 것으로 되는 담론을 구성한다. 미당이

124 이런 논법을 잘 보여주는 예로 몇 편을 들면, 「서사시의 문제」(1948), 「후진 육성과 공동이익을 위해서」(1960), 「역사의식의 자각」(1964), 「문학작품의 현실이란 것」(1964) 등이다.

이런 논법을 반복적으로 구사한다는 것은 그의 반공주의가 하나의 신념으로 무의식화되었다는 사실을 뜻할 것이다. 우리는 앞에서 전통의 발견을 통해 영원성의 구체화에 답한 미당의 심적 구조가 유럽 모더니즘에 대한 대타의식으로 형성되는 과정을 살펴보았는데, 이제는 다시 무의식적 반공 이데올로기를 통해 영원성의 화두를 장식하고 있는 미당을 만나게 된다.

> "민족이나 인류의 영생을 왜 좀더 거시적인 안목으로 직시하고 실감치 못하는가?" 하고 누가 호통하며 덤벼올 것을 모르는 바는 아니나, 민족이니 인류라는 연설꾼들이 참 많이 써먹는 이 말씀은 내게는 아직도 너무나 많이 까마득한 추상으로만 멎어 있을 뿐인 것이다. 더구나 요즘 그것들과의 제휴까지가 논의되고 있는 모양인 북조선 인민공화국이라는 공산주의 정권 동포들을 생각해보면 그건 너무나한 가시돋힌 추상만 같아서 내가 느끼는 영생감각으론 아무래도 일치를 느낄 수 없으니 말씀이다.
>
> —「영생에 대하여」(『문학정신』1988.11) 부분

요컨대, 그의 영생은 포괄의 영생이 아니라 배제의 영생이라는 사실이 밝혀지는 셈이다. 우리가 앞에서 문제 삼은, '근대의 초극'을 바라보는 또 하나의 시각이 여기에서 언급될 필요가 있다. 근대의 초극은 "서양=근대를 대립항으로 놓지 않으면 자신의 정체성을 확립할 수 없었던 근대 일본의 분열이 만들어 낸 '상상의 공동체'에 불과"[125]하다는 지적이 그것이다. 이것이 일종의 역전된 오리엔탈리즘이라는 사실을 염두에

두고 보면, 미당의 "가족사적 영생감"(「영생에 대하여」) 또한 근대 초극론의 배타적 보편주의가 상상의 공동체로 구체화된 형태라고 할 수 있게 된다.

그렇다면, 미당의 정신 세계를 이렇게 정리해 놓을 수도 있다. 그의 영생관은, 일본의 '근대의 초극'론에 영향 받아 전통에 대한 관심으로 드러나던 잠재적 영원주의의 시기로부터 뿌리를 내리고(해방 이전), 반공 이념을 대타의식으로 하는 '상상의 공동체'로서의 "가족적 영생감"으로 가지를 뻗은 영원주의라는 것. 이 과정에서 처음에는 서양에 대비되는 동양관이, 이후에는 좌편향에 대비되는 우편향의 공동체가 미당 사유의 근원을 이루고 있는 것이다. 미당의 세계를 절대적 긍정과 절대적 부정의 결합으로 이해할 수 있는 이유가 여기에 있다. 그의 시를 순응주의로 이해하도록 한 절대적 긍정의 세계는 '이심전심과도 같은 생의 근본적 긍정'이라는 논리화된 표현을 얻고 있지만, 그 긍정이 실체화되기 위해서는 긍정함으로써 억압하는 또하나의 미당이 있었으니 일체의 모든 현실 논리를 배제하는 순수 전통주의자로서의 모습이 그것이다. 그런데 이것이 대립의식으로서만 자신을 증명할 수 있는, 역전된 오리엔탈리즘의 무의식이라는 점을 주목하도록 하자. 그래서 이것은 미당 개인의 불행이 아니라 한국 근현대사의 불행이 된다. 절대적으로 긍정해야만 하는 보편주의 밑에 절대적으로 부정해야만 하는 세계가 은폐되어 있는 것이다.

---

125 강상중, 『오리엔탈리즘을 넘어서, 이경덕·임성모 역, 이산, 1999, 178면.

요컨대 미당에게는 일본의 근대초극론이 내재화된 상태로 그것을 긍정하면서, 황종연의 지적처럼, 서양의 근대에 대한 대타적 인식에 도달한 것일 수도 있는 것이다. 당연히 문제는 일본의 근대초극론을, 그것의 정치적 역사적 맥락을 삭제시킨 채, 조선의 근대초극론으로 내재화하는 일이다. 이를 통해 미당이 향후 신라정신의 세계를 준비하게 된다고 판단하는 것이 불가능한 것은 아니다. 이로써 미당은, 김윤식이 지적했듯이, 하나의 고전에 불과한 것을 살아 있는 역사의 상태로 되살려 놓는 길로 나아간다. 그 길은, 현실에 없으되 상상의 역사로 만들어낸 길이다. 이것이, 친일문학의 시기로부터 분명해진 동양정신론과 관련된 그의 신라정신일 것이다.

미당이 밟은 두 번째 내면화의 길은 미적 자의식으로 침잠하는 길이었다. 이것은 주지하다시피 현실 망각의 길이며 개인 보신주의의 길이다. 이 길이 문학에서의 전통적 정신을 강조하는 미당의 주장과는 정반대로, 전통적 문인의 절개와는 거리가 먼 윤리 상실의 길이었음은 널리 알려진 것이다. 그가 영원성의 가족사적 역사주의로 빠져나간 것은 그가 개척한 나름의 미적 영토를 일종의 절대적 관념으로 추상하는 과정과 상통한다. 그에게 윤리가 있다면 동일자의 윤리가 있을 뿐인데, 이 동일성의 세계가 한국근대사를 관통한 통치이데올로기와 함께 한다는 사실을 아는 것은 어렵지 않다.[126] 동시에 이 동일성의 세계가 서양을 타자로 삼아 형성된

126 미당 문학의 절대적 관념과 동일성의 세계에 대해서는 졸고, 「절대적 긍정과 절대적 부정」, 『포에지』, 2000 겨울호 참조.

일본의 근대초극론에 그뿌리를 두고 있는 것이라는 점에서, 동일자의 권력을 향한 그의 끝없는 구애는 이미 일찍이 준비되었던 바라고 해야 할 것이다.

## 3. 친일과 문학적 내면

미당의 친일・친독재 행위가 그의 이성적 판단과는 무관한 것이었을까? 일제 말기 민족의 미래가 전혀 가늠될 수 없었던 시대에 대한 절망감이 문학인들을 친일로 내몰았으리라고 판단하는 관점은 그 당시의 지식인들이 모두 시대상황에 대해 이성을 버리고 감정적으로 대응하고 있었다는 논리를 세우는 것과 마찬가지이다. 그러나 인간은 언제 어떤 상황에서도 자신의 행위와 행위 대상에 대한 이성적 판단을 수반하는 법이다. 그리고 그 이성적 판단이 문학인들에게 반향되는 것은 바로 그들의 문학을 통해서이다. 친일문학의 내적 논리를 문제삼아야 하는 이유는 그 때문이다.

실제로 저간에 있어왔던 친일문학론은, 일제에 대한 문학적 부역이 불가피한 선택이었다는 사면론의 경우든 그럼에도 불구하고 비판받아야 한다는 처벌론의 경우든 모두 문학 외적인 기준을 논의의 중심으로 삼고 있었다고 여겨진다. 두 관점이 동의하는 것은 당시 일제 관헌의 조선 문학인들에 대한 관제문학 강요이다. 문학이 그 문학을 산출한 시대와 필연적 연결고리를 가질 수밖에 없다는 사실을 지적하는 것은 이제 불필요한 일이 되겠다. 문학은 현실을 따라가지만 그러나 그것은 반영하기 위해 따라가지 않고, F. 모레티의 말처럼, 해결하기 위해 따라간다. 친일문학이 여전히 문제되는 것은 그 문제적 사건을 통해서 무엇인가가 새롭게 해결될 것이 있기 때문이다.

미당의 친일문학을 바라보는 관점이 새롭게 제기되어야 하는 이유는 바로 그로부터 비롯된다. 우선 종래의 선악 대립 구도, 가령 민족/반민족, 저항/부역 등의 틀로는 더 이상 해명할 수 없는 요인이 주목되어야 할 것이다. 예컨대 일제의 정치 체제와 해방 이후의 정치 체제는 어떻게 다르고 어떻게 같은가. 미당의 문학은 그 체제들의 특이성을 어떻게 내재화하고 있는가. 이것은 서정주 시의 미적 원리가 무엇인가를 해명하는 일이 필요하다는 것을 뜻하는 동시에 그의 시학을, 종래에 그래왔듯이, 시학 자체로 혹은 그 자체의 자족적인 구성물로 해명하는 것이 아니라 수미일관한 정치적 복합물로 이해해야 한다는 것을 뜻한다. 여기에서 필요해지는 일이 서정주 시의 근대주의적 미학관에 대한 해명이다. 이것은 그의 친일 경력 뿐만 아니라, 때로는 행정부의 교서로 착각될 정도로 투철했던 그의 친권력적 발언들과 행적들을 분석하는데 없어서는 안될 중요한 요소들이다. 어떠한 미학주의, 심미주의라고 하더라도 그것이 삶과 예술의 종합을 꾀하면서 부정적 현실을 전복하느냐 아니면 은폐하느냐에 따라 자신의 긍정성이나 부정성을 획득하게 될 것이기 때문이다. 이를 위해 우리는 또다른 관점을 도입해볼 수도 있겠다. 직접적인 영향관계가 밝혀진 바는 없다고 하더라도, 내적 생명의 철학에서 국가 철학으로 옮겨간 니시다 기타로의 철학적 전회와 생명파에서 일본정신을 거쳐 신라정신으로 나아간 서정주의 문학적 전회의 유사성이 언급될 필요가 있는 것이다. 이는 현재적 수준에서는 필연성의 차원이 아니라 개연성의 차원에서 고려될 수 있는 것이기는 하지만, 한국 근대 서정시의 두 얼굴, 즉 내면적 언어의 얼굴과 정치 체제 긍정의 얼굴을 이해하기 위해 요청되는 것이기도 하다. 실제로, 내면의 언어로 대변되는 문학적 자율성의 극대화가 파시즘과 한 길을 달려간다는 것[127]은, 과도한 일반화의 위험을 동반하는 것이기는 해도, 문학적 진정성의 증명을 위해서라도 점검되어야 하는 것이 아닐 수 없다.

또한 미당이 자신의 문학을 투철한 국가관 속으로 투신시키고 있다는 점을 고려할 때 위의 진술들과 관련하여 그의 언어적 특성이 해명되어야 할 것이다. 한국 현대시에서의 민족 언어의 재발견이라 할 만한 그의 시어는 방언과 구어체를 특징으로 하는 것이다. 이 언어들의 시적 성과가 그동안 과장되어온 바 없지 않은데, 그러나 그것은 설화체의 느슨한 서정과 결합하면서 시적 언어의 산문화로 나아가고 말았다는 점 또한 지적되어야 할 것이다. 그런데도 미당의 언어가 효과를 발휘한 이유는 무엇일까. 그의 전 생애와 관련시켜서 이해한다면, 그의 시어는 오히려 민족적 동질감으로 동일성의 이데올로기를 나쁘게 확산시킴으로써 궁극적으로는 파시즘의 공동체론에 기여하는 것 아니었을까? 그의 시의

127 이에 대해서는 김철·신형기 외, 『문학 속의 파시즘』, 삼인, 2001 참조.

일부가 애초에, 불가능하지는 않더라도 번역을 어렵게 하는 방향으로 씌어지고 있었다는 점 또한 이와 관련하여 주목될 필요가 있겠다.

모더니즘의 언어도 내면의 언어이고 미당의 언어도 내면의 언어이다. 진정한 모더니즘이 현실로부터 분리된 것인가라는 문제를 논외로 하고 말한다면, 모더니즘의 언어는 그러나 가장 속도 있게 현실을 내파시키려는 문학이라는 점을 주목해야 할 것이다. 그에 비해 서정주의 문학은 현실을 내파하기보다는 현실 속의 한 구성 요소로, 그것도 현실의 지배를 은폐함으로써 그 지배를 정당화는 구성요소로 문제를 환원하는 언어이다. 미당의 내면화의 길이 친일과 친파시즘의 길을 준비했다고 해서 모든 내면화의 길이 친일과 친파시즘으로 치닫는다고 할 수 있는 것은 아니다. 미당의 내면화는 그 결과를 초래했지만 이상의 내면화는 현실을 내파하는 언어로 나아갔다는 점을 지적해두기로 한다.

2

# 전통, 동양, 언어미의 정치학
## _김종한의 경우

### 1. 협력과 저항이라는 쟁점

김종한(1914~1944)은 1942년 일본에서 귀국하여 2월부터 『국민문학』의 편집에 참여하기 시작했다. 1942년 2월이면 일본이 마닐라를 점령하고 남방의 전선을 확대하기 시작하던 무렵이었다. 1941년 12월8일의 진주만 공습과 함께 시작된 태평양 전쟁은 도조 히데키(東條英機) 내각의 출범(1941. 10. 18)과 함께 시작된 군벌의 지배로 인해 이미 예고된 것이었다. 그 직전에 김종한은 「항공애가(航空哀歌)」라는 제목의 시국성이 강한 작품을 『문장』(1941. 4)에 발표했다. "당신은 영원한 기지, 어머니/백발이 훈장보담도 화려하오/당신과 고도계와의 거리 속만에/무지개같은 나의 청춘을 공장(空葬) 하려오//(중략)//이 사진을 보세요,

어머니//소낙비처럼/소낙비처럼 휩쓸리는 기억을/소낙비처럼 기익(機翼)으로 갈라버리며/떠나려는 아들의 자세를 보세요"라는 구절은 진주만 공격을 눈앞에 둔 사회적 분위기를 드러내기에 충분하다. 이 작품에 대해 적극적인 친일 협력의 내용을 담고 있는 것이라고 평가하기는 어렵다. 만주 사변과 중일 전쟁을 거쳐 대동아공영의 이념으로 들뜬 일본 제국주의의 이념을 직접적으로 드러내고 있지도 않을뿐더러 전쟁을 찬양하는 모습도 보이지 않기 때문이다. 다만 우리가 기억해두어야 하는 언어는 '항공기'와 "어머니"이다. 역시 『문장』(1940. 11)지에 "음악이 혈액처럼 흐르는 이밤,/전쟁처럼/전쟁처럼 살구꽃이 만발했소"(「살구꽃처럼」)라는 구절을 고려한다면, 김종한의 시적 소재가 우연한 것이라고 보기는 어렵기 때문이다.

오오무라 마스오(大村益夫)는 김종한을, 한편으로는 저항시인으로 또한편으로는 친일시인으로 규정한다.[128] 그 근거는 「원정(園丁)」[129]이란 시에 있다.

> 해묵은 돌배나무에, 늙은 園丁은
> 사과의 어린 싹을 접목하였다.
> 시퍼렇게 날이 선 칼을 놓고
> 추워보이는, 유리빛 하늘에 담배 연기를 흘려보냈다.

---

128 오오무라 마스오, 「김종한에 대하여」, 『윤동주와 한국문학』, 소명출판, 2001.

129 이 시는 맨 처음 『국민문학』(1942. 1)에 「원정」이라는 제목으로 발표 되었고 시집 『たらちねのうた(수유근의 노래)』(인문사, 1943)에는 「一枝について」로 제목이 바뀌어 수록되었다.

"그런 일이 가능할까요"
하면서 원정의 아내는 저윽이 고개를 갸웃하였다.

이윽고, 철죽꽃이 매춘하였다.
이윽고, 버들은 음탕하였다.
해묵은 돌배나무에도 변명하듯이
두 송이 반의 사과꽃이 피었다.
"그런 일도, 가능하군요"
원정의 아내도, 비로소 웃었다.

그리고 버들은 실연하였다.
그리고, 철죽꽃은 노쇠하였다.
"내가, 죽어버리고 난 다음에는"
늙은 원정은 생각했다.
"이 가지에도, 사과가 열려주겠지.
그리고, 내가 잊혀져버릴 무렵에는……"

아닌게 아니라, 원정은 죽어버렸다.
아닌게 아니라, 원정은 잊혀지고 말았다.
해묵은 돌배나무에는, 추억처럼
사과의 볼이, 가지를 휘일 듯이 빛나고 있었다.
"그런 일도, 가능하군요"
원정의 아내도, 지금은 죽고 없었다.

—「一枝について(일지에 대하여)」(『たらちねのうた(수유근의 노래)』) 전문

돌배나무에 사과를 접목시킨다는 소재가 일제의 통치이념인 내선일체론을 상징적으로 드러내고 있다는 사실을 아는 것은 그리 어렵지 않다. 특이한 점은 그 접목의 긍정적인 결과가 먼 훗날로 유예되고 있다는 점이다. 당시의 정황 속에서 내선일체론은 조선의 청년을 한시라도 빨리 전쟁에 동원하기 위한 기능을 담당해야만 했다. 조선인은 당장 일본인으로 거듭나야 했던 셈이다. 그러나 김종한이 진술하는 것은, 그 기대되는 결과가 당장은 드러날 수 없고, 내선일체의 씨를 뿌린 사람도 그것을 지켜보던 사람도 죽어 사라진 후에 목적했던 바가 이루어지는 모습이다. 그것은 시의 표현을 빌면, "시퍼렇게 날이 선 칼"의 사업이 "추억처럼" 아련해진 때에나 가능한 모습이다. 오오무라 마스오는 이를 당시의 시국적 분위기 속에서 이미 거부할 수 없게 되어버린 지배 논리에 대해 대응하기 위해 제출할 수 있었던 합법적 주장이었으리라고 추정한다. 당장 조선인을 일본인으로 만들려는 정책에 거리를 두면서 조선과 일본 모두 존중되는 자연스러운 변화의 중요성을 드러내고 있다는 것이다.

그런데, 한가지 특기할만한 사실이 주목되어야 한다. 「원정」이란 제목의 시(『국민문학』 발표)에는 마지막 세 구절이 있는데 시집의 「一枝について」에서는 그 세 구절이 생략된다는 것이다. 생략된 구절은 "반가(反歌)/어머니를 거역하면/너도나도 일을 이룰 수 있겠느냐  만엽(萬葉)"이다. "'어머니'란 고향이며, 대지이고, 조선이자 돌배"라고 오오무라 마스오는 이 구절과 관련하여 설명을 덧붙인다. 요컨대 김종한은 「원정」

이란 시를 써놓고 그것에 대립되는 내용의 구절들을 써놓았다가 시집에서 생략했다는 것이다.

이상과 같은 이유 때문이라면 김종한은 저항시인으로 규정될 수도 있을 것이다. 그러나 그 이유가 타당성을 얻기 위해 필요한 "어머니"의 이미지가 오오무라 마스오의 주장대로 나타나기 보다는 그에 대립되는 이미지로 나타난다는 사실을 보여주는 시가 있다. 바로 위에서 언급한 「항공애가」가 그것다. 이 시에서 어머니는 "청춘을 공장(空葬)하"기 위해 "떠나려는 아들의 자세"를 지켜보는 존재이다. 어머니는 어떤 말도 하지 않고 다만 보기만 할 뿐이다. 일반적인 이해를 따른다면, 어머니는 한편으로는 아들을 (저 세계로)떠나보내고 다른 한편으로는 (자신의 세계에서) 보호하려는 존재라고 할 수 있다. 시인은 그 두 갈래의 길에서 확신에 찬 목소리로 '무지개같은 청춘'을 향한 출발을 선언한다. 이때 어머니가 침묵하는 존재라는 사실은 아들의 뜻이 어머니와 크게 다르지 않다는 의미를 함축하는 것이라고 할 수 있다.

동일한 시인의 시편들이 불연속적인 텍스트라고 해도, 그 시편들의 이미지가 가족유사성의 관계에 있을 수밖에 없다면, 「원정」에 나타났다가 생략된 구절에서 사용되는 어머니의 이미지도 「항공애가」의 어머니와 유사한 내포를 지니게 될 것이다. 그리고 이런 측면에서 본다면, 「원정」은 친일 협력시로 읽힐 가능성이 훨씬 더 농후한 작품이 된다.[130]

---

130 오오무라 마스오의 독법은 식민지 본국의 지식인이 식민지 피지배자들의 행동을 파악할 때 피식민지 지식인들이 그 행동에 대해 갖게 되는 판단과의 차별성을 잘 보여주는 예라고 하겠다. 오오무라 마스오가 친일문인들에 대해 관심을 갖는 것은 "일본에 협력한 문학자들의

그렇다면 김종한의 경우에 논점이 되는 것은 다음과 같다. 첫째, 김종한의 시는 협력인가 저항인가. 둘째, 이점과 관련하여 최근 제기되는 문제로서 김종한의 시에는 포스트식민주의적 이화가 있는가 하는 점이 그것이다.

## 2. 전통과 동양, 언어미학과 조선적 특수성

### 1) 전통과 동양

김종한은 시의 출발점을 민요에서 찾았다. 그는 1928년 『조선일보』(1928. 1. 5)에 「가을비」와 「하소연」이라는 민요시를 발표했다. 그의 나이 15세이다. 사춘기의 애상적 감성을 노출하는 시라는 점을 염두에 두고 읽더라도 당대 민요시의 수준에서는 상당히 세련된 언어 감각을 느낄 수 있게 하는 작품이다. 그는 1933년에는 『동광』(1933. 1. 12)에서 실시한 학생문단 공모에 김현승과 함께 가작으로 입선했으며, 1934년에는 『별건곤』(1934. 2)에서 실시한 유행소곡(流行小曲)현상 공모에 「임

반생과 명예는 어떻게 보상받아야 할 것인가?"라는 전제하에서이다. 물론 이런 문제설정은 친일문학을 정당화하기 위한 것이 아니다. 이것은 오히려 일본의 양심적 지식인이 일본에 의해 야기된 역사적 문제를 일본의 위치에서 풀어나가야 한다는 생각의 표현이다. 이를테면 일본의 학자가 아니면 누가 친일문인의 문학세계를 살펴볼 수 있겠느냐는 문제의식이 있는 셈인데, 이것은 저간의 한국 학계의 동향을 역설적으로 반영한다고 여겨진다. 임종국이 『친일문학론』을 출판하고 한국문학계에서 거의 무관심으로 냉대되었을 때, 오오무라 마스오는 일본에서 임종국의 후견인 역할을 하면서 한국의 친일문학 소개에 주력하였다. 이에 대해서는 오오무라 마스오, 「<대동아문학자대회>와 조선」(『윤동주와 한국문학』, 소명출판, 2001)과 「임종국 선생을 그리며」(『실천문학』, 2006 봄)을 참조할 수 있다.

자업는 나루배」로 당선되었다. 1935년에는 『조선일보』 신춘문예 공모에서 「베짜는 각씨」가 당선되었다. 이 작품들이 모두 민요시이다.

그는 어떻게 민요시의 세계에서 벗어나게 되었을까? 그가 『조선일보』(1937년 2. 6~13)에 「신민요의 정신과 형태」를 연재했을 때, 그가 강조한 것은 민요의 정태성이 아니라 시대에 따라 변모하는 유동성이다. 민요가 포착해야 하는 것은 현대인들의 삶인데, 그 현대인들은 "영원한 보헤미안이다. 그들의 향수는 향토에 대한 향수가 아니라 시대감의 반동으로 일어나는 영원에 대한 향수다"라고 그는 말한다. 이때 '시대감'이란 영원에 대립되는 것으로서 '근대적 일시성의 운명'을 뜻할 것이다. 이런 시대감각이 그의 민요시를 상당히 현대적인 언어구성체로 만들었다고 한다면, 동시에 그 감각이 그를 곧이어서 이미지즘에 가까운 현대시를 창작하도록 했다고 할 수 있다.

민요시를 창작한다는 사실도 그렇고 을파소(乙巴素)란 이름을 사용한다는 사실 자체가 강한 전통 지향성 내지는 민족 지향성을 보여주고 있지만, 그가 그 이름을 사용한 것은 『문장』지를 통해 등단한 직후인 1939년 10월 「설경」이라는 민요시를 『시건설』에 발표할 때까지이다. 이 즈음에 씌어진 산문을 살펴볼 필요가 있겠다.

> 신세대의 시인들은 시조나 정형시를 새삼스럽게 모방할 필요는 없는 것이지만, 다만 그러한 전통에서 출발하야 '조선말 시'에 대한 본질적인 비판을 가지지 못하고서는 예술적인 참의 신세대의 시는 창작할 수가 없다.
> (김종한, 「시문학의 정도-참된 '시단의 신세대'에게」—『문장』 1939. 10, 199쪽)

이 글을 참고해서 생각한다면, 김종한에게 민요란, 고정적인 형태와 조선적 향토를 그리워하는 내용으로 창작되어야 할 것이 아니라 시대적 삶의 감각을 충분히 반영하면서 스스로 변모해야 하는 시가에 대한 명칭이었다고 할 수 있다. 이를테면 시는 전통에서 출발해서 그 전통을 '본질적으로 비판하고' 넘어서면서 존재할 수 있는 언어구성체인 셈이다. 조선적인 것은 그러므로 출발의 계기를 부여해주는 것이긴 해도 영원히 지속시켜야할 대상은 아닌 것이다. 「원정」이라는 시의 "어머니"가 오오무라 마스오의 말처럼 조선적인 것을 뜻했다면, 그 "어머니"는 그러므로 새로운 시대의 감각 속에서 변모되어야 할 어머니였을 것이다.

1942년부터 김종한은 몇몇 산문에 월전무(月田茂)라는 일본식 이름을 사용하기 시작했다. 그리고 그의 시에 본격적인 친일 협력의 내용이 나타나기 시작하는 때도 1942년 1월 「원정」을 발표하면서부터이다. 이런 사실로만 미루어 판단한다면, 김종한이 친일협력시를 쓰기 시작하는 때는 곧 민요시를 쓰지 않기 시작했을 때라는 말이 된다. 비유적으로 말하면 형태와 내용이 변한 민요시를 쓰게 되었다고 할 수도 있다. 동시에 민요시를 쓰지 않는 것은 전통적 삶의 내용을 변모시킨 것이라는 의미를 갖는다. 김종한이 전통을 변화시켜서 찾게 된 것은 무엇이었을까?

사실 현대와 같은 언어적 과도기에 있어서는 남보다 우수한 국어력을 가졌다는 것이 자랑될 것이 아니라 남보다 열등한 국어력을 가지면서도 노력 여하로 우수하게 되려는 성의-그 성의에 의미가 있을 것이다. 이것은 딴 얘기지만 일본정신의 체득도 동일할 것이어서 더구나 작가의 경우에 있어서는 대학교수의 강의나 교화단체의 팜플렛 등에서 배울 것이 아니라 몸소 고전을 숙독하여 자기자신의 설(舌)로 고전의 저류를 이루고 있는 정신의 원파(源派)를 파악해야 할 것이다.

—「국어공부기」(『매일신보』, 1942. 9. 2)

전통의 깊이로부터 출발하여 그것을 넘어서는 것으로서 가능한 시창작을 주장하는 김종한은 「국어공부기」에서 그를 위한 일본어 습득의 필요성을 무엇보다도 강조한다. 언어는 천부적이고 태생적인 것이 아니라 습득을 통해 능력화되어야 할 대상인데, 바로 일본어가 그것인 셈이다. 그리고 일본어와 전통의 문제를 총괄하면서 등장하는 용어가 바로 동양이다. 그는 그 즈음의 글(「조선시단의 진로」, 『매일신보』, 1942. 11. 13~16)에서 "요새의 시인들에게는 호언장담×이 있어서 자칫하면 동방이니 아세아니 하지만 역시 시에 잇서서는 사소한 생활감정을 통하야 그러한 위대한 시대적 공동감정을 읍는 것이 올흘 것이다"라고 쓴 후 유치환의 「首」를 "일본의 국민시의 새로운 영역"이라고 고평한다.[131] 그런데 김용제, 주영섭, 조우식 등의 젊은 시인들에게는 바로 그 국민시가 갖추어야 할 전통의 영역이 부재한다고 김종한이 비판할 때, 그가 강조한 전통이란 곧 일본의 전통이었다. 이때 일본은 단수적(單數的) 국가로서의 일본이 아니다. "그리고 조선의 시적 전통에 대해서는 새삼스럽게

131 유치환 시의 친일논란과 관련해서는 이와 같은 당시의 평가도 중요하게 고려되어야 할 것이다.

공부할 필요를 느끼지 안는다는 연령과 용기를 가진 이십대의 시인이 잇다면 그것도 조타고 생각한다. 그러나 조선의 고전은 그래도 조타고 할지라도 웨 그러면 내지의 고전에 대해서도 불성실한 태도를 작품의 결과로 나타내는가"(같은 글)라고 쓸 때 김종한이 염두에 두는 것은, 표면적으로는 일본의 고전이지만 이면적으로는 조선과 일본을 포괄하는 동양의 고전인 것이다. 이런 점에서 본다면, 김종한이 전통을 부정하면서 그 전통의 힘으로 새로운 시를 창조해야 한다고 했던 논리 속에서 결국 일본적 동양이 나타난다고 할 수 있다.

일본 고전에 대한 강조가 보편론의 차원에서 동양 황국론으로 연결될 수 있음을 보여준 사람은 다름아닌 서정주이다. 그는 「시의 이야기—주로 국민시가에 대하여」(『매일신보』, 1942.7.13-17)에서 시적 보편성을 삶의 전통적 요인과 연결시켜 놓았다. 그런데 이 보편적 요인을 강조하면서 시적 독창성이 부정된다는 사실도 주목해보아야 한다. 서정주가 같은 글에서 "우리는 다시 개성이라든가 독창이라든가 하는 말에 대치되는 말로서 '보편'이라든가 '일반성'이라든가 하는 말을 생각해보지 않을 수 없다.…(중략)…자네들의 호흡을 항상 순조롭게 들려줄 수 있는 언어의 보편성, 시가의 보편성이란 어떤 것일까?"라고 말함으로써 부각시키는 것이 "동방 전통의 계승"이다. 그런데 시적 독창성을 시적 새로움과 연결시키고 그것의 위험성을 이야기하는 것은 김종한도 마찬가지이다. "독창적인 것을 노려서는 안됩니다. 특히 현대에 있어서는. 그 까닭은 독창적인 것은 현대에 있어서는 매우 심한 경쟁의 목표이기 때문입니다"(「시문학의 정도」, 『문장』, 1939, 10, 201쪽)라고 쓴 김종한은 독창적 시에 대한 예로 이상과 김기림을 들고 이들을 모방하는 신세대 시인들을 보면서 "한심(寒心)을 느끼지 않을 수가 없"(같은 곳)다고 쓴다. 그런데 "한심"이란 말은 어처구니 없는 상태를 뜻하는 동시에, 같은 글의 뒷부분에서 진술하는 '한산시(寒山詩)' 서문의 한 구절을 떠올리도록 하는 작용을 한다. 인용된 곳은 "凡讀我詩者 心中須護淨"[132]으로 서문의 첫 대구이다. 김종한은 이 구절에 근대성을 가미한 것이 바로 '순수시'라고 쓴다. 요컨대 마음에 "엄격한 절도"를 부여하는 데서 순수시가 나온다는 것이다. 이 절도의 가치를 친일 담론의 동양정신으로 치환하고 도의적 세계관으로 바꾸는 것도 어려운 일은 아니지만, 서정주와 김종한에게 그 세계관이 순수한 상태의 시적 사유로 이해되는 것도 어려운 일은 아니었다. 이들의 친일은 그러므로 언어미학의 독창성을 희생해서(개인을 희생해서!) 전체의 보편성을 강조하는(국가의 우선성을 인정하는!) 파시즘의 미학으로 자리잡는 것이라고 할 수 있다.

김종한의 친일시는 이렇게 자기 위안적 시론으로 나타난 것이라고 할 수 있다. 이것이 자기 위안적인 것은 김종한이 주장하는 '보편성'이 실은 언어 창조의 개별성으로 보장받을 수 있는 시의 미학을 '전체성(←보편성)'의 개념으로 용해하고 있기 때문이다. 선택 가능한 여러 길

---

132 뜻은 "이제 내 시를 읽는 그대들이여/모름지기 마음 속을 깨끗이 하라"이다. 이 구절을 인용하는 문장은 다음과 같다. "순수시의 이론도 쉽게 말하면 한산시의 서문인 '凡讀我詩者 心中須護淨'에 근대성을 가미한 것에 불과할 것입니다"

앞에서 무엇인가를 선택했을 때, 무릇 인간은 이성의 간교한 힘으로 그 선택을 합리화하기 마련이다. 중요한 것은 이 합리화가 논리적인 결함들을 보충하는 과정을 거쳐 일종의 신념으로 탈바꿈하게 된다는 사실이다. 객관적 현실의 참모습을 외면하는 경우 그것이 신념으로 화할 때 선택된 것은 재론의 여지가 없는 진리로 나아가게 된다. 어떤 방어기제가 이때 작동할 것이다. 반성하지 않는 주체의 폭력이 그래서 나타나는 것이다. 이 합리화의 결과, 언어미학의 완성(시적 개성)과 문학장의 시공간적 전체성(보편성)이 상호 결합적인 것이 아니라 배타적인 것으로 이해되고 이때 우위에 서는 것을 김종한은 후자로 꼽고 있는 것이다. 이 후자를 구체화한 것이 김종한에게는 전통-동양으로 나타난다. 그것이 정말로 보편적인 것인가에 대한 자기 검토와는 별개로 형성되기 때문에 동양적인 것의 보편성은 이로써 자기 위안이라는 사실을 넘어서 자기 미학의 참됨을 보장하는 투명한 기준으로 작용할 것이다.

### 2) 언어미학과 조선적 특수성

순수 서정파에 속하는 김종한과 서정주는 비슷한 시기에 친일작품을 쓰기 시작했다. 김종한은 1942년 1월 「원정」(『국민문학』)을 발표했고, 서정주는 1942년 7월에 「시의 이야기-주로 국민시가에 대하여」(『매일신보』)를 발표했다. 시기만으로 본다면, 김종한과 서정주는 태평양 전쟁이 일어나고 일본에서 근대초극론이 강조되던 시기에 친일문학의 계기를 맞았다고 해야 한다. 이 둘의 친일시가는 형식상으로는 언어 미학에 충실하고 이념상으로는 전통 양식을 강조한다. 이 당시의 역사적 계기 중에서 1940년에 시작된 신체제론은 1941년말의 근대초극론과 대동아 공영론으로 확장되면서 연동된다. 동아 신질서를 표방하고 신체제론에 영향을 주었던 코노에 내각이 토조 히데키의 군부 내각으로 바뀌면서 태평양 전쟁이 발발되었기 때문이다. 동아신질서론이 동아협동체론이나 동아연맹론과 연결되면서 도의적 동양을 강조하고 신체제론이 서구적 질서를 극복한 동양적 질서를 강조한다는 점을 염두에 둔다면, 실질적으로 이 시기에 문학인들의 관심을 끌었던 동양론 내지 황국론은 1940년대 전반기를 줄곧 규정하면서 상통하는 것이라고 할 수 있다. 김종한과 서정주는 앞에서 살펴본 것처럼 바로 동양적 전통을 강조하는 곳에서 연결된다.

1930년대를 경유하면서 등단하기 시작한 문인들에게는 새로운 문학적 세대로서의 감각이 중요했다. 이것이 선배세대와의 일종의 대립의식으로 나타난 것은 당연했는데, 김종한은 그것을 미학적인 것과 시국적인 것으로 나누어 표현했다. "시에 있어서는 내용이 형태에 내속(內屬)하는 것이므로 언어 자체의 미를 떠나서는 여하한 시상(詩想)도 사상도 공허한 개념에 불과한 것"[133]이라는 진술과 함께 다음을 읽어보자.

> 드디어 싱가포올도 함락했습니다. 그날의 국민으로서의 감격을 솔직히 작품한다는 것은 작가로서 당연한 일일 것입니다. 그러나 또한 싱가포올의

---

133 김종한, 「시문학의 정도-참된 '시단의 신세대'에게」, 『문장』, 1939. 10, 199쪽.

> 함락을 노래하기 때문에 고사기, 만엽에서 비롯된 유구하고 찬연한 일본시사에 예술적인 오점을 남기는 시인이 있다면 그의 공죄는 상쇄(相殺)될 것입니다.
>
> 싱가포올의 함락에 그지없이 감격하면서도 돌아앉아 일본국민의 정감과 사유에 혈액적인 전통과 역사를 가지는 매화를 노래하는 시인이 있다면 그의 작가적 태도에도 행동 이유를 허용하는 것이 대국민으로서의 건설적인 금도(襟度)가 아닐가 생각합니다.[134]

김종한이 강조하는 것은 산문화할 수 있는 주제와 그것을 언어화하는 미적 과정이 별개로 이해되어야 한다는 사실이다. 이 분리는 시에 있어서의 순간성의 포에지를 부각시키기 위한 것이다. 이에 대해서는 김종한이 『문장』지에 작품을 발표한 이후 처음으로 자신의 시론을 밝힌 「나의 작시 설계도」[135]에서도 피력한 바 있다. 그것은, "시인은 그의 인상을 그의 **최고의 순간**에서 다만 배열하면 된다. 그가 배열한 것에는 스사로 조화가 있으리로다."(강조는 김종한)라는 구절이다. 김종한의 시적 생애를 통해 일관되게 주장되고 있는 이 논지는 근대문학의 가장 선배 세대에 해당할 김동환이 「전쟁과 애국시인」에서 시국에 전념하기 위해 '시의 미학'을 훗날로 유예시키는 태도와 직접적으로 대비되는 것이다. 김종한은 시의 미학을 강조하기 위해 시의 본질과 속성을 나눈다. 이때 본질이란 시의 미적 완전성 자체이고 속성이란 정황에 따라 시에 부여되는 외적 요소를 말한다.[136] 이 속성에 그저 충실한 것만으로는 시가 될 수

134 「일지의 윤리」, 『국민문학』, 1942. 3. 30쪽.
135 김종한, 「나의 작시 설계도」, 『문장』 1939. 9.

없다는 것이 그의 생각이었다. 요컨대 김종한에게는 시의 완성을 위해서는 시국적인 내용의 옳고 그름은 그다지 고려할 필요가 없는 것이었다고 할 수도 있겠다. 이것은 그러나 중요한 역설을 포함할 수밖에 없다. 미를 위해 당위적 현실을 희생하는 일이 그것이다.

김종한과 유사한 관점을 가진 시인이 바로 서정주이다. 그가 힘주어 말하는 것 또한 "취재야 아무데서 하여도 좋은 것"이며 "시는 무엇보담도 언어해조"[137]라는 사실이다. 이 둘의 문학적 출발점은 다르지만[138] 이 시기에 이르러 보여준 문학적 지향점이 동일하다는 점이야말로 언어적 형식미를 강조하는 문학론의 내재적 경향이 갖고 있는 역설을 보여주는 것이다.

그런데, 이 언어 미학의 강조가 미적 특수성으로 귀결되고, 특수성이 삶의 차원과 결합될 수 밖에 없다면, 조선의 문학은 일본의 문학과 다른 차원이 있음을 해명해야 할 것이다. 일본과 동양론으로 시국적 보편성이 총괄된다고 해도, 김종한의 말처럼 사소한 생활감정의 구체성을 획득하는 것이 시적 성공의 지름길일 것이기 때문이다. 이때 제기되는 것이 일본 제국의 한 구성요소로서 조선이라는 지방이 갖게 되는 의미이다.

---

136 김종한, 「일지의윤리」, 『국민문학』, 1942. 3. 32쪽)

137 서정주, 「시의 이야기-주로 국민시가에 대하여」, 『친일문학작품선2』, 실천문학사, 1986. 291쪽.

138 김종한은 본격적으로 등단하기 이전에 다수의 민요시와 시론을 썼으며 서정주는 초기에 보들레르와 생철학의 영향하에서 '생명파'로 분류되는 시를 썼다.

지방경제와 지방문화에 대한 관심이 높아진 것도 사변 이래의 일이지만 전체주의적인 사회기구에 있어서는 동경도 하나의 지방이라고 생각하는 것이 올흘 것입니다. 라기보담 지방이나 중앙이란 말부텀 정치적 친소를 부수하야 좋지 않은 듯합니다. 동경이나 경성이나 다같은 전체에 있어서의 한 공간적 단위에 불과할 것입니다. 그 경우의 중앙이라든가 전체라든가 하는 것은 국가란 관념적인 것이 아닐까 합니다.

—「일지의 윤리」(『국민문학』, 1942.3)

이런 진술과 관련하여[139] 이른바 '신지방주의'라는 말이 『국민문학』 진영의 국민문학론에서 제기되고, 이것이 내선일체론의 흐름 속에서 '녹기연맹' 진영과 일정한 긴장을 형성하고 있었음은 널리 알려진 바와 같다. 김윤식이 「『국민문학』지의 표정-'녹기연맹'과의 대립 의식」(『한국근대문학사상연구1』, 일지사, 1984)에서 주목하는 것이 바로 그 점이고, 윤대석의 앞의 논문도 김종한과 최재서가 보여준 '신지방주의 국민문학론'을 탈식민주의적 관점에서 읽어내는 것이다. 이들의 논의를 결론적으로 요약하면, 『국민문학』지는 일제 지배체제의 규율을 단순 수용한

139 참고할 만한 또다른 진술이 있다. 김종한 편역, 『雪白集』(박문서관, 1943)의 후기로 씌어진 글의 일부이다. "반도인의 익찬은 반도라는 일본의 한 지방의 땅에 안심입명하는 것에서 출발한다고 생각하기 때문이다. 그 경우 더 곤란한 것은 반도문화의 실정으로서 무언가 민족적인 것과 혼동되거나 오해되는 일이다. 오랫동안 나는 이 이율배반적인 문제로 고심했다. 그러나 최근은 어떤 신념을 갖게 되었다. 즉 반도의 시인들이 아무리 시대와 전쟁을 노래해 보아도 그것이 황국의 일지방인 반도의 땅과 자연성에 뿌리내리지 않는 한은 공허한 관념적인 것에 머물고 독자에게 감명을 줄 수 없다는 사실이다." 『설백집』, 98쪽. 『설백집』은 정지용, 홍사용, 백석, 김동환, 주요한, 김상용, 유치환 등의 시를 김종한이 자신의 시 몇 편과 함께 일역하여 묶은 사화집이다. 김종한은 이 시집을 통해 조선적 지방 정서와 일본어의 결합을 도모했을 수도 있다.

것이 아니라 그 규율 속에서의 균열을 도모하고 그를 통한 차이화의 기미를 보여주고 있다는 것이다. 이 균열을 보여주는 것이 『국민문학』지와 '녹기연맹' 그룹의 내선일체론에 대한 상이한 이해라고 그들은 주장한다. 그것을 김윤식은 "조선문학의 특색을 충분히 살핌으로써 대동아 속에 하나의 구성원으로 그 자리를 지닐 수 있다는 것"의 의미로 해석하고, 윤대석의 탈식민주의적 독법은 그것을 "조선의 독자성에 대한 권리 주장"[140]으로 해석한다.

그러나 현재의 관점에서 해석이 이루어질 경우 초래될 수도 있는 사실의 왜곡을 경계하자면, 당시 『국민문학』지의 담론에 대해서는 당시의 논리로 읽어낼 필요가 있다. 츠다 다카시(津田剛)는 다음과 같이 말한다.

> 그것(내선일체론:인용자)을 대별해보면 평행 제휴론과 동화일체론으로 나눌 수 있다. 양자 공히 내선분리에 반대한다는 점은 동일하지만, 일체와 언어에서는 또 완전히 다른 입장을 지닌다. 평행 제휴론은 조선이 과거에 있어서 특수한 역사와 문화를 가지는 민족으로. 그러한 사실은 소멸 할 수 없고 또 소멸할 필요도 없다는 것이다. 조선은 아시아의 독특한 정신문화와 역사를 기초로 아시아가 백인의 침략을 물리친 일본을 중심으로 하는 아시아인의 아시아를 실현하려는 동아의 현단계를 인식해 그 성업을 달성하기 위해 조선 민족으로 그것에 참가하는 방법이라는 것이다. 그를

140 윤대석, 「『국민문학』의 양가성」, 『트랜스토리아』, 박종철출판사, 2003 상반기, 168쪽.

위해서는 일본이 동아의 지도자적 입장에 있고, 그 정책이야말로 아시아를 일으키는 것이라는 사실을 인식하고, 그것을 함께 추구해야 한다는 것이다. (중략)

그것에 대해 동화일체화론은 현실은 물론이지만, 반도는 이미 대일본제국의 일부이며 반도의 과거 역사와 문화가 반드시 반도 민중을 참으로 행복한 상태에 둘 수 있었다고 생각되지 않는 고로, 일본이 가지는 높은 문화에 오히려 융합 동화해 그와 동일한 입장을 획득함으로써 진실로 반도의 빛나는 장래를 획득할 것에 대해 고찰중임을 논하고 있다.

—『内鮮一體の基本理念』(綠旗聯盟, 1939)

쯔다 다카시가 강조하는 것은 내선일체론에 있어서의 평행제휴론이나 동화일체화론 모두 궁극적으로 일본과의 완전 동화를 목표로 한다는 것이다. 그는 위의 인용 단락 바로 앞에서 조선에서의 공산주의 운동과 민족주의 운동의 전말을 간략히 개괄하고 그것이 지향했던 조선 해방이나 자치가 불가능한 꿈이며 시대적 소망을 모르는 소치라고 비판한다. 그의 논의에서 주목할 만한 부분은 조선 자치까지도 부정하면서, 평행제휴론이나 동화일체화론은 공히 일본화의 길로 나아갈 것이라고 강조한다는 사실이다. 그것은 당시의 『국민문학』 진영이 아무리 특수성을 강조해도 결국 일본으로 융합되는 수밖에 없음을 그가 주장한다는 사실을 뜻한다. 그런데도 탈식민주의적 독법이 『국민문학』 진영에서 저항적 이화를 읽어내는 것은 무엇때문일까.

오오무라 마스오가 김종한에게서 저항의 가능성을 읽어낸다면, 최근의 탈식민주의적 독법은 양가성을 읽어낸다.[141] 동화(협력)와 이화(저항)의 압축적 전개를 김종한의 작품들에서 보는 것은 오오무라 마스오가 친일과 협력을 읽어내는 것과 유사한 듯이 보이기도 한다. 그러나 오오무라 마스오가 저항의 측면을 강조한다면 탈식민주의는 동화를 전제로 한 이화를 강조한다고 할 수 있다. 이화를 잠재적인 차원의 저항이라고 했을 때, 그것은 현동화(actualization)되지 않았지만 규정적 힘을 가지고 있는 실재의 차원에 해당할 터이다. 「원정」이라는 시에서 그런 저항성을 읽어내는 것이 곧 식민지 피지배자들의 이화의 잠재성을 살피는 일이 될 것이다.

그러나 그 이화의 규정성은 언제나 동화의 지배를 받을 수 밖에 없는 것이다. 왜냐하면, 주체(subject)를 규정하는 것이 타자라는 포스트주의의 기본적 전제 속에서 본다면, 이화란 언제나 타자를 따라가는 과정 속에서의 주체의 미끄러짐일뿐이며, 결국 주체의 욕망이 전개되는 영역은 타자의 영역일 수밖에 없기 때문이다.

이것을 친일문학에 대한 논의로 전환시킬 경우, 특히 글쓰기의 주체가 문제가 되기 때문에 더욱 논점이 예각화된다. 왜냐하면 글쓰기의 주체란 '소유의 변증법'(상징계)에서 '존재의 변증법'(상상계)으로 돌아가려는 주체이기 때문이다. 그러나 이때 주체는 '아버지'라는 큰타자를 벗어나

141 김종한의 문학에 대한 국내에서의 연구는 그다지 많지 않다. 몇몇 문인의 회고를 빼면 김종한에 대한 논의는 주로 40년대 한국문학에 대한 포괄적 연구 속에서, 혹은 『국민문학』과 최재서에 대한 연구의 한 구성요소로서만 진행되고 있을 뿐이다. 김종한의 협력과 저항의 문제에 대해서는 윤대석, 「1940년대 '국민문학' 연구」, 서울대 박사논문, 2006을 참고할 수 있다. 보다 집중적인 논의는 심원섭의 글을 참고할 수 있다.

서 자신의 말로 세계와 만나려는 내재적 주체이다. 이런 관점에서 친일문학을 이야기한다는 것은 무엇을 의미하는 것일까? 저항과 협력으로 이중 구조화된 주체라는 문제 설정의 포스트 식민주의적인 관점 속에서 보면 친일문학은 식민담론에 포획된 주체들에게는 불가피한 선택임이 분명하다. 그들은 식민구조의 아들들이기 때문이다. 그러나 그 주체가 실은 항상 타자에게 구속된 채 고정되어 있기만 하는 존재가 아니라는 사실이 고려될 필요가 있는 것이다. 파농이나 라자뤼스가 피식민지 주체의 내적 분할(부르주아적 민족주의/민중적 민족주의)을 제기하고 민중적 민족주의의 저항적 잠재력으로부터 탈자본주의의 가능성을 보는 것은 바로 그 주체의 내재성으로 제국주의적 질서를 돌파할 가능성을 타진하는 것이라고 할 수 있을 것이다.

그러나 김종한은 언어 미학의 독자성을 강조하면서 그것을 파시즘의 전체성으로 용해시키고 조선의 독자성을 주장하면서 그것을 다시 일본-동양의 전체성으로 환원한 경우였다. 여기에서 저항적 이화를 보는 것은 그러므로 지나친 주관적 감상의 결과라고도 할 수 있다. 시 한 편을 더 보도록 하자.

늦은 오후
어느 집 대문 옆에서 한 꼬마가
글라이더를 날리고 있다
그것이 5월8일이고
이 반도에 징병이 결정된 날임을

모르는 것 같았다 오로지
엘폰실을 감고 있다

이윽고 십년이 흐르겠지
그러면 그는 전투기를 탈 것임에 틀림없다
하늘계단을 꼬마는
어젯밤 꿈속에서 올라갔다
그림책에서 본 것보다도 아름다워서
너무 높이 올랐기 때문에
푸른 하늘 속에서 오줌을 누었다

늦은 오후
어느 집 대문 옆에서 한 시인이
꼬마의 글라이더를 보고 있었다
그것이 5월8일이고
이 반도에 징병이 결정된 날이기에
그는 웃을 수가 없었다
글라이더는 그의 안경을 비웃으며
빛에 젖어서 청기와 지붕을 넘어 갔다

—「幼年-徵兵の詩」(『國民文學』, 1942. 7) 전문

앞에서 살펴본 「항공애가」와 유사한 상상력을 전개하는 시이다. 미래에 전투기 조종사가 될 아이는 지금 글라이더를 날리면서 시인을 비웃는다. 시인은 "징병이 결정된 날"이기 때문에 심각하지만, 아이가 유쾌하게

시인을 뛰어넘는 것은 미래적 영광이 그 징병으로 결정되었다는 사실을 신념처럼 가지고 있기 때문일 것이다. 미래의 영광에 대한 신념은 아이로 하여금 현재의 야뇨증마저 아무것도 아닌 것으로 만들 수 있는 능력을 부여해준다. 『항공애가』도 그렇고 「원정」도 그렇다. 현재의 고통은 모두 미래에 해결될 것이었다. 왜냐하면, 김종한이 민요시의 변모로서 현대시의 친일협력이라는 변모를 만들어내었듯이, 현실 또한 변모의 운명에 놓여 있을 것이기 때문이다. 김종한이 미적 개별성과 전체성 사이를 오가고 '지방-조선'과 '전체-일본'을 오가면서 줄타기를 한 것은 그 줄타기의 미끄러짐 속에서 미적 추구에만 집중하면서 조선이라는 현실의 운명을 외면했던 결과는 아니었을까? 다시 말하면 미적 극단의 추구 속에서 그것의 성공을 위해 현실을 외면했던 결과는 아니었을까?

# Ⅳ. 동양이라는 쟁점

1

# 반서구 동양 담론의 전개

중일전쟁이 발발하고 1년 여의 답보상태를 지나서 1938년 10월 무한삼진(漢口, 漢陽, 武昌) 함락과 함께 전세가 급속히 일본측으로 기울었을 때, 그 역사적 사실을 사실대로 인정하면서 동북아와 조선의 미래에 대한 현실적 판단을 해야 한다고 주장한 사람은 백철이다. 그 주장이 담긴 문건이 「시대적 우연의 수리-사실에 대한 정신의 태도」(『조선일보』, 1938.12.2~7)이다. 일본의 근대주의가 중국 봉건주의의 성문을 활짝 열어 제낀 것으로 중일 전쟁을 평가하면서 '시야가 훤하게 뚫리는 느낌'을 가졌다고 고백하는 백철의 이 글이 향후 전개될 동북아 공동체론이나, 그것의 확장인 대동아공영론을 미리 당겨서 진술하는 것임을 아는 일은 어렵지 않다. "위정자들이 동양의 평화를 건설하는 이상을 말하는데 대하여도 그 말을 제대로 신뢰"해야 한다고 그는 말하는 것이다.

이 중일전쟁이 '아세아적 생산양식론'을 극복하여 세계적 수준의 사회구성체로 나아가는 길'이라는 것, 그리고 그 사실을 강조하는 것이 근대주의적 동양론이라면, 이 주장이 있기 직전에 일본 정부의 제2차 고노에 성명이 있었음도 상기해야 할 것이다. 1938년 11월 3일에 있었던 그 성명의 내용은 '전쟁이 동아시아 신질서의 수립에 있다'라는 말로 요약되는데, 여기에는 두 개의 이론적 근거가 있다. 하나는 만주국 협화회의 이시하라 간지(石原莞爾)가 주장한 '동아연맹론'이며 다른 하나는 일본행정부 소화연구회의 미키 키요시 등이 주장한 '동아협동체론'이다. 민족주의적 배타성을 넘어서기 위해 국가 연합의 필요성을 강조하는 대아시아주의로서의 이 두 이론이 공통적으로 전제하는 것은 동아신질서에 있어서의 일본 지도의 원리이다. 이른바 팔굉일우(八紘一宇)의 기본적 출발점으로서 일본 중심주의의 방침이 이로써 드러나는데, 따라서 동아연맹론과 동아협동체론 모두 일본의 아시아 지배를 수사학적 담론으로 정당화하는 것임을 알 수 있다.

비록 수사학적 담론이라고 해도 담론의 물질성이 아예 없을 수는 없을 것이다. 실제로 조선의 지식인들이 친일의 이념을 내면화할 때, 반서구적 동양주의가 현실적 가능성의 문제로 타진되었을 여지는 충분히 있는데, 백철의 경우 그것이 굴절된 오리엔탈리즘으로 나타난다고 할 수 있다. 굴절된 오리엔탈리즘이란, 중국을 전근대적 대상화의 자리에 놓고 일본을 서구적 지배자의 자리에 가져다 놓음으로써 역사발전의 선두에 일본의 위치를 기정사실화하는 담론적 과정을 의미한다.

이것을 시적으로 형상화한 사람은 김용제이다.[142]

그리고 이것은 너무도 쓰라린 추억이다—
유니온 잭의 서방의 기가
너의 처녀성을 범하고
아편전쟁의 마약을 주사받은 이후
너의 순결한 혈액은 오탁(汚濁)해 버렸다

…중략…

지나의 어미인 양자강아
동문동종의 우방은
아세아의 대동단결을 부르짖고 있다
사억의 민중은 그의 악수를 바라고 있다
모성애의 옛노래를 다시 부르라!
지금야 말로 깨어서 끓어 오르라!
지금야 말로 동양의 건설을 부르짖으라!

—「양자강」(『조선문학』 1939년 4월)[143] 부분

142 백철과 김용제의 근친적 친일관계에 대해서는 졸고, 「대동아공영과 전쟁의 생철학」, 『재일본 및 재만주 친일문학의 논리』, 역락, 2004 참조.

143 김용제는 동일한 제목의 시를 『동양지광』 1939년 5월호에 일어로 발표하는데, 이는 『조선문학』, 1939년 4월호에 이미 한글로 발표한 동일 작품에 약간의 변화를 주어 재발표한 것이다. 『조선문학』 당호와 1939년 5월호에 "전쟁문학 아세아시집"이란 제목으로 수록된 한글 연작 시들은 이후 일어로 재작성되어 『동양지광』에 수록되었다. 그 시들의 목록은 다음과 같다. 「종달새」 「꽃」 「청춘」 「양자강」 「소녀의 탄식」(이상 『조선문학』, 1939, 4) 「폭격」 「전차」 「보초의 밤」 「소화(笑話)」(이상 『조선문학』, 1939, 5). 한편 이 작품들은 1942년 12월에 대동출판사(大同出版社)에서 간행한 친일시집 『아세아시집』에 수록되었다.

중국은 서구 제국주의에 의해 오염된 대륙이지만, 동시에 "아세아의 대동단결"을 통해 새로운 동양 건설의 역사적 전망으로 불타올라야 할 곳이기도 하다. 당대의 반서구적 동양론을 시의 언어로 선전하는 의식에는 그런데 모종이 비약이 있다. 근대는 서구적 근대일 것이며 동양은 그 서양과 근대의 반정립이기 때문에 논리적으로 따져본다면 반서구적 지향이 근대로 나아갈 수는 없는 것이다. 따라서 반서구의 이념이 근대로 나아간다는 것은 그 새로운 근대가 서구의 지배를 대체하는 또다른 지배 체제라는 사실을 의미하는 것이다. 앞의 백철과 김용제의 동양 이념은 그러므로 표면적 반서구주의를 한편으로 하고 이면적 근대주의를 또한편으로 하는 두 겹의 내용을 갖는 셈이다. 서구 중심적 근대주의가 선형적 발전의 역사관을 갖고 있으며, 그것이 제국주의적 식민지 침략으로 연결되는 것이었음을 염두에 둔다면, 백철과 김용제의 동양론이 제국주의적 속성을 지니고 있는 것은 너무도 당연한 사태라고 할 수 있다.[144]

이 전망이 선취해야 할 내용은 대아시아주의에서 일본의 중심성을 확인하는 것인데, 「아세아의 시」(『아세아시집』, 1942)는 그것의 결정판이다.

---

144 강상중은 이와 관련된 일본의 전도된 오리엔탈리즘에 대해 "서양=근대를 대립항으로 놓지 않으면 자신의 정체성을 확립할 수 없었던 근대 일본의 분열이 만들어 낸 '상상의 공동체'에 불과"하다고 지적한다. 강상중, 『오리엔탈리즘을 넘어서, 이경덕·임성모 역, 이산, 1999, 178면.

나는 아세아의 부흥을 위해 싸우고 싶다
동시에 새로운 아세아정신을 조용히 만들고 싶다
나는 일본국민의 애국자로서 일하고 싶다
동시에 새로운 일본정신을 깊이 배우고 싶다
나는 조선 민중의 참된 행복을 위해 일하고 싶다
동시에 그리운 자장가를 순정하게 부르고 싶다
거기에 나는 감정의 모순을 조금도 느끼지 않는다
거기에는 아름다운 아세아적인 조화가 있을 뿐이다

—「아세아의 시」 부분

내용의 해석이 필요 없을 정도로 명확한 시이다. 중요한 것은 당대의 친일문학에서 이 명확한 주장들의 반복이 불러올 물질적 담론의 힘일 것이다. 그것이란, 가능하지 않았던 것이 가능한 것으로 변모하는 놀라운 현실을 경험하는 일과 동일한 것이었을 터이다. 백철이 앞의 글에서 '시야가 훤히 트이는 경험'이라고 표현한 바의 바로 그것이 동북아의 진정한 패자로 부상하는 일본에 대한 사실수리적 긍정의 길로 연결될 수밖에 없는 사태는 이에서 연유할 것이다. 따라서 새로운 아시아의 건설이 일본정신의 학습을 통해 이루어지리라는 기대는 김용제만의 것이 아니었다. 오히려 반봉건적 근대주의의 '아시아-일본'적 담론으로써 미래를 전망하는 일이야말로 지식인이 수행해야 할 현실적 과제였을 것이다. 친일문학은 그 동양주의의 내재화를 통한 자기정당화의 반복적 실천이 가져온 필연적 결과라고 말해야 하는 이유가 여기에 있다.

2

# 배타적 동양 담론에 거리두기
## _이육사의 경우

중일전쟁과 동양론의 출현이 모든 문인을 친일의 이념을 정당화하는 인식적 개안으로 사로잡았던 것은 아니다. 중요한 것은 이 대목이다. 30년대말로부터 1945년에 이르기까지의 반서구적 동양론이 동북아공동체론에서 대동아공영론으로 확장되면서 거의 모든 시국적 담론을 형성 흡수하고 있을 때,[145] 조선의 저항적 지식인들은 그 동양담론에 대해 일정한 거리를 두고 긴장을 형성했다. 대표적인 인물은 이육사이다. 이육사가 유학 사상의 영향을 받은 인물이라는 사실 못지않게 강조되어야 하는 것은 동서문명에 대한 균형잡힌 시각을 그가 가지고 있었다는 사실이다. 그는 「조선문화는 세계문화의 일륜(一輪)」(『비판』, 1938.

145 당시의 동아신질서론과 동양정신·동양문화론의 귀결로서 "동양인으로서의 입장"으로 서양과의 차별성을 주장하는 대표적인 글로는 유진오, 「동양과 서양-동아문예부흥에 관한 일단상」, 『친일문학작품선집』2, 실천문학사, 1986을 참조.

11)에서 이렇게 썼다.

> 매슈 아놀드의 말에 따르면 교양의 근원이란 것은 한 개 완성에의 지향이라고 하였으니, 우리의 정신문화의 전통 속에 어떠한 형식이었든지 이런 것이 있었고 서구와 동양 사상을 애써 구별하려고 해보아도 지금의 우리 머리 속은 순수한 동양적이란 것은 있을 수 없다는 것은 여기에 별 말할 필요조차 없으므로, 지성문제는 유구한 우리 정신문화의 전통 속에 그 기초가 있었고 우리가 흡수한 새 정신의 세련이 있는 만큼 당연히 문제되어야 할 것입니다. 다시 말하면 르네상스를 경과한 구주문화도 이제는 벌써 구주만의 문화는 아닌 것이며, 그들의 정신의 위기도 그들만의 위기라고는 생각해지지 않는 까닭입니다.

육사에게 전통과 서구 문화가 어떤 관계를 갖고 있는 것인지를 알게 해주는 산문이다. 이 글이 발표되는 때가 백철의 앞의 글이 발표되는 때 ,즉 일본이 중국의 무한삼진을 함락시키고, 반서구적 동양주의의 근대가 강조되는 시점이라는 사실을 되돌아볼 필요가 있다. 근대의 빛에 묻혀 치유할 수 없는 상처를 갖게 되었을 식민지 지식인들에게 일본의 승리는 거대 제국 중국과 그 중국을 점령한 서양의 힘에 대해 지녔던 이중적 열등감을 일시에 없애버릴 수 있는 결정적 계기였을 것이다. 백철의 '사실수리론'이란 바로 이런 사태에 대한 최종적 인정에 해당하는 것이었다.[146] 그런데 이육사는 이 견해와는 전혀 다른 생각을 펼치고 있다. 배타적 동양주의의 지적 경향이 동양적 전통과 서양적 전통의 차별성을 극적으로 보여주는 데 집중한다면, 이육사에게 전통은 그 자체로 전통인 것이 아니라 타자와의 지속적 교섭을 통해 형성되는 것이다. "우리 머리 속은 순수한 동양적이란 것은 있을 수 없"으며 '서양 문화도 서양만의 문화가 아니라는 진술'을 고려할 때, 가능한 문화는 대체계로서의 세계문화를 구성하는 것으로서 각각의 지역적 문화일 것이다. 서구와 동양이 그 자신의 능력만으로 온전히 동일한 형태의 문화를 형성할 수는 없기 때문이다. 따라서, 근대문화가 문제된다면 그 문화가 '어떤' 근대문화인가라는 사실을 고려해보아야만 하는데, 육사에게는 그것이 민족적 전통을 배타적으로 강요하는 것으로 나타나지 않는다. 바로 이 사실이야말로 위의 백철이나 김용제, 혹은 당시의 반서구적 배타주의로서의 동양주의와 다른 면모이다. 그는 그것을 시에서 다음과 같이 표현한다.

서리 빛을 함복 띄고
하늘 끝없이 푸른 데서 왔다.

강바닥에 깔려 있다가
갈대꽃 하얀 우를 스쳐서.

---

146 백철은 동양 자신의 힘에 의한 역사적 발전을 강조하면서 이렇게 썼다. "기왕 허물어질 성문이면 하루라도 속히 허물어져 버리는 것이 역사적으론 진보하는 의미다. 사실 한 번 허물어진 봉건의 성문은 다시 그 모양으로 건축되는 일을 역사는 반복하지 않을 테니까…… (중략) 가령 그 허물어지는 실제의 성문의 광경 뒤에 눈에 보이지 않는 봉건적인 것이 꺼져서 풀려나가는 문화적인 사실을 간과하지 않고 이번 정치를 이해한다면 이번 정치를 추리는 동양의 역사가 한편으로 크게 발전하는 것을 이해하는 것이 단순히 무리한 해석은 아니리라", 앞의 글, 같은 곳.

장사의 큰 칼집에 숨여서는
귀향가는 손의 돋대도 불어주고.

젊은 과부의 뺨도 히든날
대밭에 벌레소릴 갓구어놓고.

회한을 사시나무 잎처럼 흔드는
네오면 불길할것같어 좋아라.

—「서풍」(『삼천리』 1940. 10)전문

1940년 10월이면, 히틀러에 의한 파리함락(1940. 6. 14)이 이루어지고, 조선의 지식인들이 서구의 몰락을 예견하면서 국가주의적 파시즘에서 역사의 행로를 찾던 시기이다. 이것이 당대의 지적 경향이자 국책의 적극적 표현인 동양주의로의 전화와 관계될 것이다. 그러나 이육사는 그 경향과 표현에서 한걸음 물러나 있었다. 앞의 산문이 그 태도의 균형을 보여주고 있다면 위의 시는 그 균형 잡힌 태도에 의해 가능한 문학적 대응의 좋은 예이다. "서풍"이 상징하는 것은 무엇일까? '서쪽'을 단지 불교적 득도의 장소로 보는 것은 육사의 시에서는 그다지 용이한 일이 아닐뿐더러, 위 시가 결구로 삼고 있는 구절 "불길할 것 같아 좋아라"의 의미를 고려한다면 그런 해석은 더더욱이나 어렵다. 종교적 득도의 세계를 불길함과 연결시키는 문학적 상상력은 별반 타당성이 없기 때문이다. 그렇다면 그 '서쪽'이란 글자 그대로 동양에 대비되는 영역으로서의 타자적 세계에 대한 비유로 해석될 수 있을 것이다. 요컨대 "서풍"은 당대의 동양주의 담론에 대비되어 서양의 문화적 양상 바로 그것을 상징하는 시적 대상으로 읽힐 수 있는 것이다. 그 "서풍"이 몰려오는 모습 또한 심상치 않다. 그것은 아스라이 먼 저 하늘의 푸른 데서 몸을 일으켜서, 강변의 갈대꽃을 스치고, 장사의 칼집에 이는 칼바람이 되거나 과부가 귀기울이는 대밭의 벌레 소리가 되기도 한다. 시의 화자는 그 서풍의 자기 변모 앞에서 어떤 회한과 불길함에 사로잡히는데, 그렇다고 그것이 부정적 가치판단을 동반하는 것도 아니다. 왜냐하면, 그 "서풍"을 향해서 "네오면 불길할것같어 좋아라"라고 화자는 고백하고 있기 때문이다. 이 회한의 불길함과 좋음이 의미하는 것은 무엇일까?

일차적인 의미에서 부정성과 긍정성이 함께 있는 이 시적 심리의 정황이 분석되어야 할 것이다. 징후적으로 읽을 때, 이 시적 심리는 세계의 존재가 순수한 상태의 고정성으로 현상하지 않는다는 사실을 인정하는 것이라고 할 수 있다. 모든 존재는 지속적 변모의 과정을 통해 스스로를 존재로서 보증한다. 하나의 문화도 그렇고 전통도 그렇다. 앞에서 살펴본 산문 「조선문화는 세계문화의 일륜(一輪)」에서 강조하는 것도 마찬가지의 내용이다. 순수한 동양문화도 순수한 구주문화도 없다는 이 글의 주장은 인식론적 수준에서 존재의 존재 방식 자체를 드러내 주는 것이라고 할 수 있다. 이를테면, 모든 존재는 다른 존재와의 화학적 결합을 통해서 또다른 존재로 거듭나는 과정을 살아간다는 생각에 여기에 있다.

이 시적 심리가 "서풍"을 묘사하는 방식은 그러므로 그 "서풍"이 동쪽으로 와서 변모하는 양상에 대한 표현일 수밖에 없다. 시어의 의미를 확대하여 "서풍"을 외래적 풍물로 '동쪽'을 내재적 전통로 이해할 경우, 따라서 『서풍』은 바로 그 전통과 외래의 관계를 특이한 내용으로 묘사하는 작품이 된다. 시의 마지막 행 "네 오면 불길할것같어 좋아라"는 그 전통과 외래의 상호 습합을 통해 생성하는 존재들에 대한 정서적 표현인 것이다. '불길함'과 '좋음'의 이중적 의미를 견딜 때 전통이 형성된다면, 그 전통은 그것 자체로 긍정적인 것도 부정적인 것도 아니라고 해야 할 것이다. 그것은 차라리 주체의 해석과 적용을 기다리는 장소이며 의미이다. 마찬가지로 외래적인 풍물 또한 주체의 해석과 적용을 통해 변형되는 미지의 대상일 뿐이다. 이 외래와 전통을 이 시가 씌어진 시대의 동양과 서양에 대한 인식으로 견주어서 말한다면, 이육사는 그 동서의 어느 한 쪽에 치우친 시인이 아니었다. 그는 동양의 위기가 서양의 위기이며 그 역도 마찬가지라고 보았다. 그가 「조선문화는 세계문화의 일륜(一輪)」에서 "르네상스를 경과한 구주문화도 이제는 벌써 구주만의 문화는 아닌 것이며, 그들의 정신의 위기도 그들만의 위기라고는 생각해지지 않는"다고 쓸 수 있었던 것도 바로 그 균형감각의 소산이라고 해야 할 것이다. 이육사의 이 균형감각이 배타적 동양담론을 넘어서는 것이라는 사실은 반복해서 강조될 필요가 있는데, 당시의 친일 담론 대부분이 동양적 보편주의의 배타성 속에서 '동양-일본'의 편향된 시각에 사로잡혀 있기 때문이다.

3

# 동양 담론을 넘어서는 세계주의
## _김기림의 경우

히틀러에 의해 파리가 함락되었을 때, 그에 대한 조선 지식인들의 반응은 크게 둘로 나뉘었다. 하나는 파리 함락을 반파시즘 인민전선의 몰락으로 이해하면서 파시즘 체제를 있는 그대로의 사실로 인정해야 한다는 태도이다. 그것은 서구적 근대를 넘어서는 동양적 신체제[147]를 수립해야 한다는 태도로 이어졌다. 두번째는 탈서구적 동양론 혹은 동양적 신체제론과 긴장을 형성하면서 동서 양진영에 대한 균형 감각을 견지하려는 태도이다. 주지하다시피 전자의 견해는 1940년 이후 급격하게 친일파시즘의 길로 나아갔고[148] 두 번째의 견해는 비친일의 길로

---

147 신체제라는 말은 1940년 10월 16일 미나미 총독의 훈시로부터 비롯된다.

148 최재서는 이 정황을 이렇게 진술하였다. "만주사변이 일어났을 때에도 또한 지나사변이 일어났을 때에도 그처럼 충격을 받지 않았던 조선문단이 소화 15년 6월 15일 파리 함락의 소식을 듣고 비로소 깜짝 놀라 반성의 빛을 드러냈던 것은 부끄러운 이야기지만, 다른 한편 조선 문학의 특수성을 말하는 것으로 재미있는 이야기가 아니겠는가? 파리의 함락은 이른바

나아갔다. 동서양의 균형감각과 관련하여 문인들의 태도를 살펴보는 일은 그러므로 상당히 중요한 것이다. 히틀러의 파리 함락이 있기 전부터 조선의 지식인들은 동양을 바라보는 태도에서 이미 크게 양분되어 있는 상황이었다. 이육사와 함께 후자의 또다른 실례로 김기림을 들 수 있다.

> 1939년 제2차세계대전의 발발은 벌써 피할 수 없는 '근대' 그것의 파산의 예고로 들렸으며 이 위기에선 '근대'의 초극이라는 말하자면 세계사적 번민에 우리들 젊은 시인들은 마주치고 말았던 것이다. 이러한 일들이 일본제국주의의 조선에 대한 점점 고조로 향하는 정치적 문화적 침략의 급한 '템포'와 집중사격과 함께 다닥쳤으며 따라서 생활의 체험을 통해서 실감되어왔던 것은 물론이다. 1945년 8월 15일까지약 5, 6년 동안의 중단과 침묵은 다름아닌 우리 시단의 세계와 자신에 대한 이중의 커다란 고민을 품은 침통한 표정이었다.
>
> ―『바다와 나비』(신문화연구소, 1946)

김기림의 세 번째 시집 머리말의 한 구절이다. 주목해야 하는 언어들이 있다. "근대" "근대의 초극" "중단과 침묵"이 그것이다. '근대의 초극'이란 넓은 의미에서 서구적 근대의 파행을 극복하기 위한 주체적 대응을 가리키는 말이다. 그 대응의 목표는 서구에 대비되는 영역으로서의 동양으로의 귀환일 수도 있고 자본주의적 근대에 대비되는 체제로서의

근대의 종언을 뜻하는 것으로, 최근 오로지 유럽문학의 유행만을 쫓았던 조선문학은 처음으로 새로운 사태에 눈을 뜨게 되었다고 해야겠다." 최재서, 「조선문학의 현단계」, 『친일문학작품선집』1, 실천문학사, 1986, 364~5면 참조.

사회주의의 건설일 수도 있다. 이것은, 현재까지의 귀결로 본다면, 하나의 가능한 상상에 지나지 않는 것이었음이 분명하다. 근대의 초극론은 당대적 현실 속에서 대동아형성이라는 일본제국주의 전쟁이데올로기의 정당성을 긍정하도록 유인하는 논의로 귀착되었기 때문이다.

지금에 와서 그것이 제국주의 이데올로기에 그치는 것으로 평가된다고 해도 '근대초극론'[149]은 그러나 전쟁이데올로기 이상의 힘을 가진 것이었다. 이것이 화두로 제기되었던 시기는 일제말 10년간, 이른바 쇼와10년대(1935~1945)였으며 사상적 정치적으로 일본 지식계는 이 화두 속에서 들끓어 올랐다. 교토학파를 중심으로 전개된 근대초극론은 이 시기 일본제국주의의 탈서구적 동양론을 근본에서 밑받침하는 것이었다. 일본에서 펼쳐진 이 동양론이란 동양에서 가장 서구화된 일본을 지도적 자리에 놓고 아시아의 나머지 지역을 일본의 지도하에 묶어두겠다는 의도를 가지고 있다는 점에서 서구인들의 오리엔탈리즘이 역전된 형태로 작용한 것임이 분명하지만, 당대의 사유체계에서 그것은 일본과 일본의 식민지 지식인들에게는 강력한 유인력을 가진 채 동양적 자기 정체성을 형성하게 하는 영향력을 발휘했다. 이것은 일본제국주의에 가장 근본적으로 도전했던 맑스주의자들은 물론이고 서구적 자유주의에 물들어있던 자유주의자들까지도 포괄하는 영향력이었다. 사노 마나부

149 근대 초근론의 전반적 전개와 그것의 의미에 대해서는 히로마쓰 와타루, 김항 역, 『근대초극론』, 민음사, 2003 ; 나카무라 미츠오·니시타니 게이지 외, 이경훈 외 역, 『태평양 전쟁의 사상』, 이매진, 2007 ; 고야스 노부쿠니, 이승연 역, 『동아 대동아 동아시아』, 역사비평사, 2005 참조.

(佐野學)와 나베야마 사다치카(鍋山貞親)의 전향이 화엄경의 영향 속에서 「공동피고동지에게 드리는 글」(『개조』, 1933. 7)을 통해 선언되고 1934년 2월 나프가 해산되었을 때, 일본의 좌익들은 대거 동양론으로의 투신을 감행하였다. 서구에서 발원한 사조의 영향 속에서 형성된 문학 경향은 반국가적 사상으로 규정되면서 비판되었고, 그런 경향의 잡지들은 폐간되었다. 그 결과 『사계』(1933)와 같이 전통적인 서정 정신을 옹호하거나, 파시즘과 연관된 『일본 낭만파』(1935~1938) 등만이 살아남았다. 일본의 지식계가 이런 굴곡을 경험할 때, 조선의 지식계 또한 그 경향으로부터 떨어져 있을 수는 없었다. 당시의 친일문학은 이런 경향의 최종적 결과이다. 대부분의 친일문학이 대동아공영권 건설의 역사적이고 철학적인 정당성을 주장하면서 대거 반서구적 동양론으로 침몰했을 때의 바로 그 정황을 김기림은 위와같이 표현하고 있는 것이다. 위 글에서 "세계사적 번민"이란 표현은 동양론이 부상되는 사태에 대한 사상적 혼돈을 가리키고 "중단과 침묵"이란 표현은 근대의 초극이라는 논리에 쉽게 동화될 수 없었던 지식인의 결단같은 것을 드러내줄 것이다.

혼돈과 결단은 왜 필요했을까? 혼돈이란 어떤 것도 쉽게 선택할 수 없는 상태 속에서의 번민이며 결단이란 그 반대의 행위를 뜻한다. 요컨대 김기림은 혼돈을 결단으로 통과한 경우라고 할 수 있다. 서로 상충되는 이 행위의 추이 속에서 우리는 세계주의자로서의 김기림의 면모를 살펴볼 수 있다.

세계주의란 당시의 사상적 지형도 속에서 국민주의·국제주의와 함께 문인들을 규정했던 국가관계론의 한 경향이다. 국민주의는 국민문학파들에게 전형적인 문학사상이었고 국제주의는 프로문인들에게 빈번한 문학사상이었다. 국제주의가 프롤레타리아 당파성에 기초한 논리라면 세계주의는 근대 자체에 대한 반성을 통해 국가간의 역관계가 재규정되어야 한다고 주장하는 관점이다. 김기림은 세계주의자의 관점에서 당시의 역사적 현실을 파악하였다. 이 김기림에게 근대를 초극한다는 것은 충분히 매력 있는 논리로 다가왔을 것임에 틀림없다. 모더니스트들의 사유의 핵심에 있는 것이며 김기림의 글에도 빈번히 나타나는 것으로서 무엇보다도 자본주의적 근대에 대한 적대감이 주목되어야 할 것이다. 그러나 김기림은 동시에 식민지의 지식인이라는 역사적 조건을 짊어진 존재였다. 현실의 구체성에 대한 이러한 자각은 다시 김기림으로 하여금 근대초극론에 대한 회의로 나아가도록 했음에 틀림없다. 근대초극론이 반서구주의의 배타적 동양론으로서 동양에서의 제일의적 이론으로 귀결될 때, 그것은 동일성의 정체성에 대한 비판을 토대로 성립될 수 있는 세계주의자의 관점에서 볼 때는 또다른 형이상학적 자기동일성에 지나지 않을 것이기 때문이다. 그 사유의 결과를 김기림은 이렇게 썼다.

> 동양에 태어난 문화인에게 있어서 이 순간은 바로 새로운 결의와 발분과 희망에 찰 때라 생각된다. 수동적으로 압도된 모양으로만 넘쳐들어오던 서양문화는 드디어 우리와의 사이에 한 거리를 두고 잠시 물러섰다.…중략… 그러면 서양문화는 완전히 포기되어야 할 것인가. 그리하여 순수한 '무' 속에서 새로운 것이 아침 안개와 같이 피어오를 것인가. 두테 없는 것,

모양 없는 것은 혹은 안개와 같이 피어날 수 있을지 모르나 문화는 비유해서 말한다면 체량(體量)을 가지고 식물처럼 성장하는 것이라야 할 것이다. 근대 서양의 파탄을 목전에 보았다고 곧 그것의 포기·절연을 결의하는 것은 한 개의 문화적 감상주의에 넘지 않는다.…중략…동양문화와 서양문화의 결혼—이윽고 세계사가 구경하여야 할 향연일 것이고 동시에 한 위대한 신문화 탄생의 서곡일 것이다(「'동양'에 관한 단장」, 『문장』 1941. 4)

당시의 이론적 지형도에서 탈서구적 동양론이 주로 강조되는 것과는 달리 동서양의 결합을 주장하는 김기림의 논리가 주목되어야 하는 이유는 그가 이 글을 쓰고 장기간의 침묵에 들어가기 때문이다. 그것은 이를테면 식민지 지식인이 식민지 내부에서 택할 수 있는 최선의 저항이었을 것이다.[150]

이를 통해 알 수 있듯이, 김기림에게서 이육사의 균형감각이 마찬가지로 확인된다는 사실을 고려한다면, 당대의 동양담론에 대한 대응 과정 속에서 친일과 비친일의 경로가 거의 확정적으로 형성된다고 할 수 있을 것이다. 앞의 백철과 김용제가 동양담론에 대한 적극적 수용 속에서 친일의 길을 걷는다면, 뒤의 이육사와 김기림에게 나타나는 균형감각은 비친일의 길을 걷도록 한 요인이라고 할 수 있는 셈이다.

---

150 이에 대해서는 김재용, 「김기림-동시성의 비동시성과 침묵의 저항」, 『협력과 저항』, 소명출판, 2004.

4

# 반서구적 보편성으로서의 동양주의
## _서정주와 최재서

이처럼 일제말기의 동양 담론이 한편에서 일방적인 긍정의 길로 나아가고, 다른 한편에서 균형 잡힌 동서의 긴장이라는 시각으로 전개될 때, 친일 담론으로서의 동양론이 선택한 것은 전자이다. 서구적 근대의 몰락을 상정하고 그에 대한 대안으로서 주장된 동양론이 일본의 국책을 뒷받침하는 논리이며 따라서 국가주의적 파시즘을 예고한다는 사실은 이미 널리 인정되고 있는 것이다. 서정주에게 그것은 어떤 의미를 지니고 있는 것이었을까?

친일문학의 최종 종착지가 그랬듯이, 일제말의 미당에게도 제국주의 전쟁 속에서의 조선과 일본의 운명공동체라는 환상이 나타나는데,[151]

151 그것을 회고하는 글은 서정주, 「창피한 이야기들」, 『나의 문학적 자서전』, 민음사, 1977, 126면.

그것에 내용과 형식을 부여하는 논리는 일본이라는 새로운 국가의 획득으로 이어질 것이었다. 미당의 첫 번째 친일 문건인 「시의 이야기—주로 국민시가에 대하여」(『매일신보』, 1942.7.13-17)는 당시 그가 생각했던 문학의 요체를 보여주는 글이다. 그 한 단락을 본다.

> 국민문학이라든가, 국민시가라는 말이 기왕에 나왔거든 이제부터라도 전일(前日)의 경험을 되풀이하지 말고, 정말로 민중의 양식이 될 수 있는 시가 내지 문학을 만들어 내기에 일생을 바치려는 각오를 가져야 할 것이다. 이것은 심히 전통의 계승—동방전통의 계승과 보편성에의 지향과 밀접한 관계가 없을 수 없는 것이다. …(중략)…시인은 모름지기 이 기회에 부족한 실력대로라도 좋으니 먼저 중국의 고전에서 비롯하여 황국(皇國)의 전적(典籍)들과 반도(半島) 옛것들을 고루 섭렵하는 총명을 가져야할 것이다. 동양에의 회귀가 성히 제창되는 금일이다.

『매일신보』에 1942년 7월 13일부터 17일까지 연재되었던 「시의 이야기-주로 국민시가에 대하여」의 일부이다. 이 글에는 '근대 초극론'의 영향이 강하게 드러난다. 일본에서 근대의 초극에 관한 좌담회에 참석하여 일본의 고전으로 서양을 극복해야 한다고 발언했던 미요시 다쓰지(三好達治)는 서정주가 두고두고 고평하는 시인인데, 그의 「국민시에 대하여」를 고스란히 뒤따르고 있는 이 글[152]은 당대의 동양론을 남김없이

---

152 이 사실을 최초로 밝혀놓은 사람은 최현식이다. 그의 글 「민족, 전통 그리고 미」, 『실천문학』, 2001 여름, 64면, 각주3) 참조. 위의 인용은 김병걸 편, 『친일문학작품선집2』, 실천문학사

반복하고 있다고 보아도 좋다.

그런데 서정주가 동방 전통의 계승에 의해 국민시가를 구성하기 이전에 있었다고 진술하는 "전일의 경험"이라고 진술하는 것의 내용은 무엇일까? 그 전일의 경험과는 다른 지향점이 '전체주의적 멸사봉공'의 정신으로 이해된 것이라는 사실을 기억하도록 하자. "일찌기 동방의 시인들은 자기 감정의 노골한 토로를 즐기지 않는 신사도를 가지고 있"(같은 글)으며, 그 몰개성의 태도로서의 동양적 보편성의 세계를 서정주는 서구적 개인주의의 세계에 대비시켜 놓는다.

> 우리는 항용 '독창(獨創)'이라든가 '개성'이라든가 하는 말을 애용해 왔다. 생명이 유동하는 순간순간에서 일(一)의 자기의 언어, 자기의 색채, 자기의 음향만을 찾아 헤매었던 것이다. 그러나 아무와도 닮지 않은 독창이라든가 개성이란 어떤 것일까? 중심에서의 도피, 전통의 몰각, 윤리의 상실 등이 먼저 제래(齊來)되었다. 할 수 없는 무질서와 혼돈 속에서 작가들은 아무와도 닮지 않은 자기의 유령들을 만들어 놓고 또 오래지 않아서는 자기가 자기를 모방하여야 했던 것이다.[153]

국민시가의 필요성을 언급하기 위해 독창성과 개성을 강조하는 경향의 시창작을 비판하는 대목이다. 독창성과 개성은 최종적으로 자기복제의 심리적 탐사에 지나지 않는다는 의미를 위 인용은 강조하는데, 바로

---

1986을 따랐다.

153 위의 글, 285면.

이것이 동양적 보편이라고 지칭되는 세계를 불러오기 위해 환기시키는 "전일의 경험"이다. 서정주는 그것을 이 글의 뒷부분에서 "슈르 리얼리즘, 모더니즘, 데몬이즘"으로 구체화하고 그것을 "주로 구라파의 번역활자를 통해서 들어온" 주장이라고 일축한다. 따라서 이런 시창작은 다음과 같은 창작 지향에 의해 바뀔 필요가 있다.

> 여기에서 우리는 다시 개성이라든가 독창이라든가 하는 말에 대치되는 말로서 '보편'이라든가 '일반성'이라든가 하는 말을 생각해보지 않을 수 없다. 우리들이 늘 생각해보고는 흔히는 암담해지고 마는 보편이란 말…(중략)…그러한 정신의 방법은 대체 어디서부터 시작하면 좋을 것인가?[154]

보편성의 실제 내용이 앞에서 인용한 "동방전통의 계승"에 의해 확보될 수 있음을 서정주는 두드러지게 강조한다. 동시에, 전통의 계승이기 때문에 그 보편성이 동시대적인 것일 뿐만 아니라 통시대적이기도 하다는 사실을 고려할 때, 결국 보편성이란 동양의 오랜 역사 속에서 형성되어온 삶의 태도와 정서, 그리고 그것을 표현한 언어구성체로써 드러나는 모든 것이라고 할 만하다. 또한 그것은 개인적 정서와 언어 사용의 독창에 대해 질적으로 구별되는 집단적 정서와 언어 사용으로 구체화되는 것일 터이다.

집단 정신으로서의 동방전통을 민중적으로 계승하는 국민시가의 시대

154 의의 글, 286면.

에 서정주가 직접 영향 받은 시인이 미요시 다쓰지라면, 서정주의 『국민시가』 편집에 결정적으로 개입했을 최재서의 영향력 또한 무시할 수 없다. 최재서는 『국민문학의 요건』이라는 글을 『국민문학』 1941년 창간호에 발표했는데, 이 글이 강조하는 것은 서구적 개인주의적 근대문학을 지양하고 일본적 국민적 현대문학을 수행해야 한다는 사실이다. 이어서 최재서는 「문학자와 세계관의 문제」를 『국민문학』 1942년 10월호에 발표했다. 시기상으로 보면 이 글은 위의 서정주의 글보다 두 달 정도 늦게 발표되었지만 당시 문단의 구도 속에서 보면 실질적 영향력은 '서정주→최재서'의 관계가 아니라 '최재서→서정주'의 관계로 보는 것이 타당하다. 이 최재서가 「문학자와 세계관의 문제」에서 강조하는 사항 중의 하나가 바로 개인과 집단의 대립 양상이다. 그는 개성 그 자체가 이기주의와는 다른 것으로서 존중되어야 하겠지만, 그것이 국가와의 관계 속에서는 전혀 다른 문제를 제기한다고 말한다.

> 개인주의가 위험하다는 것은 결코 유물사관 등 처럼 사람을 직접 혁명적 수단으로 부려먹기 때문이 아니다. 인격완성이라는 지극히 정당한 주장을 하면서, 결국에 가서는 유기적 전일체로서의 민족과 국가의 해체를 가져온다는 데 그 잠재적이며 편재적인 위험성이 있는 것이다.[155]

155 최재서, 「문학자와 세계관의 문제」, 『국민문학』, 1942, 10. 여기에서는 『친일문학작품선집』1에서 인용.

요컨대, 개인주의와 개성은 민족과 국가라는 집단적 정체성에 대한 잠재적 위험 요소이다. 최재서는 이 개인주의를 세계주의(cosmopolitanism)와 연결짓고, 그 세계주의는 국적도, 전통도, 윤리적 책임의식도 없는 개인적 교양인들의 세계관이며 "영·미의 제국주의와 세계 제패를 합리화하려는 것으로서, 그 파탄이 도처에 나타나 있"는 것에 불과하다고 말한다. 이에 대해 최재서가 제시하는 대안은 간단하다. 모든 인류에게 공통적인 세계관은 존재할 수 없으며 필요한 것은 국민적 세계관이라는 것이다.

> 이제부터 인류는 그런 추상적 세계관(개인주의적 세계주의:인용자) 대신에 각자 특정한 국민적 세계관을 파악해야 한다. 생각건대 참된 의미의 세계관이란 그 국민의 독특한 본질, 그 공간적 규정, 그 역사적 운명 및 그 생활 의욕의 표현이며, 그 국민에게 유일절대인 것은 그것을 한 국민으로부터 다른 국민에게 옮길 수 없기 때문이다.[156]

따라서 일본국민에게 필요한 것은 일본적인 세계관임이 분명하다. 그리고 일본적 세계관은 "천황을 세계의 천황으로 받들어 모시고 일본국민의 도의성에 의해 이 지상에 영구적인 질서를 세운다는 굳은 신념"에 의해 만들어지는 것이다. 최재서가 일본문학에 대비되는 조선문학의 특수성을 강조하면서도 그 조선문학이 국민문학의 체제를 따를 때에는 일본문학에 해당된다고 생각하는 것[157]도 이와 관련될 것이다.

---

156 같은 곳.

최재서의 이 국민문학론이 한편으로는 '전통유지 · 국체명징의 천황귀일'로 연결되고 다른 한편으로 '이민족 포용 · 세계 신질서 건설의 팔굉일우'로 구성된다는 주장은 실제로는 1942년 3월4일에 진행된 좌담회 「동아 공영권의 윤리성과 역사성」에서 강조되었던 내용, 즉 '개인윤리에 대비되는 민족과 민족간의 민족 윤리'의 논리를 그대로 따라간 것이다. 교토학파를 대표해서 좌담회에 참석한 고사카 마사아키는, 고야마 이와오가 근대의 개인주의적 · 자유주의적 사상의 파탄을 극복하기 위해 세계사적 신질서의 윤리로서 '동양적 인륜의 윤리→책임주체성의 윤리'를 거론하는 발언에 이어서, 다음과 같이 말한다.

> 서양의 윤리와 동양의 윤리가 어떻게 다른지. 서양이라도 근대의 서양만이 아니라 고대부터 여러 가지로 움직여왔던, 그런 서양의 윤리하고는 차이가 어디에 있는지. 그것을 아주 구체적으로 생각해서 세계사적 의의의 입장에서 밝혀내지 않으면 안됩니다. 동양의 윤리라 해도, 일본과 지나는 아주 다르고 또 시대에 따라서도 다르기 마련이지요. 하지만 그런 차이를 넘어서 모든 사람에게 동양의 윤리로서 받아들여진 것은 무엇인가. 동아를 미래의 세계로 전개시키는 도의적 생명력은 무엇인가? 그런 것들은 우리 일본에 깊이 살아 있고 실제로 그것들을 역사상으로 실증하고 증명할 수도 있습니다.[158]

고사카 마사아키는 유(有)로서의 서양 원리에 대비해서 무(無)로서의

157 최재서, 「조선문학의 현단계」, 『국민문학』, 1942. 8(『친일문학작품선집』1, 367면.
158 니시타니 게이지 외, 이경훈 외 역, 『태평양전쟁의 사상』, 이매진, 2007, 269면.

동양 원리를 강조하면서 그 동양 원리가 서양적인 것의 변증법적 지양 발전으로 형성될 수는 없고 새로운 세계 질서로서 동양에서 오래 성숙해 온 무(無)적 보편이 실현되는 것이어야 한다고 주장한다.[159] 위 인용에 나타나듯이, 근대 개인주의와 자유주의가 몰락하고 새로운 세계사적 질서가 수립되는 국면 속에서 일본적 인륜의 역사적 구체성을 주장하는 고사카의 발언에 대해 니시타니는 "민족의 독립"이란 "대동아 안의 독립, 그 안에서 공존하기 위해 공동 책임을 지니는 연대적 독립"을 강조한다. 여기에서 최재서가 진술하는 바의 조선문학과 일본문학의 관계가 대동아 안에서의 민족과 민족 사이의 윤리라는 말로 바뀌어 지칭되는 일이 어려운 것은 아니다.[160] 그리고 그 민족과 민족의 윤리가 니시타니가 말하는 바의 "철저한 독립에서 생겨나는 공동책임성"으로서 일본의 역사 속에 이미 구체화되어 있는 것이라는 내용을 고려할 때, 개인주의를 비판하고 국민주의로 나아가는 문학을 개념화하는 최재서의 자기 근거가 어디에 있는지 분명히 알 수 있다.

일본의 근대초극의 논리가 최재서를 거쳐 서정주에 이르는 과정은 실제로는 이들만의 개별적이고 특수한 면모는 아니다. 특히 일제말의 국책문학이라는 한계조건을 경험하고 있었던 문인들에게 그와 같은 문학적 주장은 자의든 타의든 누구에게나 요구될 수도 있는 사안이었음이 분명하다. 문제는 서정주가 이 요구를 자신의 문학적 조건의 불가피한

159 히로마쓰 와타루, 『근대의 초극』, 민음사, 2003. 42~44면 참조.

160 이런 의미에서 최재서의 조선문학 특수성론을 당대의 한계적 조건 속에서 일제의 국책에 저항하고자 했던 논리라고 해석하는 것은 잘못된 것이라고 할 수 있다.

내용으로 바꾸어 놓은 시인이라는 사실이다.

"전통의 계승—동방전통의 계승"이라는, 앞서 인용된 「시의 이야기」의 한 구절에 주목해보아야 하는 것은 위와 같은 당시 사상적 구도의 전개과정 때문인데, 이 구절은 이후 서정주 사유의 행보를 충분히 예견케 한다. 더구나, 동방 전통의 계승으로써 이루어질 국민문학이 "아들과 손자의 대에는 또한 넉넉히 한 개의 전통이 될 수 있는 문학"(「시의 이야기」 289면)이 되리라는 진술은 그것 자체로 종결되지 않는다. 서정주가 일제말에 자신의 초기 문학적 경향인 유럽 모더니즘의 면모를 부정하고[161] 동양적 세계로 향한 관심 전환이 일어났다는 사실을 별개로 하더라도, 그의 시세계 전체를 규정하는 것으로서 동양적인 것을 통한 시적 영원성론을 강조하는 태도가 이후 서정주 시의 한가지 핵심인데, 그것에 대한 만년의 주장을 드러내는 1988년의 글을 보면 여전히 「시의 이야기」를 쓴 일제말의 시대와 동일한 심리적 조건 속에서 동방의 전통을 사유하는 서정주의 모습을 볼 수 있다. "어떻게 하면 나와 내 자식들과 손자들이 내 선대(先代)가 살아온 길을 이어서 별다른 실수 없이 살아나갈 것인가?"[162]라는 진술이 그것이다. 서정주에게 그 전통과 영원성은 '아들과 손자'로 이어지는 선형적 면모(일제말)로부터 '선대와 나와 내 자식'으로 이어지는 선형적 면모(현대)에 이르기까지 전혀

161 이와 관련하여 김재용은 서정주의 산문 「랭보의 두개골」(『조선일보』 1938. 8. 14)과 「수대동시」(『화사』 1941, 남만서고) 「질마재 근동야화」(『매일신보』 1942.5.12~21)의 중요성을 지적한다. 김재용, 『저항과 협력』, 소명출판, 2004, 132~135면 참조.

162 서정주, 「영생에 대하여」, 『문학정신』, 1988. 11. 35면.

변화가 없는 것이다. 그의 전통과 영원성이 표현되는 언어적 형식의 동일성은, 특히 그가 부족언어의 마술사라고 지칭되는 시인이기 때문에 징후적인 차원에서 더욱 중요하다. 요컨대 그의 영원론은 일제말기의 친일문학에서부터 80년대 후반의 친파시즘적 행위로 이어지면서 그 유사성을 형식으로 증명하고 있는 것이다. 이와 함께, 서정주의 국민시가론에 미요시 다쓰지가 영향을 미치고 있다고 우리는 적었는데, 그 미요시 다쓰지가 유럽 모더니즘에서 순정 예술파를 거쳐 일본 정신과 파시즘의 세계로 나아가고, 전후에는 일본 서정성의 세계를 탐구한 경력의 소유자라는 사실과 함께 서정주 또한 니체와 보들레르의 세계에서 동양정신을 거쳐 『삼국유사』와 신라 불교의 세계로 나아갔다는 유사성 또한 지적해 두어야 할 것이다. 서정주가 근대 초극의 논리를 자신의 문학의 불가피한 내용을 삼는다고 볼 수 있는 이유가 여기에 있다. 그의 친일문학은 단지 외적 강제에 따른 불가피한 생존논리에 의해 이루어진 것이 아니라 그의 시적 논리가 귀결시킨 필연적 행로였다고 보아야 하는 이유도 여기에 있을 것이다.

일본의 근대초극론이 최재서를 거쳐 서정주에 이르러 친일문학의 한 형태로 자리 잡는 과정 속에서 눈여겨보아야 할 것은 그 논리의 핵심이라고 할 수 있는 동양주의이다. 그것은 고사카 마사아키가 니시다 기타로의 무의 철학을 이어 받아서 서양적 유의 형이상학에 대비되는 동양적 무의 형이상학으로 주장한 것이다. 서구적 근대를 대립항으로 놓고 그에 대비되는 동양적 삶과 역사 이념으로 제시된 무의 철학이 곧 '화엄적 일즉다(一卽多)'(니시다 기타로)의 사상과 관련되며, 이 '일즉다'는 '천황이 곧 일본 신민 전체'라는 천황제 국체를 긍정하도록 하는 논리의 기반을 이룬다. 그런데, 그 천황제 국체 사상은 서구적 근대에 대한 합리적 배격으로서의 '근대초극론'과는 미묘하게 길항했다.[163] 근대초극은 동양적 세계로서 거듭나려는 세계인으로서의 태도를 필요로 했지만, 천황제 국체사상은 대동아 전쟁 속에서 세계인이기 이전에 일본인이기를 요구했기 때문이다. 결국 이 둘의 사상이 감성적으로 결합될 수 있었던 것은 타자의 삶의 역사와 사유에 대한 배타적 이데올로기로 그 둘이 존재할 때였을 것이다. 근대초극론이 유럽 열강에 대한 전쟁을 직접 주장하고 있지는 않지만, 궁극적으로 일제의 국책을 추인하는 방향으로 나아가는 것도 그 때문이다.

163 히로마쓰 와타루, 앞의 책, 44~47면 참조.

# V. 대동아공영과 전쟁의 생철학

1. 현실 추수와 과거 부정

2. 전향과 동아연맹론

3. 반서구, 전쟁, 신성의 생철학

1

# 현실 추수와 과거 부정

김용제(1909~1994)는 8권 분량의 시를 쓰고 이 중에 4권을 출판하였다.[164] 마지막으로 출판한 시집은 『산무정』인데, 이 시집의 출판년도는 1954년이다. 그가 일본 문단에 이름을 올린 것이 1930년 5월의 『신흥시인(新興詩人)』이었고 이로부터 1954년까지의 25년동안 8권 분량의 시를 썼다는 사실은 그의 창작력이 그만큼 왕성했었음을 의미한다. 그런데 이 왕성함은 현실에 대한 적극적 개입이라는 그의 시적 좌우명에서 비롯된 것이었다. 결과적인 의미이기는 하지만 그는 그가 살았던 시대의 흐름을 계속 쫓아 다녔다. 그의 문학적 이력이 프롤레타리아 문학에서 친일문학으로 다시 반공문학으로 옮겨 다닌 것은 그가 살아온 현실에

164 참고를 위해 시집의 제목을 밝혀둔다. 1시집 『대륙시집』(1936, 김용제가 네 번째 검거되고 강제 귀국됨으로써 유산), 2시집 『아세아시집』(1942), 3시집 『서사시 어동정』(1943), 4시집 『보도시첩』(1944), 5시집 『아름다운 조선』(해방으로 폐기), 6시집 『고백의 노래』(한국전쟁 중 원고 소지자 사망), 7시집 『춘향전』(원고 소지자 납북), 8시집 『산무정』(1954)

묻힌 채 현실에 대한 반성적 객관화에 이르지 못한 행동의 귀결이었다. 오오무라 마스오(大村益夫)의 지적처럼 그에게 "시는 곧 행동"이었으며 그것은 프롤레타리아 시의 시대에도 그 이후에도 일관된 것이었다.[165] 그는 행동하는 시인이기는 했지만 현실 속에서 그 행동을 돌아보는 반성적 주체는 아니었다. 역설적인 의미에서, 그의 시집이 절반밖에 출판되지 않은 것도 그가 맹목적으로 몸을 던졌던 현실의 결과였다. 이것은 사후적인 상징이기는 하지만, 그 스스로 반성적으로 객관화할 수 없었던 역사의 상징이기도 했다.

그런데 그는 그의 극단적인 문학적 변신을 충분히 인식하고 있는 경우에 속했다. 그는 첫 번째 친일 시집 『아세아 시집』의 서시에서 자신의 변신을 이렇게 썼다.

내 제일시집은
불행한 『대륙시집』이었다
그것은 슬픈 사상 속에서
햇빛을 보지 못하고
추억의 동경에서 죽게 되었다

나는 십여년 문학 생활의
모든 공죄를 아낌없이

165 大村益夫, 『愛する大陸よ—詩人 金龍濟 硏究』, 大和書房, 1992, 139쪽 참조.

그 오랜 시대의 운명과 함께
저 아라카와 물결에 흘려보냈다
이제 나는
그 자식의 나이를 세지 않으련다

—「서시」(『아세아시집』) 부분

『대륙시집』은 김용제가 일본에서 프롤레타리아문학 시대에 쓴 시들을 모은 시집이다. 「압록강」이란 시로 1930년 5월 『신흥시인』 신인상에 당선되어 등단한 김용제는 이후 식민지 조선 출신의 프롤레타리아 시인으로 주목받으며 활동하다가 1932년 6월 일본프롤레타리아 작가동맹과 일본프롤레타리아 연맹의 일제 검거시에 투옥된다. 그가 출옥한 것은 1936년 3월이다. 이때는 1933년 사노 마나부(佐野學)와 나베야마 사다치카(鍋山貞親)의 전향 선언 후 일본의 좌파 지식인들이 대대적으로 전향을 감행했던 시기이다. 그러나 김용제는 출옥 후 과거 동지들의 전향을 비판하는 것으로 일종의 비전향선언을 함으로써 전향파 문인들을 공격했다. 그리고 그는 〈조선예술좌〉의 문예 고문으로 자리 잡고 기시야마지(貴司山治)의 도움으로 문학안내사에 출근하기 시작했다. 『대륙시집』은 이때 준비되고 인쇄소에서 조판까지 진행되는 중이었다. 그러나 김용제는 다시 〈조선예술좌〉 일제 검거시에 체포된다. 명목상의 고문자리였지만, 그 자리는 귀국하지 않으면 다시 투옥하겠다는 경찰의 위협을 받아들일 수밖에 없도록 한 자리이기도 했다. 『대륙시집』은 이 과정에서 유산되었다. 「서시」에서 아라카와 물결에 흘려보냈다고 감상적으로 진술되는 시집은 이런 연유 때문에 햇빛을 보지 못하였다.

그런데, 1954년에 간행된 『산무정(山無情)』 머리말에는 이런 고백이 있다.

> 다시 회상하면 해방 전에 낸 다섯 권의 시집은 자연 폐판(廢版)되었다. 그리고 그것들의 영원한 소멸은 나도 원하고 있다. 그러나 그리고 보면 나의 26년간의 시야방황(詩野彷徨) 끝에 겨우 남은 것은 이번 『산무정』 단 한 권 밖에 없게 된 셈이다. 생각하면 너무도 싱거워서 슬프기 짝없는 노릇이다.
>
> 그러나 과거의 나의 문학의 죄는 두 차례의 옥고보다도 더 아픈 이런 벌을 마땅히 받아서 쌌다. 그 죄업은 '내 문학'을 하지 않고 두 시대나 주책없이 '남의 문학'을 하였다는 데 있다.

『아세아시집』에서 친일문학 이전의 과거를 모두 부정했던 김용제는 이 시집에 이르러 그의 일제 시대 문학에 대한 전면적 부정에 도달한다. 한번은 프롤레타리아 문학이 또 한 번은 프롤레타리아 문학과 친일문학이 부정되는 것이지만, 태도상으로 보면, 『아세아 시집』에서 이루어지는 과거 부정이나 『산무정』에서 이루어지는 과거 부정은 거의 동일하다고 할 수 있다. 이것은 그의 반성적 선택이라기보다는 그가 살아왔던 현실을 맹목적으로 추수한 결과였다. 지나간 시간에 대한 부정 형식의 동일함은 과거의 내적 차이를 무시하고 현재를 위해 과거 전체를 무화시키려는 태도와 통한다. 이를테면 현재의 그를 형성시킨 것은 그가 살아온 시간 전체가 아니라 그가 처해 있는 현재 자체일 뿐이었다. 그는 선택의 주체가 아니었다. 그가 '남의 문학'을 따라갔다고 말할 때의 심회가 바로 그것이었을 터이다. 그러나 '남의 문학'을 하는 것 자체가 문제는 아닐 것이다. 최근의 포스트 식민주의 담론을 통해 더 날카롭게 논의되고 있듯이, 따지고 보면 한국근대문학 전체가 근대 자본주의 세계체제에 긴박되면서 '남의 문학'에 대해 대응한 행위의 산물이겠기 때문이다. 더구나 문학에서의 '나'와 '남'을 따지는 행위가 근대적 사유에서의 부정적 측면을 부각시키는 요인이라는 점을 고려한다면, 김용제에게 문학은 근대주의가 심어놓은 식민성을 고스란히 반복하는 것이기도 하다.

그러므로 중요한 것은 그 행위의 산물로서의 한국 근대문학이 어떤 문학 내외적 결과를 가져왔는가 하는 점이다. 두 층위에서의 결과를 살펴보는 일이 필요한 셈인데, 그 하나는 문학 자체의 임계점을 돌파하는 방식으로서 문학의 내재적 형식이 형성되고 극복되는 과정에 대한 고찰(표현론)이며, 그 둘은 문학이 자신의 의미를 획득하는 외적 영역에 대한 고찰(의미론)이다. 그 두 영역이 분리될 수 없다는 것은 주지의 사실이며, 그 둘에 대한 분별적 통합을 통해서만 문학의 소통에 대한 인식다운 인식에 도달하리라는 것 또한 사실이다. 그렇지만, 친일문학을 분석하는 작업에서 지배적인 규정 요인은 의미론이다. 친일문학의 경우에도 일어로 씌어진 작품이 있고 한글로 씌어진 작품이 있으며 저항문학의 경우도 마찬가지이다. 그것들을 구별하는 일은 최종적으로는 의미론의 차원에서 가능하다. 가령, 한국 근대시의 형식 미학을 거의 최초로 논리화했던 김억에게 일본정신을 표현하는 시형식으로서 조선심을 대표한다고 여겨졌던 시조가 선택되는 것은 하나의 문학형식을 새로운 내용으로 규정해주는 일이 된다.[166] 요컨대 친일문학은 문학의 임계점을 일제말의 시대적 규정성을 통해 돌파해 나간 경우였다. 김용제가 자신이 살아온 과거의 시간을 축적이 아니라 부정의 방식으로 처리해버린 것도 그런 문학의 존재 형식을 의미론으로 감싸안은 경우였다. 그 의미론을 규정하는 내용으로서의 당대 사회를 살펴보는 일은 그러므로 표현과 의미를 중첩시키는 문학의 무의식을 살펴보는 일이기도 하다.

166 이에 대해서는 졸고, 「국민문학, 시조와 민요시, 친일」, 『친일문학의 내적 논리』, 역락, 2003, 108~10쪽 참조.

2

# 전향과 동아연맹론

## 1. 백철과 김용제

프롤레타리아 시인 김용제가 어떤 직접적인 계기에 의해 친일의 길로 들어섰는지는 불분명하다. 그가 맨처음 발표한 친일 작품은 1939년 3월 『동양지광』에 발표된 「아세아의 시」이다. 그는 1942년의 『아세아 시집』으로 국어문예총독상을 수상했고 이외에 『서사시 어동정』(1943)과 『보도시첩』(1944)을 출판했다. 그의 마지막 친일시집 『아름다운 조선』은 1945년 8월 15일 인쇄소에서 그에 의해 폐기처분되었다. 그는 또 제2회대동아문학자대회에 일본의 조선지방 대표로 참석하고 그것의 귀국보고회에서 「신성문학에의 비원」을 발표했으며, 조선문인협회 총무부 상무를 지냈고 조선문인보국회 상무 간사 및 시부 간사장을 맡기도 했다.

그가 처음으로 발표한 친일작품은 「아세아의 시」이지만 최초로 쓴 작품은 연작시 '아세아 시집'의 「서시」이다. 「서시」는 1939년 7월 『동양지광』에 발표되었는데, 『아세아 시집』은 이 작품을 재수록하면서 창작 날자를 1939년 1월1일로 기록하고 있다. 그리고 그는 『아세아 시집』의 후기에 1939년 1월 1일 이 시집의 내용과 표제를 계획하면서 새로운 문학과 사상의 생활을 결의 실천한다고 썼다. 이로 본다면, 김용제의 친일문학은 1938년 말이나 하순에 시작된 것으로 추측될 수 있겠다. 그런데 1938년 하순이면, 일본이 중국의 무한 삼진을 함락하고 동아시아의 힘의 균형이 일본 쪽으로 급속히 기울던 때이다. 전향한 사회주의자 인정식은 당시의 상황에 대해 "이로써 전쟁은 지나 측으로 보아서나 제국의 편으로 보아서나 확실히 새로운 단계에로 전입하고 있다"[167]고 쓰고 있거니와 그 바로 직전인 1938년 12월에 백철은 「시대적 우연의 수리-사실에 대한 정신의 태도」(『조선일보』)를 작성하고 중일전쟁의 경과에 대한 심회를 다음과 같이 드러냈다.

> 지금 동양의 현실을 두고 볼 때에도 이번 사실이 문학자나 지식인 앞에 결코 무의미한 것만이 될 수는 없는 일이다. 우선 그런 의미에서 한편으로는 이번 사변을 크게 평가하야 동양사가 비상히 비약한다는 일가견을 가지고 있다. 사실 나는 이번 사변에 의하야 북경, 상해, 남경, 서주, 한구 등이 연차 함락되는 보도와 접하고 또는 사실 등을 통하야 지나의 모든 봉건적

167 인정식, 「동아의 재편성과 조선인」, 『삼천리』, 1939, 1. 54쪽.

> 성문이 함락되는 광경을 눈앞에 볼 때에 우리들의 시야가 훤하게 뚫려지는 이상한 흥분이 내 일신을 전율케 하는 순간이 있다. 여기서 지식인이 눈앞에 보는 사실에 머저서 부정적인 요소만을 보는 것은 한 개의 사실주의에 떨어진 근시안적인 판단인 줄 안다. 다른 것은 고사하고 오직 그 봉건적인 성문들이 함락한다는 사실 그것만을 가지고도 이번 정치에 하나의 사적인 의미를 붙여보는 데 족한 것이다.[168]

당시의 지식인들이 중일전쟁의 전황 전개에 따른 시국 변화에 대해 어떤 인식을 가지고 있었는지를 알게 해주는 대목이다. 백철은 북지전선에서의 일본의 승리가 시대적 우연이라고 해도 그것을 하나의 사실로서 인정하고 거기에 동양의 운명이라는 의미를 부여해야 한다고 주장한다. 그 운명이란 그의 관점 속에서는 "봉건적 성문이 함락되는" 방식으로 전개되는 역사적 발전의 필연성일 터인데, 요컨대 중일전쟁에서의 일본의 승리는 봉건적 구체제가 근대 자본주의로 불가피하게 진보하는 것을 표현하는 셈이다. 그에게 우연적인 '사실'은 이와 같은 역사적인 진리를 의미하는 것이었고, 이것은 다시 혼란과 무질서를 뜻하는 '사실'을 넘어서서 질서를 가능케 하는 것으로서의 '통제'를 긍정하는 논리로 이어진다.

백철은 위와 같은 '사실수리론'에서의 '사실'이라는 개념이 발레리의 글에서 가져온 것임을 「'事實'과 '神話' 뒤에 오는 理想主義의 新文學」(동아일보, 1939, 1. 15~21)에서 밝혀 놓았다. '사실의 세기'란 발레리에

168 백철, 「시대적 우연의 수리-사실에 대한 정신의 태도(4)」, 『조선일보』, 1938, 12. 5.

따르면 '질서, 과학, 법칙의 세기로서의 19세기에 대립되어 혼란과 사실로 현상되는 20세기'를 가리킨다. 이 글에서 백철은 발레리의 「시의 필요」라는 글의 한 구절을 인용하여 놓았다. "나는 예술과 시가 그들(19세기의 청년들;인용자)에게 없어서는 지날 수 없는 일종의 본질적인 양식이던 청년들의 환경에 살었다"는 말이 그것인데, 이때 그 청년들의 환경이란 "정신이 충만하던 시대"를 의미했다. 이 정신시대에 대비되는 것이 바로 사실의 시대로서의 20세기이며 사실의 시대의 인간은 부르주아라고 발레리는 말한다. 그런데, 백철은 예술정신으로 충만한 청년의 시대이든 혼란한 사실의 지배하에 있는 부르주아의 시대이든 그 시대는 통시대적인 것으로서의 역사적인 의미를 지니고 있으며 다만 어떤 시대적 내용이 부각되는가의 차이만 있다고 이어 적은 후, 현재의 동양은 그 사실의 시대를 종식시키고 새시대를 열어 놓을 역사적 운명을 갖게 되었다고 말한다. "이번 '사실'을 통하야 동양의 지식인은 하나의 정신적인 것과 봉착했다"는 지적이 그것인데, 그 지적의 근거로 백철이 내세우는 것은 '사실'이 '사실'로서 인식될 때에는 이미 그 '사실'이 변모할 때라는 점이다. "20세기의 정체는 사실이다! 이 진리가 발견되어 설교되고 공포되고 전세계의 인간들에게 상식화될 때에 그 사실은 벌서 그와 질적으로 다른 것으로 나가기 시작한 확증이라고" 그는 말하는 것이다. 그 변모의 내용은 두 가지인데, 하나는 문화부문에서의 "정신적인 요구"가 나타나는 것이며 다른 하나는 "통제적 통일적인 경향"이 형성되는 것이다. 그래서, 현재의 동양은 하나의 커다란 '사실'이지만 그 '사실'을 통해 새로운 정신적 의미가 탄생하고 있다고 백철은 말한다. 이것이 파시즘을 긍정하고 신체제의 수락으로 나아가게 된 그의 이론적 토대이다.

당시 조선문단에서 고독감을 느끼던 김용제[169]가 백철과 함께 일본 나프에서 활동한 경험을 가지고 있었다는 사실을 고려하는 것은 백철의 글에 대해 김용제가 가졌을 느낌을 짐작하게 해주는 요인이 될 수 있을 것이다. 더구나 1938년 11월에는 프랑스의 인민전선이 무너짐으로써 인민전선을 이끌던 소련에 대한 사회주의자들의 기대가 한풀 꺾이고 파시즘의 공세가 높아지고 있었다. 조선에서의 사회주의자들의 전향이 세계적 정세와 관련한 자포자기적 패배감과 함께 하는 것이었다면, 그것은 김용제 또한 마찬가지였다. 여기에 북지전선에서의 일본의 승리를 기정사실화하는 백철의 글이 그에게 전향의 명분을 세워주었을 개연성은 충분히 있다.

이를 사후적으로 증명하는 글은 김용제의 「전쟁문학의 전망(戰爭文學の展望)」(『동양지광』, 1939, 3)과 「조선문화운동의 당면 임무(朝鮮文化運動の當面の任務)」(『동양지광』, 1939, 6), 「현실의 언어(現實の言葉)」

---

169 그런데 그 고독감은 일종의 선구자적 우월감을 가지고 있는 것이었다. 김용제의 말을 참조하면 다음과 같다. "내가 이 시집을 통해서 새로운 문학과 사상의 생활을 결의, 실천했을 때 나는 당시의 문학계에서도 문학적 친구에게서도 이단시 당했으며 매우 고독할 수밖에 없었다. 함께 하는 자가 없는 것은 고독 이상의 독단을 두려워하는 길이었다. 나의 작품만이 나의 교편이 되고 빛이 되었던 것이다. 어쨌든 나는 나의 처녀지를 열심히 계속 달려온 것이다. 그러나 지금은 이미 우리의 새로운 동지가 많이 나타난 것이다." 『아세아시집』 후기 참조. 이런 우월감은 전향하기 이전의 김용제에게도 해당될 수 있는데, 일종의 영웅주의적 치기랄 수 있는 이러한 심리를 볼 수 있는 시로 『비판』 1937년 8월에 발표된 「문단풍자시」를 들 수 있다. 그는 이 시에서 이기영, 백철, 임화, 장혁주, 박영희, 한설야, 엄흥섭, 유진오, 이북명 등을 대상으로 거의 희롱에 가까운 말들을 쏟아 놓고 있다. 예를 들어, 이북명을 대상으로 한 마지막 시의 한 구절을 보면, "당신이 'イロハ' 문학에 진출함은 찬성이다./그러나 아직도 말솜씨가 서투르니/보통학교 독본을 꾸준히 공부하라."와 같은 식이다.

(『동양지광』, 1942, 6)이다. 김용제는 「전쟁문학의 전망」에서 "현재는 적을지라도 위대한 문학의 공상보다 위대한 현실에 대한 문학자의 몸가짐과 마음가짐을 갖추는 일이 문학자의 명예로운 이름에 요구되는 시대"(72면)라고 말한다. 이때 그가 말하는 현실이란 중일전쟁으로 압축되는 동북아 정세로서의 그것인데, 전쟁은 "역사를 개혁하는 위대한 모멘트"(70면)이며 따라서 "현실을 반영하고 그 소리를 전달하는 것으로서의 문학이 그 내용과 형태를 전쟁으로 삼는 것은 자연스럽고 필연적인 것이다"(70면). 그는 이 전쟁문학을 통해 문학의 '국가적 역할'을 도모하는 동시에 '예술적 가치'를 높이는 일을 통일시킬 것을 요구한다. 문학의 국가적 역할이라는 문제 설정과 함께 그가 논의하는 작품은 히노 아시헤이(火野葦平)의 『보리와 병정(麥と兵隊)』이다. 당시에 천황제 파시즘의 이른바 성전의식을 리얼하게 묘사한 작품으로 평가받은 바 있는 이 작품을 모범적 전쟁문학으로 예증하는 김용제의 의식구조를 조명하기 위해 주목해 보아야 할 것은 '국가적 역할'이라는 말이 함의하는 바의 파시즘에 대한 긍정이다.

「조선 문화운동의 당면 임무」는 문화와 정치의 상호적 협력을 통해 "강력한 국가적 문화"를 건설할 필요성을 제기하는 글이다. 국가적 이념과 애국적인 목적은 정치와 문화 사이에 차이가 있을 수 없으며 그로써 형성되는 것이 국민문화의 운동과 실천인데 그를 위해 국가적으로 올바른 정치 이념과 문화 사상의 확립이 필요하다고 그는 말한다. 그런데 그 과정에서 제기되는 것이 문화통제의 필요성이다.

오늘날에는 모든 부분에서 국가적인 '통제'가 행해지고 있다. 우리는 그 '통제'라는 관념의 진의를 해명한 다음 '문화통제'라는 말을 고찰해보지 않으면 안 된다. 나의 생각으로는 '통제'는 기본적으로 '강제'는 아니며, 그것은 일종의 새로운 국가 이념의 구성이며 조직이라고 믿고 있는데, 그것이 없는 한 참된 의미의 '통제'는 이루어지지 않는다고 생각한다.

모든 '통제' 정신은 보다 나은 '창조'를 향한 전제이다. 그것은 정치적인 요구와 주관적인 자발성이 완전히 통일되는 국가적인 높은 정신을 의미하는 것이며, 그렇게 되지 않으면 안 된다. 그것은 하나의 강력한 행위의 세계이고, 또는 이상과 희망의 길이지만 그래서 고난의 길이기도 하다는 것을 나는 알고 있다.[170]

국가적 통제가 새로운 사회와 역사의 건설로 이어지게 된다는 이 믿음의 배경에 내선일체의 주장이 있다는 사실을 알 필요가 있다. 김용제는 내선일체 운동에 소극적인 조선의 문화인들을 비판하면서 보다 적극적인 통제적 문화운동을 통한 국가 사상의 전파에 힘쓸 것을 요구하고 있다. 그것의 실례로 김용제가 제시하는 것은 원고 검열과 언론 검열에의 적극적 동참인데, 이런 통제론이 앞에서 살펴본 백철의 "통제적 통일적인 경향"론과 긴밀한 관계에 있음을 아는 일은 어렵지 않다. 더구나 백철은 김용제가 편집한 잡지 『동양지광』의 1939년의 4월호에 「시국과 문화문제의 행방(時局と文化問題の行き方)」[171]을 발표하고 통제를 위주로

170 金龍濟, 「朝鮮文化運動の當面の任務ーその理論·構成·實踐に關すろ覺書」, 『東洋之光』, 1939, 6, 78쪽.

하는 정치에 문화가 보다 긴밀히 연결되어야 함을 주장하고 있다. 글의 선후관계로 본다면 김용제는 백철의 논의를 충실히 이어받아서 그것의 구체적 실례를 제시하고 있는 셈이다.

한편 김용제는 「현실의 언어」에서 백철이 정리한 발레리론을 다음과 같은 진술로 되살린다.

> 위대한 사실의 세기라는 말에는 꿈이 많은 시의 세계다라는 말이 이면에 덧붙여져 있다. 필연성의 수학도 원시체의 목석도 시와 음악의 생명으로 연결되는 자유로운 노래를 내보내는 것이다. 이것이 아름다운 오늘날의 '사실' 이다. 이것이 우리들의 현실이다.
>
> 우리가 오늘날의 현실을 사랑한다는 말은 원리나 진리라는 것이 이 현실의 중심에 반드시 내재한다는 것을 확신하는데 기인한다.[172]

앞에서 살펴보았듯이 발레리는 19세기적 지성의 한 모습으로 시와 음악에 열광한 정신을 묘사하고 20세기에는 그것이 부르주아의 가치관에 의해 몰락한 것으로 그리고 있지만, 백철은 그 예술적 정신의 가치가 통시대적으로 면면히 지속되는 것임을 주목했다. 이른바 생명의 기운으로 약동하는 힘이 거기에 있을 터인데, 동양의 운명이 새 시대를 향해 나아간다고 보는 논리적 근거가 그것과 관련된다. "이번 '사실'을 통하야 동양의 지식인은 하나의 정신적인 것과 봉착했다"는 그의 말은 바로

---

171 이 글은 앞에서 살펴본 백철의 두 편의 글을 합해서 축약해 놓은 성격의 것이다.

172 金村龍濟, 「現實の言葉」, 『東洋之光』, 1942, 6, 100쪽.

그 논리의 출발점이자 귀결점이다. 그것이 출발점인 것은 질서 있는 생명의 정신이 먼 과거로부터 시작해서 현재에 다시 힘을 얻고 있기 때문이며 그것이 귀결점인 것은 모든 진리의 행로가 변모에 있듯이 '사실'의 시대 또한 자신의 종말에 이르러 모종의 정신을 생성하는 것으로 환원되고 있기 때문이다. 김용제는 그것을 좀더 압축해서 '사실의 세기=시의 세계'라는 말로 표현한다. 이 말은 그대로 '발레리→백철'의 논점을 따온 것인데, 여기에도 현실 자체의 있는 그대로에 대한 인정이 필요하다는 주장이 개입되어 있다. 1942년 6월에 발표된 이 글이 더욱 가혹해진 전시 상황을 반영하고 있다는 사실 또한 주목되어야 할 것이다. 김용제는 그 현실을 원리나 진리가 관통하는 장소로 이해하고 있는데, 이때 그 진리란 곧 서양의 패배와 동양의 부흥이라는 사실로서 이는 전도된 오리엔탈리즘의 시각에 의해 만들어진 대동아공영과 팔굉일우라는 천황제 파시즘의 이데올로기로 통하는 것이었다. 이것은 미래를 향한 이상주의의 공상으로부터 탈피하여 현실의 객관적 행정을 있는 그대로 수용해야 한다는 「전쟁문학론」에서의 김용제의 주장이 일제 파시즘의 중국 정벌을 역사적 현실로 인정해야 한다는 백철의 사실 수리론으로부터 직접 영향 받고 있음을 알게 해주는 대목이다.

그런데, 김용제는 일본에서 검거되고 일본의 지식인들이 속속 전향하는 와중에서도 전향하지 않은 의지의 소유자였다. 감옥에서 나온 그가 전향한 동료들에게 비판의 목소리를 높일 수 있었던 것은 그에 기인하는 것이었다. 그렇지만, 1938년 12월에 발표된 백철의 글은 김용제가 전향한 이후이기 때문에 그 전향의 사후적인 명분과 논리를 형성시키기는 했겠지만, 원인은 아니었다고 할 수 있다. 김용제는 자신의 전향 시기를 1938년 10월이나 11월로 잡고 있다.[173] 그에게 전향은 또다른 이유를 필요로 하는 것인데, 그것은 무엇이었을까?

김용제는 1943년 2월 『국민문학』지의 좌담 「시단의 근본문제」에서 1938년 여름 '어떤 사정이 개입해 왔음을 밝힌다. 1938년 3월 17, 18일 양일간 그는 김남천의 고발문학론을 비판하는 「고민의 성격과 창작의 정신-자기 고발의 문학적 허약성을 분석함」을 쓰는데, 애초에 5회 예정으로 준비된 글은 2회로 중단된다. '우연한 일로 급히 생각한 바가 있었'기 때문이었다는 것이다. 그 우연한 일이란 1938년 7월 이후부터 시작된 '경성소년갱생단' 건설과 관련하여 경성보호관찰소로부터 예방구금의 위협을 받았던 사실을 가리킨다. 그는 「고백적 친일문학론」(『한국문학』, 1978, 8)에서 그런 정황 아래 "공포를 느끼지 않을 수 없었다"고 썼다. "아무런 반일운동도 하지 않고 예비 구금으로 그 진저리나는 옥살이를 또 할 수는 없었다"는 것이다. 그래서 그는 "민족 실리주의를 위한 친일관에 의한 위장 전향"(같은 글)을 선택했다고 말한다. 이 회상을 문면대로 믿는다면 그는 일제의 압력을 회피하기 위해 어쩔 수 없이 전향한 것이 된다. 그렇다면 여기에는 고통받는 현실 앞에서 두려움 때문에 저항하지 못했다는 부끄러움의 감정만이 남게 될 것이

173 金龍濟, 「고백적 친일문학론」, 『한국문학』, 1978, 8.

다.[174]

그런데 김용제의 회상에는 사실과 다른 점이 있다. 그는 「고백적 친일문학론」에서 「고민의 성격과 창작의 정신」이 씌어진 때를 1938년 9월경으로 진술한다. 그러니까 '경성소년갱생단'의 건설이 7월부터 시작되고 그후 '계급적 민족주의 사상을 고취시키려는 것이 아니냐'는 보호관찰소 측의 위협이 있었으며, 그래서 비전향자의 리얼리즘론으로 김남천을 비판하던 글을 중단한 후 위장전향했다는 것이 김용제의 주장이다. 그러나 실제로 「고민의 성격과 창작의 정신」이 발표된 시기는 1938년 3월 17, 18일이다. 그리고 그는 그 후에도 리얼리스트로서의 관점을 노출하는 글을 쓴다. 1938년 4월 『비판』지에 발표된 「문예시평」이 그것이다. 이 글은 김승구의 희곡 「유민(流民)」을 평하면서 불쾌감을 드러내는데, 그 이유는 동경 근처 조선인 노동자의 삶에 대한 추악한 묘사 때문이었다. 오오무라도 지적하고 있듯이[175] 실제로 동경에서 유사한 삶을 살면서 계급의식으로 투쟁하는 노동자를 노래해 온 김용제가 볼 때 「유민」은 현실을 제대로 묘사하지 못한 작품이었다. 또 오오무라가 작성한 연보에 따르면, 그가 '경성소년갱생단'을 실제로 인가받은

174 물론 이 부끄러움은 역사적 실착에 대한 속죄의 감정일 수 있다는 점에서 의미있는 것이기는 하다. 그러나 그것은 개인적 감정에 지나지 않는다는 한계를 갖는 동시에 그 부끄러운 행위를 있게 한 원인을 일제의 강요에서만 찾음으로써 친일 주체의 내적 요인을 망각하거나 부정하도록 결과를 가져오게 된다. 이러한 '강요→순응→부끄러움'의 논리가 친일 행위에 대한 저간의 변명의 수사학을 만들어내었음은 주지하는 바인데, 이것이 갖는 가장 큰 문제점은 그 친일을 개인적이고 관념적인 양심의 차원에서만 이해하도록 함으로써 당시에 하나의 역사철학으로 성립되었던 근대초극론 및 그것의 전도된 오리엔탈리즘적 성격을 그 전후 맥락 속에서 객관적으로 평가하는 일을 어렵게 만든다는 사실이다.

175 大村益夫, 앞의 책, 109쪽.

때는 1938년 5월이다. 이런 정황으로 판단한다면, 김용제의 전향과 「고민의 성격과 창작의 정신」의 중단 사이에는 아무런 매개도 없는 것이 된다. 그가 이 글을 굳이 그의 전향과 관련시키는 것은 자신의 전향을 관헌의 압력에 따른 불가피했던 행위로 합리화하기 위해 엉뚱한 에피소드를 끌어온 기억의 왜곡인 셈이다. 이 왜곡된 합리화에는 무엇이 작용하고 있을까. 그의 전향이 역사적 패배감과 공포를 내면화한 데서 비롯된다는 사실을 은폐하기 위한 심리가 거기에 작용하고 있는 것은 아닐까?

그런데, 김용제가 38년 중반까지 사회주의자의 시각을 표면화했다고 해도 그가 맑스주의에 대해 가지고 있던 좌절감은 보다 일찍 시작된 것이었다. 그것을 보여주는 시는 「태양찬」(『동아일보』, 1937. 11. 9)이다. 이 시의 주제는 암흑을 타파하는 광명의 희구이지만, 보다 중요한 것은 맑스주의에 대한 회의와 어두운 현실을 변혁할 수 없는 좌절감이라는 오오무라의 지적[176]은 타당하다고 여겨진다. "전등 끈 어둠의 거리에는 개 한 마리 안 짖고/산소 잃은 밤공기가 옻칠한 관속과 같다/맑스의 몽상에 발 앞이 캄캄하다/빛 없는 세계에는 만물이 넋을 잃고/形影相弔할 고독한 그림자조차 찾을 곳 없네"라고 김용제는 읊고 있는 것이다. 이렇게 본다면, 그는 이미 명시적 전향 이전에도 이미 그의 활동에 대한 적지 않은 회의가 있었다고 해야 한다. 그의 시와 평론은 오히려

176 大村益夫, 위의 책, 112쪽.

그 회의에 대한 자기 방어적 성격이 강했던 것이라고 할 수 있는데, 그는 시의 끝에서 "아 정치와 문학과 연애의 운명이여"라고 신음한다. "정치와 문학과 연애"는 그 다음 구절에서 그대로 "암흑의 현실"로 이어지는 것이었다.[177] 김용제는 이후 『아세아 시집』 연작을 시작할 때까지 시와 평론을 쓰지 않는다.

## 2. 동아연맹 조선 지부의 항일 논리

김용제가 자신의 전향을 위장이었던 것으로 정당화하는 유력한 근거는 그와 동아연맹과의 관련이다. 그는 '동아연맹 조선지부'가 박희도 경영의 『동양지광』사에 은폐되어 있었다고 주장했다. 그의 말을 빌리면 "그것은 실로 한국민족 독립투쟁사에 있어서 공전절후한 기적적 사실"[178]이다. 이때 '동아연맹 조선지부'란, 2차 코노에(近衛文麿) 성명이 대중국 유화책으로 채택한 민족협화의 논리를 뒷받침해 준 조선 내

177 이 무력감과 좌절감이 비롯되는 정치와 문학 이외에 그는 연애의 항목을 하나 더 들고 있는데, 그 연애란 나카노 시게하루(中野重治)의 여동생이며 시게하루의 전향 소설 「시골집」에서 오빠의 전향에 비판적이었던 것으로 그려진 나카노 스즈코(中野鈴子)와의 사랑을 가리킨다. 그는 일본 체류 시절 감옥에서 출감한 후 그녀와 결혼을 약속하고 동거를 하다가 조선으로 강제 귀국한 경험을 가지고 있었다. 그 스즈코는 김용제가 경성소년갱생단을 건실한다는 연락을 받고 자금을 부쳐주는 한편 1938년 5월에 서울로 김용제를 찾아와 보름정도를 머물다 돌아갔다. 결혼의 의도를 가지고 온 것이지만, 김용제에게는 이미 도일 이전에 결혼한 아내가 있었다. 비전향자였던 식민지 청년을 사랑한 여인과의 실연의 상처는 김용제를 더 큰 좌절감에 빠트렸음이 분명하다. 나카노 스즈코는 1958년에 죽었다. 김용제는 그소식을 1960년에 알았고, 1981년 2월 스즈코의 시비를 찾아가서 슬픔에 우는 시 「돌이 된 꿈」을 썼다.

178 김용제, 「고백적 친일문학론」, 262면. 김용제가 주장하는 동아연맹조선지부의 조직표 및 인물들에 대해서는 같은 글, 266쪽 참조.

'동아연맹론' 지지 그룹을 의미할 것이다. 문제는 그 지지를 김용제의 주장처럼 실제로 조선 독립운동의 일환으로 이해할 수 있는가 하는 것이다.

그러므로 그것의 사실 여부를 살펴보기 위해 '동아연맹론'에 대해 검토할 필요가 있겠다. '동아연맹론'은 1931년 9・18 만주사변의 주도자였던 이시하라 간지(石原莞爾)가 일본의 총력전체제를 구상하면서 일본의 특수성을 반영하여 만든 동북아 국가 구상론이다. 그것은 한편으로는 독일이나 이태리의 파시즘이 보여준 것과 같은 정당지배체제를 불식시키면서, 다른 한편으로는 관료에 의한 국가동원 방식에 대응하여 밑으로부터의 동의에 기초한 국민운동노선을 이론화하여 제기한 것이었다. 주지하다시피 일본의 총력전 체제는 당시 파시즘 추축국으로서의 일본이 군부와 행정국가의 정치적 헤게모니를 관철시켜 나간 기초였다. 만주국에서의 협화회란 그것의 외피로서 만주국 구성원의 자발적 동의라는 이데올로기를 만들어내기 위한 장치였다.[179] 이와 관련된 '동아연맹'의 구상이 처음 거론된 것은 이시하라 그룹에 의해 작성되어 1933년 3월 9일에 발표된 「만주국협화회 회무요강」이지만,[180] 그것이 본격화된 것은 중일전쟁이 침체 상태로 빠져들기 시작하면서부터이다. 1938년 10월 무한 광동의 함락 이후 대중국전선의 답보상태와 함께 강력한 민족주의적 저항에 부딪친 일본은 중국 민중의 민심을 진정시키기 위한

179 임성모, 「만주국 협화회의 총력전체제 구상 연구-'국민운동' 노선의 모색과 그 성격」, 연세대학원 사학과 박사학위논문, 4쪽 참조.

180 임성모, 위의 글, 129쪽 참조.

화평책을 필요로 하게 되었다. 이때 나타난 것이 바로 코노에 성명이다. 그것의 기본적 골자는

코노에1차성명 : 중국 국민당 정부와 상대하지 않는다(1938년 1월16일)
코노에2차성명 : 전쟁은 동아시아 신질서의 수립에 있다(1938년 11월 3일)
코노에3차성명 : 코노에 3원칙-선린우호, 공동방공, 경제제휴(1938년 12월 22일)

이다.[181] 특히 2차성명에서 표면화된 동아신질서론은 두 가지 상호 연결되면서도 분리되는 이론적 배경을 가지고 있는데, 그 하나는 전향한 좌파 지식인이 포함된 소화연구회(미키 키요시, 오자키 호스미 등)의 동아협동체론이며 다른 하나는 위에서 말한 이시하라 간지 등의 동아연맹론이다. 1940년 7월에 성립한 2차 코노에 내각이 '기본국책요강'에서 공식화한 '대동아공영권'의 구상은 이 두 이론의 실질적 뒷받침을 받는 것이었다. 그런데, 두 이론이 공통적으로 관심을 기울인 사항 중 하나가 민족 문제이다.

동아연맹론의 이시하라 간지가 중국 민족주의에 대해 관심을 갖기 시작한 것은 1936년 경이다. 그는 1936년 말 화북지역을 시찰한 후 중국과 만주의 상호 승인을 조건으로 중국독립을 원조하는 방안을 검토하게 된다. 이와 함께 서안사변을 전후한 중국 민족주의의 발흥을 보면서

181 홍종욱, 「중일전쟁기(1937~1941) 사회주의자들의 전향과 그 논리」, 서울대학교 대학원 국사학과 석사학위논문, 2000, 34쪽.

그는 전쟁불확대론을 주장하게 되는데, 이는 국민당 중심의 청년 세력이 향후 신중국건설의 주축이 되면서 일본과의 관계 개선에 일익을 담당하리라고 생각했기 때문이다.[182] 동아연맹론에 나타난 민족관은 이렇게 민족적 자율성을 보장하면서 국가 연합을 모색하는 기초로서의 그것이었다. 일민족 일국가의 소영역적 국가 수립 시대에서 민족의 문화적 정체성을 유지하면서 다민족 일국가 내지 국가 연합의 시대로 이행하는 것이 당대의 역사적 필연이라는 동아연맹론의 주장은 바로 이 점과 관련되어 있다.

그런데 동아연맹론의 이 논리는 조선의 사회주의자들에게 전향의 명분을 주기에 충분했다. 특히 동아연맹을 결성하기 위한 조건으로서 '첫째, 구미 제국주의를 물리칠 수 있는 일본의 능력과 둘째, 동아에서의 구미 제국주의 세력의 쇠퇴, 셋째, 자유주의 사상의 몰락 또는 왕도에 기초한 동아의 새로운 세계관의 발양'[183]이라는 세 가지 사항 중에서 마지막 세 번째의 조건은 부르주아적 자유주의에 적대적이었던 사회주의자들에게는 사노 마나부 · 나베야마 사다치카의 전향과 관련하여 강한 설득력을 발휘한 것으로 여겨진다. 자유주의의 쇠퇴와 동아 신세계관의 발양이라는 조건에 대해 『동아연맹건설요강』은 다음과 같이 설명했다.[184]

182 임성모, 앞의 글, 132쪽 참조.

183 東亞聯盟協會 編, 『東亞聯盟建設要 』, 立命館出版部, 1940, 3~6쪽 참조.

184 東亞聯盟協會 編, 위의 책, 6쪽.

제일차 구주(歐洲) 대전 이래 소련·이태리·독일에서는 전체주의적 질서가 수립되었다. 특히 제이차 세계대전에서 독이 양군의 압도적 승리는 전체주의적 세계관의 승리이다. 동아에서도 점차 자유주의 사상이 청산되고 정신문화의 전통에 입각하여이 왕도에 기초한 동아 신세계관 아래 동아의 신질서가 건설되어 가는 대세에 있다.

동양의 오래된 정치 이념으로서의 왕도주의가 강조되고 이것이 동양 제민족을 반서구 항쟁의 전체주의적 세계관으로 결집시키는 데 기초를 이룬다는 내용이다. 그런데 그 결집의 최종적 형태를 전체주의라고 이해하는 것은 위에서 살펴본 반자본주의적 통제론과 관련하여 새삼 주목될 필요가 있다. 왜냐하면 조선사회주의자들의 전향조직인 대동민우회에서 강조한 것은 '자본주의를 대신할 새로운 사회 체제로서 제민족의 결합으로 구성될 대국가주의'이기 때문이다.[185] 이런 전향 논리가 있기 이전에 일본 사회주의 진영의 대대적 전향이 있고 이를 사후적으로 뒷받침한 것이 위의 '동아연맹론'의 국가연합론이다. 이 국가연합론을 보충해주는 것이 동아연맹의 기본 요건 중 하나인 '정치의 독립'이라는 항목이다. 『동아연맹건설요강』에 따르면 "정치의 독립이란 연맹 헌장 또는 연맹 국가간의 협정이 규정하는 범위 내에서 각 연맹 구성 국가가 독립적으로 자국의 주권을 행사하는 것을 가리킨다."[186] 이것을 문면대

185 朝鮮總督府 高等法院 檢事局 思想部, 『思想彙報』13호, 1937년, 37쪽 ; 지승준, 「1930년대 사회주의 진영의 '전향'과 대동민우회」, 중앙대학교 대학원 사학과 석사학위논문, 1996, 61~7쪽 참조.

186 東亞聯盟協會 編, 『東亞聯盟建設要 』, 立命館出版部, 1940, 26쪽 참조.

로 믿는다면 조선 또한 국가연합 내의 주권 국가로 기능할 것임이 분명한데, 조선의 사회주의자들이 기대했던 미래상이 바로 그것이었다.[187] 김용제가 말하는 '동아연맹 조선지부'의 독립운동이란 바로 이것을 의미함이 분명하다.

'동아협동체론' 또한 민족 문제에 대해 각별한 관심을 기울였다. 오자키 호츠미(尾崎秀實)는 '동아협동체론'이 "'동아연맹'의 사상과 함께 '대아시아'론의 흐름을 따르는 것"[188]임을 분명히 했다. 그는 그 흐름이 다시 제출된 근본 원인을 중국의 민족문제에서 찾고, 동아협동체가 확대・발전되기 위해서는 중국의 독립을 지원함으로써 중국민족의 자발적 참여를 유도해야 한다고 주장했다. 또한 미키 키요시(三木清)는 민족의 독자성이 보장되되 협동체의 구조 속에서 그 민족주의에 일정한 제한이 가해질 필요가 있다고 말한다.[189] 특히 그는 민족주의의 제한이 가해져야 하는 대상으로 일본을 꼽고 있는데, 이는 협동체의 지도원리를 제공하는 일본이 먼저 솔선함으로써 중국 민족을 이끌어야 한다는 논리

---

187 조선공산당원 출신의 서인식이 보여준 다음과 같은 진술을 참고할 수 있다. "사람들은 오늘날의 일본이 당면한 정치적 문화적 과제를 일종의 세계사적 견지에서 제기한다. 그 하나는 세계신질서에의 일계단으로서 爲先 日滿支를 일체로 한 동아협동체를 건설하는 것이며 다른 하나는 거게 필요한 槓桿으로서 대내적으로는 국내의 정치경제질서를 새로운 통제원리 우에서 재편성한다는 것이다. 그리고 이들 정치적 문화적 과제를 수행하는 데 필요한 향도원리로서 일국의 정론은 전체주의의 등장을 요구한다." 서인식, 「문화에 있어서의 전체와 개인」, 『인문평론』, 1939, 10, 5쪽 참조. 동아신질서론을 적극적으로 긍정하는 조선 사회주의자들의 전향에 대해서는 홍종욱, 앞의 글, 33~45쪽 참조.

188 오자키 호츠미, 「동아협동체의 이념과 그 성립의 객관적 기초」, 최원식·백영서 편, 『동아시아인의 '동양' 인식 : 19~20세기』, 문학과지성사, 1997, 37쪽.

189 미키 키요시, 「신일본의 사상 원리」, 최원식·백영서 편, 『동아시아인의 '동양' 인식 : 19~20세기』, 문학과지성사. 1997, 59쪽 참조.

에 근거했다. '일본은 이번의 전쟁을 통해 중국의 해방을 위해 전력해야 하며, 무엇보다도 일본이 구미 제국을 대신하여 스스로 제국주의적 침략을 행하는 것이어서는 안된다.'는 것이다. 그런데 미키 키요시에게 민족주의는 추상적인 근대적 세계주의를 극복하는 계기를 주는 것이기는 하지만 궁극적으로는 협동체의 정신에 의해 넘어서야 할 것으로 인식되고 있었다.

> 중국의 민족주의에 대해서는 세계 각국이 봉건사회로부터 근대국가로의 이행과정에서 거쳐온 민족주의와 똑같은 의미에서의 민족주의를 오늘의 중국이 거치고 있다는 것을 생각하여 그 민족주의의 역사적 필요성을 인식하는 것이 마지막 요체이다. 일본은 중국의 민족적 통일을 방해해서는 안되며 오히려 중국이 그 민족적 통일에 의해 독자성을 획득하는 것이야말로 동아협동체가 진정으로 성립하기 위해 필요하다. 그렇지만 동시에 중국은 이 신체제에 들어가기 위해 역시 단순한 민족주의를 초월할 필요가 있다.[190]

요컨대, 민족주의는 근대국가의 완성 과정에 필요하고 민족적 통일에 의한 독자성 획득이 협동체 건설의 요건이기는 하지만 배외적 감정으로 무장한 민족주의에 머물러서는 안 된다는 주장이다. 이 말은 오자키 호츠미가 협동체 대두의 이유를 중국의 항일 민족주의에 의해 촉발된 민족문제의 심도 있는 해결에서 찾는 것과 같은 근거를 갖는다. 오자키도

190 위의 글, 59~60쪽.

민족의 특수한 독자성만을 강조하는 태도를 지양하면서 열국 협력체제를 강조하고 있기 때문이다. 그렇지만 근대국가 형성의 과정적 요건으로 민족주의의 필요성을 인정하고 있기 때문에 반식민지 중국과 식민지 조선의 지식인들이 일본의 제국주의적 침략을 벗어나서 민족의 정체성을 찾고 수평적 국가 연합을 이룬다는 미래 역사의 환상에 빠지는 일은 충분히 가능했다.[191]

대아시아주의의 형태로서 제기된 두 이론이 갖는 차이점을 꼽는다면, 동아연맹론의 강령에 민족의 '정치적 독립'이 포함되어 있었던 반면에[192] 동아협동체론은 정치적 독립체를 강조하지 않는다는 점이다. 오히려 동아협동체론은 중국문제를 해결하고 진정한 협화체제를 구축하기 위해 일본의 민족주의도 일정하게 제한되어야 한다는 논리를 펼쳤다.

동시에 동아연맹론과 협동체론의 공통점도 있으니, 그것은 동아신질서를 구성하는 데 있어서 일본 지도의 원리를 인정한 것이다. 엄밀히 말하면 바로 이 점이야말로 동아신질서론이 일본을 아시아의 맹주로 기획하려 했던 의도의 예가 될 것이다.

동아신질서 구상에 이런 내용이 있었다고 해도 김용제에게 그것은 깊이 인식되지는 않았던 듯싶다. 위에서 살펴보았듯이, 조선의 사회주의자들에게 동아신질서론은 서구제국주의로부터의 해방 및 자본주의적 경제질서의 지양을 의미했다. 잡지 『동양지광』은 김용제의 말대로라면

191 이에 대한 중국측의 실례에 대해서는 왕징웨이(汪精衛), 「중일 전쟁과 아시아주의」, 최원식, 백영서 편, 『동아시아인의 '동양' 인식 : 19~20세기』, 문학과지성사, 1997을 참조.

192 동아연맹의 기초조건으로 제시된 것은 '국방의 공동, 경제의 일체화, 정치의 독립'이다.

동아연맹론의 관점을 지지 실천한 사람들의 본거지였고, 『녹기』는 동아협동체론을 지지했다. 1938년 7월경에 동아연맹과 관계를 맺기 시작한 김용제가 『녹기』에 글을 발표하고 『녹기』의 편집에도 관여했다는 사실은 그에게 그 둘의 차이가 인식되지 않았거나 별로 중요하지 않았음을 뜻할 것이다. 그렇다면 그는 동북아 국가 연합이라는 구상에서 일본의 지도라는 원리를 내면적으로 수용하고 있었다는 의미가 된다. 김용제에게도 조선 사회주의자들이 범했던 것과 같은 오류, 즉 민족자결에 기초하여 자본주의 질서를 지양한 동아신질서를 건설한다는의 미신적 오판이 있는 셈이다.

김용제는 이시하라 간지의 동아연맹론이 조선의 완전한 정치적 독립을 비밀 조항으로 채택했으며 그 예로 동양지광사에 동아연맹조선본부의 비밀 사무실이 있었다고 주장한다. 이 지부에 참여한 일본인들은 그것의 가장 확실한 증거라는 것이다. 그러나 동아연맹 조직표에 조선본부는 아예 존재하지 않았다는 점이 중요하다. 동아연맹조선본부에 참여한 일본인은 이시하라 간지가 정세파악을 위해 활용한 스파이에 지나지 않았다.[193] 결국 동아연맹조선지부는 조선독립을 위해 조직된 실체로 존재한 것이 아니라 동아연맹론을 지지한 조선인들의 모임에 지나지 않는 셈이다. 더구나 동아신질서를 궁극적 목표로 삼는 동아연맹을 지지하는 행위가 비밀에 붙여져야 할만큼 위험한 것이었고, 그를 감추기

193 大村益夫, 앞의 책, 162쪽.

위해 이른바 '민족 실리적 친일'의 길을 택하는 식의 위장술을 사용해야 했던 정황이라면 동아신질서에 대해서는 아예 언급을 회피해야 했을 터이다. 그러나 김용제는 그 위험을 무릅쓰고 '동아협동체론'을 긍정하는 글을 쓰고 있으니 「싸우는 문화이념(戰へる文化理念)」(『녹기』, 1937. 7.)이 그것이다. '지금은 동아협동과 협화적 내선일체라는 지도원리가 확립되어 있는 시대이며, 따라서 그것을 기술적으로 풀어가는 과제가 긴급하다'고 주장하는 이 글은 이를테면 김용제가 몸담고 있는 지하조직의 이념을 누설하고 있는 셈이다.

그러나 동아협동체는 물론이고 동아연맹론이 조선의 정치적 독립을 주장한 것은 아니다. 동아협동체에는 정치적 독립에 대한 논의가 없을 뿐더러 동아연맹론의 경우도 그 대상국가에는 일본, 만주, 중국만이 포함되어 있을 뿐 조선은 일본 국내 민족문제로서 다루어지고 있다.[194] 또한 이들이 사용한 '정치의 독립'이라는 개념의 내포는 '광의의 행정'이었지 완전한 독립국가로서의 의미를 갖는 것은 아니었다.[195] 동아연맹론이 만주국 건설시의 왕도(王道)론을 황도(皇道)론의 실제 내용으로 바꾸면서 드러났듯이 그 동아신질서는 일본 천황제를 기점으로 한 팔굉일우

194 東亞聯盟協會 編, 앞의 책, 61~70쪽 참조.

195 임성모, 앞의 글, 133면 참조. 또한 이때 독립적으로 자국의 주권을 행사한다는 것은 입법, 사법, 외교, 재정을 운영하고 농업, 상공업, 교통, 교육, 국민보건, 노동보건, 사회보건 등 국정 전반을 관리하는 것을 뜻했다. 그러나 여기에 단서가 붙어 있으니, 연맹 전체의 이익을 위해 그 권리를 필요한 범위에서 국한해야 하는데, 이때 필요한 범위란 '국방의 공동'과 '경제의 일체'에 관한 사항을 가리킨다. "국가 연합의 시대에는 국가 대립의 시대와는 달리 일국 정치의 독립이라는 내용에 있어서 국가 연합의 성질로부터 당연히 제한을 받게 된다"는 것이다. 東亞聯盟協會 編, 앞의 책, 26쪽 참조.

의 신체제를 뜻하는 것이었다.

동아연맹 조선지부가 독립운동 단체였다는 김용제의 논리가 파탄에 이르는 곳은 동아신질서론이 일본정부에 의해 부정되고 난 이후이다. 1940년 코노에 2차 내각은 2년 전의 동아신질서론을 포기하고 대동아공영권 구상을 발표하였다. 코노에 1차 내각의 브레인 역할을 했던 소화연구회가 해체되고 이시하라 그룹은 토오조 히데키(東條英機) 등의 군부에 의해 공공연한 비판의 대상이 되었다. 동아신질서론이 중국을 주 대상으로 상정한 동북아 국가구상이었다면 대동아공영권 구상은 일본제국주의의 남방에 대한 관심을 표면화하는 것이었는데, 이로써 일본제국주의의 동아신질서론은 대동아신질서론으로 확장되면서 아시아의 맹주를 향한 욕망을 노골적으로 드러내기 시작했다. 일본정부의 혁신정책을 주도했던 기획원 간부들은 코민테른 지지혐의로 검거되었으며 국가연합이론이 금지되었고, 대동아공영권내에서의 국가 관계는 일본을 중심으로 한 위계적 질서로 재편되었다. 동아협동체론이 부정되었고 동아연맹론도 조선의 독립 요구를 자극할 우려가 있다는 이유로 비판되었다. 이에 따라 민족협화적 내선일체론을 주장하며 전향했던 조선의 사회주의자들은 1941년 태평양전쟁이 일어난 이후 다시 일제에 대한 저항을 조직화하기 시작했다.[196]

김용제의 『아세아시집』은 이와 같이 동아신질서론이 전반적으로

196 그 움직임에 대해서는 홍종욱, 앞의 글, 61쪽 참조.

부정되는 경향의 와중에 출판되었다. 뿐만 아니라 『보도시첩』과 『서사시 어동정』 등에 이르러 그는 전쟁을 찬양하고 천황귀일과 팔굉일우의 아시아주의 미화 이데올로기로 나아가게 된다. 이를테면 김용제는 당시의 사회주의자까지 포함하여 민족자치론자들이 일본의 대동아 정책에 대해 보여준 실망과 저항에 전혀 아랑곳하지 않는 경우였다. 오히려 그는 그가 독립운동의 길을 찾았다고 하는 동아연맹 등의 동아신질서론으로부터 지식인들이 등을 돌릴 때에도 일제에 대한 협력의 논리를 더욱 강화하고 있는 것인데, 여기에 논리적 일관성이 없는 것은 아니다. 이 글의 서두에서 말했듯이 김용제는 강한 현실 추수의 길을 걸은 시인이었다. 그는 현실의 주류에서 벗어난 적이 없었다. 이런 그가 현실을 객관화하기보다 그 현실에 자신의 모든 주관을 투사하는 삶을 살았다는 것은 거꾸로 말하면 자신의 내면을 결여한 사람의 대상애와도 같은 것이었다. 일종의 파시즘적 내면이라 할 수 있는 이것이 현실을 객관화하지 못하고 현실 자체에 빠져들도록 했다고 해야 할 것이다. 그의 시가 주로 강한 영탄과 대상에 대한 직접 진술로 이루어지고 있기 때문에 대상에 대한 주관적 투사의 농도는 일층 더한 감이 있는데, 그런 시형식은 현실 앞에서 주체성을 상실한 시인이 자신의 임계점을 돌파하기 위해 이루어 놓은 내면의 형식화라고 할 수 있다. 주체의 텅 빈 내면이 깊이 없는 직설의 언어 표현을 만들어 낸 셈이다. 이것이 김용제 시의 표현론이라면 의미론의 차원에서 그의 시는 민족적 구체성을 갖지 못한 프롤레타리아 국제주의에서 시작하여 국가 연합론으로서의 동아신질서론과 대아시아주의의 제국주의적 변용인 대동아공영론으로 구성되었다. 그의 문학적 출발기의 시를 보자.

오오 친애하는 일본 노동자들이여!
이 백골의 차가운 슬픔은
살아 있는 노동자의 철의 의지와 같다
동일한 적을 향한 격렬한 증오와 분노를 담아
피압박 계급의 반역의 맹서를 아름답게 새겨 붙이자
—프롤레타리아에게 국경은 없다!
—민족의 장벽을 묻어버리자!

—「震災의 추억-9월1일을 위해
(震災の思ひ出-九月一日ために)」 부분

관동 대진재가 일어났을 때 희생된 조선인들의 넋을 위로하는 시이다. 그런데 그 위로의 방향이 프롤레타리아 국제주의의 관념적 급진성 속에서 오히려 그 국제주의가 출발해야 할 실제 지점을 상실한 채 설정되고 있으니, "민족의 장벽을 묻어버리자"는 선동적 요구는 "백골의 차가운 슬픔"이 갖추어야 할 현실적 구체성을 망각할 때 나올 수 있는 말이다. 여기에는 식민지 지식인으로서 식민 본국에서 살아가는 자의 묘한 비애가 잠재되어 있다. 「진재의 추억」은 그 비애를 민족적 구체성 속에서 해결하지 못하고 식민 본국인의 태도를 내면화하면서 당당함으로 위장하는 목소리를 통해 그 비애를 해소하는 시이다. 역설적인 말이지만 그는 일찍이 민족을 초월해 버린 경우였다. 그러나 피식민지 지식인에게 그 내면은 식민 본국을 모방했을 때에만 가능한 것이기도 하다.

김용제는 자신의 친일을 민족의 실리를 위한 위장 전향으로 합리화했다. '민족을 위한다'는 그 명분은 프롤레타리아문학 시대에도 한국전쟁 이후의 반공문학시대도 마찬가지였다고 그는 주장했다. 친일문학이 서구적 근대에 대비되는 동양적 인종주의를 표방하고, 그 인종주의가 일본식 민족주의로 전화된 것이고 보면, 김용제의 주장은, 역설적이지만, 민족 지상주의로서의 자신의 배타적 세계관을 드러낸 것이 된다. 그것은 반공주의 문학시대에도 동일하게 적용될 수 있을 것이다. 그리고 프롤레타리아 문학시대에 그는 민족주의자라기보다는 국제주의자였다. 물론 모든 국제주의가 문제의 근원일 수는 없다. 그러나 김용제처럼 현실 앞의 비주체로 존재할 경우 국제주의가 귀결되는 문제적 종착지를 이상에서 볼 수 있음도 물론이라고 해야 한다. 현실 앞의 비주체는 그 현실을 지배하는 힘의 논리를 따라갈 수밖에 없기 때문이다. 용어는 '국제주의'지만 그 속에는 제국주의적 민족 배외주의가 깔려 있다고 보아야 한다는 것이다. 민족을 위해서는 모든 것이 용인될 수 있다는 논리가 바로 그것일 것이다.

## 3

# 반서구, 전쟁, 신성의 생철학

동아신질서의 경로와 관련하여 오자키 호츠미는 진정한 민족 협화를 위해서는 일본 민족이 솔선해서 변해야 한다고 썼다.[197] 그는 동아협동체론이 일본 자신의 재조직으로까지 관심을 확장한 것에 바로 그 기획의 겸허한 특이성이 있다고 말한다. 미키 키요시도 마찬가지의 생각이었다.[198] '일본 스스로가 중일전쟁을 통해 자본주의 경제의 영리주의를 초월한 새로운 제도로 나아갈 것이 요구되며' 동아신질서를 구성하는 데서 일본은 단순한 민족주의에 그쳐서는 안 된다는 사실을 그는 분명히

---

197 오자키 호스미, 「동아협동체의 이념과 그 성립의 객관적 기초」, 『동아시아인의 '동양' 인식 : 19~20세기』, 문학과지성사, 1997, 50~1쪽 참조. 오자키 호스미는 이렇게 말했다. "대륙에서의 부흥 건설의 대업을 수행하려면 …(중략)…일본의 정치·경제를 그러한 목적에 조응시켜서 다시 편성한다는 것이 절대로 필요하다고 우리는 생각한다. 더구나 이것이 '동아협동체' 적 방식에 준거하는 것이라 한다면 그와 같은 각도에서 일본 국민을 재편성할 필요가 있을 것이다."

198 미키 키요시, 「신일본의 사상원리」, 최원식·백영서 편, 『동아시아인의 '동양' 인식 : 19~20세기』, 문학과지성사, 1997 참조.

했다. 『동아연맹건설요강』 또한 수사학적인 차원이기는 하지만 동아제 민족이 자발적으로 참여하는 국가연합을 위해 침략적 일본의 과거 모습에서 벗어날 필요성이 있음을 제기했다.[199]

그런데, 일본의 변화를 통한 홍아론이 이른바 동양적 윤리인 '도의'에 기초한 일본 지도원리로 밑받침 되는 곳에서 일본 중심의 아시아 재편이라는 천황귀일의 사상을 보는 것은 어렵지 않다. 동아연맹론이 비판되고 동아협동체론의 입안자들이 구속되는 상황에서 '홍아론'이 '홍일론'으로 전환되는 것은 그러므로 필연적인 결과였다고 해야 할 것이다. 이 전환은 이를테면 '홍일론'을 위해 '홍아론'을 활용하는 형국으로 진행된 것인데, 여기에 동아신질서론에서 '일본 체제 변화의 필요성'이라는 한 요소를 '국민신질서론'으로 전도시키는 논리가 있음을 알 수 있다. 이로써 "중국의 그림자는 서서히 엷어지게 되고 오히려 초극해야 할 근대 원리와 그것의 상징인 서구의 존재"가 부상하게 된다.[200] 소위 '탈아입구(脫亞入歐)'론이 '탈구입아'론으로 전환되고 이것이 반서구 일본 중심주의로 나아간 결과의 논리화된 표현이 '근대의 초극'론임은 주지하는 바이다.

김용제의 친일문학에서 그 첫 자리에 놓이는 것은 반서구의 내용이다. 『아세아시집』은 중일전쟁을 기본 축으로 놓고 그 전쟁의 기본 원리를

199 東亞聯盟協會 編, 앞의 책, 34쪽 참조.

200 伊藤のぞみ, 「昭和硏究會における東亞協同體の形成」, 岡本幸治 編著, 『近代日本のアジア觀』, ミネルヴァ書房, 1998, 233~5쪽 참조. 김경일, 「전시기 일본의 대동아공영권 구상과 체제」, 일본사학회, 『일본역사연구』10집, 1999, 10, 230쪽에서 재인용.

동아신질서로부터 대동아공영권의 구성에까지 연결시키고 있다. 「서시」는 이 시집이 "호국 영혼"과 "성전의 용사"에게 "위문문"으로 작성된 것임을 밝히고 있는데, 이는 전쟁은 "역사를 개혁하는 위대한 모멘트"라는 당시 김용제의 생각과 유비시켜 읽을 수 있는 부분이기도 하다.

그리고 이것은 너무도 쓰라린 추억이다—
유니온 잭의 서방의 기가
너의 처녀성을 범하고
아편전쟁의 마약을 주사받은 이후
너의 순결한 혈액은 오탁(汚濁)해 버렸다

동양의 가인아 가련한 이름아
아편 주사에 중독 되어
오탁된 너의 피는 다시 광란해 갔다
모든 벽안홍모(碧眼紅毛)의 뭇 방탕아에게
속는 줄도 뺏기는 줄도 모르고
영토를 주고 염세(鹽稅)를 주고
철도를 주고 광산을 주고
입술도 유방도 다 바쳐버렸다

오오 만신창이한 양자강아
너는 무어라 할 무서운 매소부(賣笑婦)냐
너의 운명의 말로를 생각해 보아라

스스로 구미의 식민지가 되랴고 한다
四百餘州를 그들에게 할여(割與)하고
사억의 민중을 노예로 팔려고 한다

신경이 부패한 너에게는
양자강에 빠져서 신음하는
무수한 생령의 눈물 맛도 모르느냐
너는 지나사변의 포성에도 잠 깨지 못하느냐
취해서 썩었느냐 귀먹었느냐
그러나 너의 자연과 전통의 흐름은
서방의 고원으로 삭류(搠流)치는 못할 게다
자고 그대로 동방으로 흐르고 있다
그곳에 새로운 아세아사의 코-스가 있고
너의 고향에의 영원한 길이 있는 것이다

지나의 어미인 양자강아
동문동종의 우방은
아세아의 대동단결을 부르짖고 있다
사억의 민중은 그의 악수를 바라고 있다
모성애의 옛노래를 다시 부르라!
지금야 말로 깨어서 끓어 오르라!
지금야 말로 동양의 건설을 부르짖으라!

—「양자강」[201] 부분

동쪽으로 흐르는 양자강의 흐름을 "새로운 아세아사의 코스"이며 "고향에의 영원한 길"이라고 해석하는 것은 재치 있는 감각이기는 하다. 시는 반서구 아시아주의의 필연성을 자연의 형상에 유비함으로써 그 필연성을 거스른 채 동양을 유린하는 서방의 폭력을 강하게 부각시킨다. 그것만이 아니다. '스스로 식민지가 되고' '사억의 민중을 노예로 팔려고' 함으로써 중국은 자신의 힘으로는 거듭날 수 없을 정도로 타락해 있는 상태임을 비판하는 내용이 있다. 이런 침체를 벗어나기 위해 중국이 택할 수 있는 것은 아세아 우방의 악수로 표현되는 민족 협화의 길인데, 시는 그것을 '모성애'의 귀환으로 바꿔 부른다. 이렇게 서구의 폭력을 벗어난 동양 건설의 염을 새로운 사상으로서의 아세아주의라고 명명하는 시는 「아세아의 시」이다. 작품의 초두는 아리스토텔레스가 "아세아인은 본래 노예적이다"라고 말한 것에 기대어 서양의 폭력적 동양 지배를 비판하고 이와 함께 "자유주의"와 "사회주의"가 각각 "노예"와 "독재"의 고통으로 귀결되었음을 진술한다. 그런데 그 고통에 절망하는 것은 "웃지 못할 난센스"이며 "슬픈 노예의 로맨티시즘"이기 때문에, "우리들"은 "어머니"이며 "겨레"인 아세아의 정신과 고향을 되살려 내야 한다고 시는 진술한다. 그 다음을 보자.

---

201 김용제는 「양자강」을 『동양지광』 1939년 5월호에 일어시로 발표했는데, 이 시는 『조선문학』, 1939년 4월호에 이미 한글로 발표한 것을 약간의 변화를 주어 재발표한 것이다. 『조선문학』 당호와 1939년 5월호에 "전쟁문학 아세아시집"이란 제목으로 수록된 한글 연작시들은 이후 일어로 재작성되어 『동양지광』에 수록되었다. 그 시들의 목록은 다음과 같다. 「종달새」 「꽃」 「청춘」 「양자강」 「소녀의 탄식」(이상 『조선문학』, 1939, 4) 「폭격」 「전차」 「보초의 밤」 「소화(笑話)」(이상 『조선문학』, 1939, 5)

여기에 장렬한 진군나팔의 울림이 있다
조국과 인류의 희망을 건 지나 사변이 타오르고 있다
거기에 우리의 삶의 방법의 운명과 역사가 만들어지고 있다
그것은 아세아인인 동지의 단순한 전쟁이 아니다
아세아의 평화를 위한 비장한 바람이다

나는 오늘의 전쟁시를 노래하고 싶다
나는 내일의 건설시를 노래하고 싶다
그것은 시가 정치화되는 전철이 아니다
그것은 큰 현실로 시신(詩神)이 몸을 부딪쳐 가는 것이다

나는 아세아의 부흥을 위해 싸우고 싶다
동시에 새로운 아세아정신을 조용히 만들고 싶다
나는 일본국민의 애국자로서 일하고 싶다
동시에 새로운 일본정신을 깊이 배우고 싶다
나는 조선 민중의 참된 행복을 위해 일하고 싶다
동시에 그리운 자장가를 순정하게 부르고 싶다
거기에 나는 감정의 모순을 조금도 느끼지 않는다
거기에는 아름다운 아세아적인 조화가 있을 뿐이다

—「아세아의 시」 부분

요컨대, 지나사변은 새로운 아세아정신을 만들고 배우며 노래하게 하는 창조적 건설의 통로이다. 그렇다고 해서 이것을 노래하는 시가

단순한 정치시로 전락하는 것은 아니다. 이것을 노래하는 시는 오히려 시신(詩神)이 현실 속으로 들어감으로써 이른바 '아세아적 조화-협화'를 만들어내는 밑바탕이 된다. '싸우고' '일하고' '배우는 것'은 '순정한 자장가를 부르는 것'과 같다. 이때 자장가란 현실을 노래하는 '시'의 다른 이름일텐데, "거기에 나는 감정의 모순을 조금도 느끼지 않는다"고 시인은 말한다. 이로써 김용제는 지나사변이 반서구 아세아주의 사상의 한 교두보가 될 수 있음을 분명히 하는 것이다. 그런데 '시신이 현실로 몸 부딪쳐 간다'는 진술에 주목할 필요가 있다. 이 시가 창작되던 때가 1939년이니까, 이 때는 중일전쟁이 교착상태로 빠져들고 코노에 내각의 동아신질서론이 부각되던 시기이다. "아름다운 아세아적인 조화"라는 말은 곧 그 동아신질서의 목적을 미화해서 표현한 것인데, "시신"이 그 현실 재구성의 한가운데로 뛰어든 것이다. 이 글의 서론에서 김용제의 삶을 현실 추수의 그것이라고 지적했던 것을 떠올린다면, 시신이 현실로 들어가는 정황은 다름아닌 김용제 문학의 존재 방식을 알려주는 것임을 알 수 있다. 문제되는 것은 시와 현실과의 관계가 아니라 당대의 주류의 편승하면서 주어진 현실을 옹호하고 긍정하는 태도일 것이다. 이 태도가 주장되는 것은 당시의 전쟁 현실을 긍정하는 것이다.

『아세아시집』의 또다른 주제인 전쟁 찬양이 이렇게 해서 나타난다. 「아세아의 시」가 아시아 중심주의라는 사상의 저변으로 전쟁을 배치한다면, 전쟁을 그 자체로 노래하는 시는 「전장의 동무에게」「전쟁철학」 등이다.

너는 젊은 화가

지금도 역시 전쟁의 화가

엄연한 총검의 화가

웅장한 대륙의 畵布

아아 감격스러워

碧血의 繪具!

거기 아세아의 중원에

내일의 역사서를 당신은 그린다!

—「전장의 동무에게」 부분

고향에 병약한 몸으로 누워 죽마고우였으나 지금은 전장에 있는 벗에게 보내는 편지 형식의 시이다. 그 벗은 총검이라는 붓으로 대륙의 화포에 그림을 그린다. 전쟁을 "내일의 역사서"로 표현하는 것은 곧 그 전쟁이 미래 역사의 통로라는 사실을 주장하는 것과 같다. 그런데 그 사실을 알고 있더라도 전쟁 자체는 사유의 여유를 허락하지 않는 것이다. 전쟁은 창조의 설계도이기는 하지만 삶과 죽음 자체로 부딪쳐야 하는 것이기도 하다.

병대들은

전쟁 철학을 모르고 이야기하지도 않는다

그런 것을 생각하는 신경의 틈조차 없는 것이다

철학이라는 오아시스의 흐름은

한 방울의 물통의 물보다도 가치가 없고
철학이라는 진주의 구슬은
참새를 쏘는 공기총에도 도움이 되지 않는다

…(중략)…

전쟁의 철학을 생각하다.....
병대들에게
그러한 바보 같은 틈이 있다면
한 개비의 그리운 담배연기를 동그랗게 토하여
유유히 흐르는 흰구름에 보낼 것이다
참호 구석에 있는 꽃을 사랑하고
운작(雲雀)의 노래를 즐기리라
친애하는 용사들은
그런 전쟁 철학을 모른다

월야의 성벽처럼
묵묵히 지키고
새벽의 포성처럼
은은하게 발인한다
거기에 살아 있는 철학이 있다
병대는 그 가치에 살고 있는 것이다!

—「전쟁철학」 부분

루카치는 파시즘의 한 기초로 생철학을 비판했다. 「전쟁철학」에는 바로 그 생철학의 핵심이 담겨 있다. 그것이란 '오성'을 활용하여 세계를 이해하기 이전에 '체험'과 동일시되는 것으로서의 '생' 개념을 활용하여 '삶의 충만함'이라는 신화를 만들어내는 것이다.[202] 루카치가 삶의 생생함을 강조하는 것 자체를 파시즘의 의식적인 기초라고 말하는 것은 아니다. 비과학적이고 조야한 세계관이 지배적인 세계관이 될 수 있기 위해서는 이성에 대한 신뢰가 파괴되고 비합리주의, 신화, 신비를 쉽게 믿어버리는 특정한 철학적 분위기가 필요한데, 그 분위기를 생철학이 만들어 낸다고 그는 말한다. 「전쟁 철학」은 바로 그 '생생한 삶'으로서의 전쟁 체험을 강조하고 그것을 "살아 있는 철학"이라고 격상시킴으로써 전쟁 자체를 미화하는 분위기를 만들어낸다. 이렇게 되기 위해 필요한 것이 삶 자체를, 그 삶이 어떤 현실연관을 가지고 있느냐 하는 것과는 무관하게, 그대로 긍정하는 태도일 것이다. 시는 말한다. "친애하는 용사들은 그런 전쟁철학을 모른다." 철학은 물보다도 가치가 없고 공기총에도 도움이 되지 않기 때문일 것이다. 오성에 의해 세계를 파악하기 이전에 생생한 체험의 직접적 삶이 더 소중한 것이다. 그런데, "거기에 살아 있는 철학이 있다." 이때 철학은 대상을 인식하는 것이 아니라 그 대상을 비밀스러운 분위기로 감싸는 것이다. 루카치가 파시즘의 선조로 거론하는 클라게스(Ludwig Klages)에 따르면 철학이란 "비밀들

202 G. 루카치, 한기상·안성권·김경연 역, 『이성의 파괴』2, 심설당, 1997, 432~47쪽 참조.

을 둘러싼 지식"[203]일 뿐이기 때문이다. '이 비밀에 대한 존중심을 통해서만 생에 대한 생생한 관계가 가능할 것'이라고 루카치는 비꼬아서 말하는데, 이것은 결국 불가지론의 한 변종으로 나타난 것에 지나지 않는다. '우리는 삶을 알 수 없다. 다만 삶을 살뿐이다.'라는 생각이 여기에 있을 것이다. 이를테면, 그들이 왜 전쟁터에 왔는지, 전쟁은 무엇에 매개되어 있는지 알 수도 없고 알 필요도 없다는 생각이 그것이다.

여기에서 '현실'이라는 개념의 핵심을 버리고, '사실수리론'을 경유하여 사실로서의 현재적 경험을 긍정할 때 시인이 도달하게 되는 곳을 볼 수 있다. 김용제는 제2회 대동아문학자대회에 참석하고 돌아와 서울 체신회관에서 「신성문학에의 비원(神聖文學への悲願)」이란 주제로 연설을 했다. 1943년 9월 11일의 일이다. 이때 '신성문학'이란 "사악한 유형무형의 현실을 격파하는 웅대한 영혼의 엄격한 비판정신과, 그 싸움의 동기에서 목적까지를 커다랗게 끌어안는 화합하는 영혼의 창조정신"[204]에 의해 이루어진 문학이며, 그것이 지향하는 것은 생사귀일(生死歸一) 신인일여(神人一如)의 세계상이다. 김용제가 『서사시 어동정』(문성당, 1943)에서 일본건국의 시조 신무(神武)천황이 동벌을 해나가는 과정을 그린 것은 그러므로 그의 내면에서 이미 그 필연성을 획득한 결과라고 해야 할 것이다. 그는 그 시창작의 경험에 대해 시집의 후기에서 "이같이 존엄웅대하고도 소박한 정신미의 극치인 건국 사화(史話)를

---

203 G. 루카치, 위의 책, 568쪽.
204 大村益夫, 앞의 책, 145쪽에서 재인용.

감동의 신앙으로 노래하고 찬미할 수 있는 것은 역시 일본 시인의 행복"이라고 썼다. 그런데 이 시집은 기타하라 하쿠슈(北原白秋)가 쓴 『海道東征』과 유사한 틀을 갖고 있다. 가타하라 하쿠슈는 자신의 그 시집이 '관통하는 시정신으로는 일본정신이며 운율로는 만엽집 이전의 고조(古調)'라고 밝히고 있는데, 『서사시 어동정』에 드러나는 것이 곧 '일본정신'이며 '창고조(蒼古調)'이다.[205] 이로써 김용제는 사실수리라는 현실추수론과 전쟁 찬양을 거쳐 천황귀일의 팔굉일우라는 신화로 완전한 전향을 이룬다.

이 밑바닥에 있는 것이 생철학의 파시즘화라는 사실을 우리는 지적했다. 물론 삶 자체의 소중함을 강조하는 일이 그것 자체로 그릇된 것일 수는 없다. 오히려 온갖 규율화된 사회적 제도의 흐름 속에서 위계와 소외의 영역으로 내몰리는 삶에 본연적 생명의 충만성을 되돌려 주는 일이야말로 그 삶의 복합적 면모를 활기차게 하는 것임이 분명하다. 그런데, 삶이 본연의 생명으로 충만되어 있는 것과 그것이 외부로 표현되는 것은 다른 문제이다. 삶의 내재성과 그 내재성의 의미화는 동일한 영역에 있지 않기 때문이다. 삶의 충만한 내재성이란 그 삶의 외부에 있는 언어로 표현되기 이전의 상태를 가리키는 것이며 그래서 말할 수 없는 어떤 것이고 또한 그래서 체험과는 구분되는 어떤 것이다. 그것은 차라리 체험을 가능하게 하는 어떤 것이다. 반면에 그 삶을

205 大村益夫, 위의 책, 136쪽 참조.

표현하는 언어란 불가피하게 삶 외부의 무수한 규정들로 삶을 환원하는 것이며 결국은 삶 자체로부터 떠나와서 현실에 매개된 채 존재하는, 외적 규정에 의탁된 삶을 지시하는 것이다. 당연히, 모든 삶은 이 두 가지의 양상을 함께 지닌다. 그러므로 이성에 의해 파악되기 이전의 삶의 생생한 체험을 강조하는 생철학은 바로 외적 규정에 의탁된 삶을, 그것이 이성적 이해의 영역 이전에 있는 삶이라도 된다는 듯이, 본연의 삶이라고 바꿔놓는 것에 지나지 않는다. 생철학은 생생한 체험을 말하지만, 그 체험이란 내재적 삶이 외부의 장소에서 무엇인가에 의해 규정된 것이기 때문이다. 이것은 역설적으로 삶을 텅 비게 만드는 결과를 가져온다. 왜냐하면 삶 자체의 외부에 있는 체험으로 삶을 환원함으로써 그것이 생생한 의미로 가득찬 삶이라고 믿도록 하고 그래서 삶의 내재성을 잊도록 하기 때문이다. 김용제가 전쟁을 찬양하는 파시즘의 길로 나아간 것은 그렇게 비워진 내면을 천황귀일의 절대적 논리로 바꿔놓은 결과라고 할 수 있는 이유이다.

# Ⅵ. 결론

이상으로 대표적 문인들을 중심으로 살펴본 친일문학의 세 경향은 일제말 전시기를 정세적 국면에 따라 나눈 소시기에 개별적으로 상응한다. 이런 결과를 한국문학의 근대성이라는 주제로 연결시키는 일은 한국문학사의 균형잡힌 복원을 위해서 상당히 중요한 일인데, 왜냐하면, 친일문학은 국가를 상실한 피식민지의 지식인들이 배타적 국민주의를 일본제국주의의 논리로 투사하고 실천하거나 전도된 오리엔탈리즘으로서의 동양주의를 상정하고 이를 대동아공영의 논리로 밀고 나간 결과라고 여겨지기 때문이다.

이에 준하여 일제말 전시기 친일 협력시의 계보를 나누고 각각의 계보는 어떤 미적 이념을 가지고 있었는가를 살펴봄으로써 파시즘 및 억압적 지배이데올로기의 형성과 미적 이념의 관계에 대해 실증적으로 고찰할 수 있는 이론적 기반을 만들 수 있을 것이다. 저간에 진행된 '시와 현실의 관계'에 대한 논의는 주로 시적 창조 논리 외부에 있는 세계관적, 철학적 기준을 활용한 것이었다. 그러나 그런 관점은 시를 시 자체로 보는 것이 아니라 시 외부의 기준에 시를 종속시킨 논리의 결과였다. 이런 관점이야말로 일제말 파시즘 시기의 친일문학을 외부의 강요에 의한 수동적 결과로 이해하도록 하는 경향을 만들어 낸 근본적 원인이라고 할 수 있다. 그러나 문학의 우선적이고 진정한 원인은 문학 내부에서 찾아져야 한다는 점에서 위와 같은 접근법은 일정한 한계를 내포한 것일 수밖에 없다. 그러한 접근법은 당시의 친일문인들이 왜 절필하지 않고 계속 문학작품을 창조했는가 하는 질문에 대해서 문학의 논리로 답변할 수 없기 때문이다. 결국 당시에도 문학작품이 끊이지 않고 창작되었다는 사실을 논리적으로 해명하기 위해서는 문학 내부의 논리로 대상 작품에 접근해야 하는데, 이는 친일시의 경우에도 예외가 아닐 것이다. 가령, 김동환이 친일잡지 『대동아』에 발표한 친일시 「군복 집는 각시네」를 시집 『해당화』에 재수록하면서 더 좋은 시(?)로 개작을 감행하는 경우를 보더라도 문학은 문학 내부의 논리로 접근해야 한다는 말이 성립되는 것이다. 이렇게 문학을 내재적 논리로 살펴본다는 것은 나아가 친일문학 전체를 친일문학의 내재적 논리로 살펴보아야 한다는 말이 된다. 이 내재적 논리를 계보화할 때 우리는 한국문학의 다양한 층위가 어떤 문학적 내재성으로 권력과 타협하고 어떤 문학적 내재성으로 왜곡된 권력에 저항하는가를 일목요연하게 바라볼 수 있는 실례를 갖게 될 것이다.

이런 논의를 통해 우리는 다음과 같은 결론을 갖게 되었다.

우선 국민주의와 관련하여, 근대적 민족이 상상의 결과물이고 집단적 주체로서의 민중 또한 그런 것이라면, 그것은 근대적 경험의 통시적 과정 속에서는 결코 초월될 수 없는 주객관적 조건이라고 해야 할 것이다. 근대가 유럽에서 시작되었다는 이유 때문에 모든 근대성을 유럽중심주의로 평가하고 부정할 수는 없다. 차라리 문제는 그 조건 속에서 근대사회의 어떤 일반적 현상을 형이상학적 억압을 정당화하는 근거로 작용하지 않도록 하는 일일 것이다. 철학적으로 보면 그것은 '보편'이라는 개념에 대한 발본적 문제제기이며 정치적으로 보면 그것은 국가와 국민에 대한 문제제기가 될 것이다. 에스니시티 또한 마찬가지이다. 그것은 정보와 힘을 독점한 국가에 의해 허구적으로 구성된 것일 수도 있지만 그 구성의 네트워크에서 지속적으로 미끄러지는 실재의 힘을 이용해서 소수파가 다수파의 일방적 권력에 대해 대응할 수 있는 근거이기도 하다.

그런데 그 양자가 긍정적으로든 부정적으로든 국가의 문제에 연관될 수밖에 없다면, 조선과 같은 식민지에서 없는 국가에 대한 상상이 조선심 혹은 조선혼으로서의 시조와 민요에 대한 주목을 가져왔다는 점에서 역설적으로 드러나듯이, 그 국가 권력의 그물망으로부터 벗어나 있는 존재들에 대해서 생각하는 것은 상당히 난제에 해당한다고 하겠다. 그러나 그것은 난제일 뿐 이해불가능한 문제는 아니다. 친일문인들은 대부분 민족 상층부와 연결된 국가주의자들이었지만, 민중들은 오히려 일제와 친일문인들의 국가주의적 동원전략에 착취당하면서 고통받은 사람들이었다. 따라서 필요한 것은 범민족적 태도라기보다는 계급적 시각임이 분명하다. 이것은 친일 행위가 단순히 민족의 문제가 아니라 그것과 결합된 계급문제이기도 하다는 것을 의미한다. 물론 이 말이 부르주아 국가 권력과 대립했던 좌파 지식인들에게 친일의 혐의를 덮어씌워서는 안된다는 것으로 해석돼서는 안될 것이다. 전향한 사회주의자들의 경우 친일 행위를 정당화하는 자기 논리는 더욱 분명한 바 있다. 가령, 일본의 나프에서 활약했던 김용제의 경우는 어느 시인보다도 많은 시집과 작품을 발표하고 있는 것이다. 그렇다면 친일 문인의 문제는 한국 근대문학을 다시 좀더 복잡한 회로 속으로 끌고 들어가는 셈이다. 그래서, 좀 과장해서 말한다면, 친일문학은 한국 근대문학이 모두 빨려들어가는 블랙홀과 같은 위치에 있다고 할 수 있다. 친일문학의 논리를 양심의 문제로부터 벗어나서 근대초극론의 일환으로 다시 고찰해 보아야 하는 것은 그 때문이다.

국민주의자들과 친연성을 보여주었던 주요한의 경우에는 좀 다른 맥락의 결론이 필요하다. 식민지인들이 항상 "갈라진 혀"[206]로 말하는 것은 아니다. 그들에게 갈라진 혀가 있었다고 해도 그들은 두 개의 혀로 말할 자격을 가지고 있지 않았다. 그들에게 있어서 말할 수 있는 혀는 식민지 담론에 호출된 주체의 혀일뿐이었다. 그 말의 한 예를 우리 문학의 국민문학파에서 발견하게 된다는 사실은 저간에 그들을 민족주의 문학이라고 분류해온 관점에서는 좀 의아한 일일 수도 있겠다. 본문에서 인용한 주요한의 「노래(2)」와 함께 다음을 보자.

> 사상의 경향으로써 세계의 인류를 살펴보면 대개 두 종류로 나눌 수가 있으니 일(一)은 내관적 인종이라 할 것이오 우(又) 일은 외선적(外宣的) 인종이라 할 것이다. …(중략)… 전자는 산문적 경향을 띄고 후자는 시적 경향을 취하게 되었으며, 한가지 시를 만들어도 전자는 가만히 생각게 하는 그것을 만듬에 대하여 후자는 소리 질러 부르는 그것을 만들었다. …(중략)… 그런데 우리 조선인은 속으로 속으로 마음을 파들어가는 종인이 아니라

206 H. 바바, 『문화의 위치』, 나병철 역, 소명출판, 2002, 178면.

겉으로 마음을 소리지르는 종인으로 저 두 가지 중에서 유태적인 후자에 부치는 종족이었은 듯하다.(최남선, 「시조 태반으로서의 조선 민성과 민속」, 『조선문단』, 1926, 6, 354면)

영문학도 상식적이요 평범한 것이 특징이다. 이것은 앵글로색슨족의 가장 중용적·상식적인 민족적 특성에서도 오는 것이려니와, 그 지리적으로 역사적으로 북구 민족의 극단의 엄숙과 지둔과 이지적 명상적인 것에 남구 민족의 극단의 감정적·쾌락적·경쾌적인 특징을 받아 조화한 까닭이라고 한다.(이광수, 「중용과 철저—조선이 가지고 싶은 문학」, 『이광수전집』16, 삼중당, 1963, 150면)

최남선과 이광수가 글의 여기저기에서 '국민문학'과 '민족문학'이란 말을 뒤섞어 사용하고있기 때문에[207] 많은 혼란이 초래된 이른바 국민문학파 문학론의 일단을 볼 수 있는 글이다. 전자는 국민문학으로서의 시조에 대한 논리적 근거를 확보하기 위해 씌어지고 후자는 계급문학의 '변적(혁명적)' 문학에 대비되는 '상적(안정적)' 문학의 필요성을 주장하기 위해 씌어지지만, 두 글 모두 최남선의 「조선 국민문학으로서의 시조」(『조선문단』, 1926. 5)에서 시작된 국민문학파[208]에게 민족 개념

---

207 이때문에 훗날 신동엽은 최남선과 이광수의 '국민문학'론에서 민족문학의 전거를 찾기도 한다. 신동엽, 「시와 사상성」(1963. 12. 11), 『신동엽전집』, 창작과비평사, 1985, 382면 참조.

208 '국민문학'이란 용어를 최남선이 이 글에서 맨처음 사용하는 것은 아니다. 가령, 본고의 대상이 되는 주요한만 해도 1920년의 상해시절에 전영택에게 보낸 편지에서 이렇게 말하고 있는 것이다. "**국민적 문학**의 산출! 생명 잇는 작품의 출현! 이것이 제일 먼져 요구되는 것인가 함니다." 주요한, 「장강 어구에서」, 『창조』, 1920, 7, 55면 참조.

이 어떻게 이해되고 있는가를 알려주기에 부족함이 없다. 그것은 에스니시티에 기초한 형이상학적 기원적 민족 담론을 구성함으로써 조선의 시조야말로 민족혼의 가장 전형적이고 배타적인 형식임을 주장하는 것이다. 여기에 일종의 인종주의적 시각이 들어가 있음은 최남선의 글이 보여주는 바이다. 인종주의가 우생학 담론의 형태로 제국주의의 배타적 지배력을 정당화하는 데 기여했다는 측면에서 본다면, 국민문학파의 주장이야말로 식민지 담론에 호출된 주체들의 발언이라 할만한 것이다. 주요한이 「시단삼십년」에서 조선 시조와 민요의 현대화를 위해 그 작품들을 일어로 번역하고 그로써 황국문화의 일익을 담당하게 되리라고 주장하는 심리에 정서 개선을 통한 인종적 개량의 희망이 없다고 말할 수는 없게 되었다.

국민문학파의 사회운동론이 실력 양성론이었으며 이 실력양성론이 '한말에 제기되었던 사회진화론의 1920년대적 변형'[209]이었고 보면 이들의 '갈라진 혀'가 두 개의 말을 할 수 없었다는 사실은 이미 일찍이 결정된 것이었다고 해야 할 것이다. 그들의 혀가 갈라져 있었다고 해도 그것은 잠재적인 차원에서 그럴 수 있을 뿐이었다. 현실에서 그들은 식민지 본국에의 해악보다는 모조품이라는 결과를 만들어냈다. 이런 점에서 포스트식민주의 이론의 한국적 적용은 다시 면밀하게 성찰되어야 할 일이 아닐 수 없다. 이렇게 본다면, 식민지배자들이 길러낸 피식민

---

209 박찬승, 『한국근대정치사상사』, 역사비평사, 1997, 243면 참조.

지인들의 양가성은 오히려 피식민지 전체의 사회구성이라는 차원에서 재검토되어야 할지 모른다. 이를테면, 피식민지인들에게 식민담론에의 호출이 불가피한 것이었다고 해도 그 불가피성 속에서 형성된 양가성이란 사회-경제적이고 정치-역사적인 차원의 세력 구성과 그들의 갈등을 반영하는 양가성일 수밖에 없는 것이다. 드러난 결과를 놓고 볼 때 동일한 식민지 담론의 그물망을 살아가면서도 어떤 조선인들은 적극적 친일의 길로 나아갔고 어떤 조선인들은 배타적 저항의 길로 나아갔기 때문이다. 물론 그 친일과 저항이 순수한 상태의 그것이리라고 생각하는 것은 하나의 관념으로만 가능하겠다. 모든 인간은 항상 자신의 존재 위치 반대편을 볼 수 밖에 없는 존재이기 때문이다. 포스트식민주의 이론이 우리에게 주는 교훈이란 이렇게 삶의 양면을 동시에 가지는 존재의 역사성에 대한 반성적 개안을 가능하게 했다는 점일 것이다. 그러나 현실의 행정과 그것의 효과 속에서 중요한 것은 하나의 주체가 어떤 국면 속에서 어떤 선택과 실천을 하는가 하는 점이다. 이때 부각될 수밖에 없는 것이 외적 규정력을 넘어서서 주체의 내재성으로 현실에 응전하는 태도이다. 그것은 이미 자기 정립의 문제로 오랜 역사 속에서 제기되어온 바이기도 하다. 친일문학은 그 주체의 내재성에서 내재성을 지워버리고 타자에게 호명된 삶을 내재성으로 착각하며 살아간 문인들의 행적이었다. 여기에 친일문학과 파시즘의 연결이 있다고 할 수 있다.

외부의 초월적인 삶을 내면화하면서 타자와의 차이가 제거된다. 친일문학은 이 차이를 소거 시킴으로써 일본=조선이라는 기묘한 공식을 만들어 낸 문학이었다. 일본적인 것, 동양적인 것, 조선적인 것의 발견은 모든 외부를 내면화함으로써 그 내면화의 당사자들이 세계사적 동일성이라는 가상에 묶여버린 상태의 표상으로 기능했다. 그것은 자기 중심적 세계 재편의 근대적 폭력이었으며 이로써 그것은 '근대의 초극'이기는커녕 '근대의 악무한적 순환'이 되어버렸다. 친일의 길을 걸은 문인들이(혹은 친일 인사들이) 해방 이후 근대 국가의 건설 과정에서 자기 성찰적 존재로 거듭나지 못하고 관제 민족주의(국가주의)의 형태로 이전의 배타적 자기중심주의를 반복하고 있다는 사실은 그 악무한적 순환의 연쇄가 한 인간의 형성에 어떤 악영향을 끼치게 되는가를 여실히 보여주는 것이 아닐 수 없다. 문학의 윤리학이 새롭게 제기되어야 하는 곳이 바로 여기이다. 한국 근대문학이 근대적 담론의 장에서 형성되고 전개되었다는 사실은 그 악무한적 순환의 고리에서 빠져나오는 일이 그만큼 어렵다는 사실을 뜻할 것이다. 따라서 이때 새로운 윤리학은 근대의 배타적이고 자기중심적인 주체를 전제하는 윤리학이 아니라 그 주체의 외부에서 주체와 세계를 구성하는 타자 중심의 윤리학이어야 할 것이다. 동일자가 타자를 긍정한다고 할 때의 그 타자는 레비나스가 말하는 바에 있어서의 "전혀 다른 타자(tout-autre)"가 되어야 한다. 그 타자는 '나'의 영역에서 이해될 수 없는 존재들, 무한하게 현전하는 존재들이라고 해야 하는데, 그러나 친일문학이 형성한 윤리는 '나'라는 주체가가 어떤 자기동일성으로 구성되었는가를 알고 난 이후의 윤리였다. 그것은 '나'의 경계와 영역 속에서 이해 가능한 것들만 긍정하는 윤리이다.

일본이 동양을 긍정하고 조선이 일본을 긍정하는 일이 그 유한적 가능성 속에서 형성된 근친적 자기 표상의 윤리일 것이다. 이때 조선과 일본은 타자가 아니라 자기 모사물의 원형적이고 거울적인 재생산일 뿐이다. 거울에 비친 모습이 타자라고 해도 그것은 진정한 의미의 타자가 아니다. 해방 이후의 관제민족주의에서 그것을 바라보는 일은 그러므로 당시의 친일문학이 왜 현재적인 문제로 여전히 제기될 수밖에 없는가를 아프게 돌아보는 일과 통한다.

김동환은 해방 이후에 민족 앞에 사죄의 염을 표현하는 시를 여러 편 썼다. 「무명 전사의 앞에」(『돌아온 날개』, 종로서관, 1962)와 같은 작품에는 "우리는 찾았노라 그대 얼굴에서/樂浪 失地를 도로 찾던 고구려 무사의 용맹을/우리는 느꼈노라 그대 정신에서/臨戰無退하던 화랑의 절개를"이라는 진술을 통해 드러나듯이 그가 일제 시기에 보여준 예의 힘의 논리가 여전하거니와 「풀 이파리 하나라도」는 그 힘의 논리가 지향하는 미래를 확실히 보여주는 경우에 속한다.

큰 물에 뚝 터지듯, 좁던 세상 넓어져
重稅도 捕吏도 채찍도 멀어져가서
만백성이 잘살 날 온줄 알았더니
어찌 다시 젊은이는 內亂 일 듯 근심하고
늙은 이는 흉년 온다 한숨 짓는고
기와집 밑엔 대통령 꿈에 몸 여워가는 이 있고
초가집 속엔 反心 품고 칼 가는 이 느는고

이 어인 일고, 우리끼린 풀 이파리 하나로라도 따지지 말고
우리끼린 방아 끝에 묻은 떡가루마저도 나워 먹을 것을

순진한 역사 의식을 보여주는 시일뿐더러 그가 친일시를 통해서 내재화했을 정치적 이념과 비교한다면 기민한 현실 반응 능력을 가진 시적 자아를 간접적으로 알 수 있게 해주는 시이다. 그런데 '반심 품고 칼가는 이'(「풀 이파리 하나라도」)들로부터 지켜내야 할 현실은 어떤 현실이었을까? 그 현실은 역시 같은 시집에 수록되어 있는 서정적 유토피아적 관념형의 단형 서정시가 형상화하고 있는 현실이었을 터인데, 그런 현실은 이미 김동환의 일제 시대 시편들에도 무수히 나타났던 바이다. 일종의 시원적 공동체라고도 할 수 있을 그 현실을 지키기 위해 김동환이 걸었던 길은 천황제 파시즘의 경로를 통해 건설될 미래적 이상향의 방향이었다. 그 방향이 해방 이후의 공간에서도 유사하게 드러난다는 것은 무엇을 의미하는 것일까? 잠재적 공간으로서의 내면적 서정의 유토피아와 표면적 공간으로서의 정치적 갈등의 디스토피아가 김동환의 해방기 시에서도 커다란 두 개의 축을 이루고 있는 것인데, 후자는 소위 이중권력 시대의 정치적 갈등에 대한 그의 대응이었다고 할 수 있겠다. 전자의 경우를 말한다면, 우리는 김동환의 그런 시적 공간에 대해서 지나친 과장으로 폄하해서는 안될 것이다. 그것은 정말로 김동환의 시적 순정이 만들어낸 미래적 현실일 수 있는 것이다. 그러나 무엇보다도 정치적인 특징을 지닐 수밖에 없는 식민지 현실을 돌파한

한국 근대문학의 전개과정에서 그 이상향적 내면의 공간은 그것 자체로 정치적인 의미를 지닐 수밖에 없다. 이것의 정치적 의미에 대해서는 이미 김동환이 「전쟁과 애국시인」에서 밝혀 놓고 있는 바이다. 이와 함께 우리는 미당의 신라정신을 생각해 볼 수 있을 것이다. 서구적 근대의 파행을 초극하리라는 담론형으로서의 동양정신, 보다 구체적으로 말하면 우리의 전통 정신을 탐구하는 일이 이미 일제의 근대 초극론과 관련을 맺고 있다는 사실을 염두에 두고 보면, 한국 근대문학이 이후에 전개시킬 방향은 그 근대 초극론으로부터 아예 벗어나거나 아니면 그것을 한국적으로 변형시키는 길이었을 터이다. 미당은 후자의 길로 나아갔다. 그것을 김동환에게서 보는 일은, 거친 결론이기는 하지만, 한국 근대문학의 한가지 경로를 전체적으로 규정하는 일이 거기에 있음을 의미하는 것이기도 하다. 이를테면, 내면의 길과 현실 정치 긍정의 길이 거기에 있는 것이다. 우리가 친일문학의 논리를 다시 한번 꼼꼼히 살펴보아야 할 필요는 그래서 제기된다.

남는 문제는 김동환의 부르주아적 속성이 불균등발전으로서의 자본주의에 대한 불안의식과 겹쳐서 파시즘의 긍정으로 귀결되는 과정에 대한 고찰이다. 이것은 친일의 길로 나서게 되는 또하나의 요인으로서 출판 검열의 내면화라는 문제[210]와 겹쳐지는데, 경제적 이윤의 문제를 고려해

210 『삼천리』, 1931년 6월의 '편집후기'는 <感謝와 謝罪>라는 제목으로 다음 내용이 진술되어 있다. "現下의 最大 問題인 今月號의 「勞動組合擴大强化運動」은 執筆 諸氏의 原稿 中 檢閱에 通過되기 어려운 것을 모다 빼엇삽기 多少 不充分하게 되엿사오나 그 또한 이 時間, 이 條件 下에서는 不得已한 일임을 諒解하여 주시압."

야 하는 출판자본의 성격을 고려한다면 충분히 분석 가능할 터이다. 이것은 그러나 다음의 과제로 넘겨질 수밖에 없다.

서정주와 김종한에 대해서는 '동양주의'와 관련하여 충분히 진술했기 때문에 결론적 논평을 생략하겠지만 김용제에 대해서는 특별히 그의 무주체적 삶이 문제되어야 할 것이다. 인간의 실존적 자기 보존 본능이 부정되지 않는 한 패배감과 공포의 내면화에 따른 친일의 선택은 이해될 수 있는 일이기는 하다. 그런데 한 번 선택된 길이 잘못된 것으로 인식되었을 때에도 그 길을 버리지 못하는 것, 혹은 잘못된 길에 대한 인식이 없는 것은 그 선택에 대한 적극적 긍정의 행위가 될 것이다. 내적 필연성보다 외적 강제에 의한 친일이었다고 해도 그것이 반복되면서 긍정되는 일이 이래서 발생한다. 요컨대, 김용제의 경우 역사적 패배감과 공포의 내면화는 일본의 승리를 통한 역사적 지배자로서의 거듭남을 내면화하는 길로 나아갔고 그것의 반복을 통해 일본 국민으로의 재탄생을 희망하게 되었다고 할 수 있다. 그런데 지나간 시간에 대한 부정, 이를테면 김용제의 경우 프롤레타리아 문학의 부정과 친일문학의 부정은 시간의 흐름 속에서 그 부정의 윤리적 척도마저 잊도록 만든다. 시인이 앞에 두고 있는 대상에 대한 애착과 감정은 그것의 좋고 나쁨을 떠나서 그 대상에 대한 수식 없는 느낌의 표현일 것이다. 시적 진실이 있다면 바로 그 정직성을 뜻하는 것이 될 터이다. 그런데 그 감정의 솔직성을 김용제는 시간의 망각 속에서 다시 부정하는 경우였다. 자신의 친일문학이 민족의 독립을 위한 불가피한 선택이었으며 최선은 아닐지라도 차선

책은 되었다는 그의 주장은 그런 의미에서 현재에 와서도 더욱 문제적이다. 그가 과거의 부정을 통한 과거 망각과 왜곡에 이르기 전까지는 그에게도 모종의 진실이 있었던 듯하다. 『산무정』에 실린 「만세」라는 시는 바로 그 시적 진실을 보여주고 있다.

8·15 해방의 감격기에도
나는 한때 친일한 문학의 죄로
대한민국 만세 부를 염치조차 없었다
태극기 흔들고 뛰는 내 어린 것들의
그 소리가 가슴을 찔러 부끄러웠다

부끄러움에 대한 고백이야말로 그가 자신의 행위를 시적 진실 속에 남겨두는 행위일 것이다. 그렇지만, 그것을 망각하는 심리에는 다시 이런 시인의 태도가 있다.

철 없던 젊은 날의 꿈들도
문학의 죄로 산 두 번의 옥고도
괴상한 이번 전쟁의 불바람으로
모두 시원섭섭하게 사라졌습니다
생각하면 참으로 싱거운 인생이었습니다.

미당이 「종천순일파」라는 시에서 노래하고 있는 바의 삶에 대한 이해로서, 일종의 관념적 득도의 표현이라 할 만한 이것이 친일문학을 다시 이야기해야 하는 이유라고 말하는 것은 어쩌면 지나친 강조일지도 모른다. 실로 시간은 모든 것을 망각하게 해주는데, 이 망각이 한편으로는 망각되지 말아야 할 것까지 휩쓸어가 버리는 경우를 우리는 자주 목격하는 시대를 살고 있다. 엄밀히 말하면 망각되지 않을 때만이 사실 수리로서의 현실 추수를 넘어서서 그 현실에 대한 비판적 거리를 확보할 수 있게 할 것이다. 이것이야말로 현실에 대한 지성적 태도인데, 생철학은 그 지성을 삶에 대한 억압의 근원이라고 말함으로써 파시즘의 길을 예비하였다. 김용제는 이로써, 역설적이게도 자신의 모든 삶을 낭비하면서 그의 시대와 역사까지도 '생생한 체험으로' 낭비해 버린 경우이다.

〈끝〉